教育における国家原理と市場原理

チリ現代教育政策史に関する研究

斉藤泰雄

東信堂

はしがき

本書は、教育における国家主義と市場主義の相剋、そしてその和解と調和をモチーフにしながら、一九六〇年代半ばから二一世紀初頭にかけての約四〇年間における南米チリの教育政策と教育制度の変革の歴史と動向を分析することを目的とする。一般にはあまり知られていないが、チリは、教育の市場化・民営化を中心とした新自由主義的教育政策を、おそらく世界で最初に採用し、それを徹底して推進した経験を持つ国である。その政策が導入されたのは一九八〇年という早い時期のことであり、それはその後、国際的な潮流となる新自由主義的教育政策を一五～二〇年先取りするものであった。

一九八〇年代初頭に、当時、ピノチェット将軍による軍事政権下にあったチリは、次のような一連の急進的な教育行財政政策を打ち出した。

・教育行政の地方分権化（基礎・中等教育の運営を国から市町村に移管）。
・教育バウチャーによる教育財政方式の導入（公立・私立校を問わずに生徒一人当たり同額の国庫助成金を交付）。

・教員の非公務員化（身分を市町村に移すとともに、民間企業向けの労働法を適用）。
・父母に学校選択情報を提供するための全国的学力試験システムの導入。
・一部の職業技術系中等学校の運営を民間企業経営者団体に直接委託。
・高等教育機関設立の大幅な規制緩和、資金調達源の多元化、民営化。

その後、ある程度の軌道修正がなされるが、その基本的骨格は三〇年ちかくを経た現在まで継続されている。チリにおいて教育の民営化は、現在および近未来に向けての課題ではなく、すでに歴史的経験となっている。新自由主義的教育政策の導入の是非がさまざまな議論を呼んでいる中で、この歴史的「経験」の評価は、国際的にも貴重な情報を提供するものとなると考えられる。

本研究は、次のような研究課題を設定し、教育政策史の観点から分析を行った。

(1)そもそも、なぜチリという南米の小国において、かくも早い時期に、これほどラディカルな新自由主義的教育政策が出現するにいたったのか。
(2)それは、チリ教育の歴史的な伝統、発展となんらかの関わりがあるのか否か。
(3)だれが、どのような目的で、改革を構想し、制度設計を行ったのか。
(4)一連の改革方策は、どのように導入・実施されたのか。
(5)一〇年間にわたる実施の間、チリの教育界にはどのような変貌をとげたのか。
(6)新自由主義的教育政策の功罪、明暗はどのように認識されるにいたったのか。
(7)九〇年代の文民政権下での見直し論議と軌道修正策はどのようなものであったのか。

(8)チリの先駆的経験とその帰結から、なんらかの教訓を学ぶことができるとするなら、それはどのようなものなのか。

チリ教育史の中には、「教育する国家」(Estado docente)という国家主義的な理念と、これに対抗する形でカトリック教会を中心とした「教育の自由」理念を支持する潮流が拮抗するように底流してきた。一九八〇年代初頭の新自由主義的教育政策は、軍事政権による強圧的な統治と「シカゴ・ボーイズ」と呼ばれるシカゴ大学留学組経済テクノクラート集団の組み合わせという特有の歴史的条件の中で、「教育の自由」「父母の学校選択権」の理念が前者を圧倒する形で成立した。

　またチリは、新自由主義的教育政策をいち早く断行したのみならず、一九九〇年の文民政権への移行後は、その軌道修正においても注目すべき政策を打ち出した。一方で市場メカニズムを存続しながら、それと国家によるイニシアティブ、政策的的介入をいかにして調和させてゆくか、そのバランスを求める試みであった。チリ教育改革のダイナミズムが注目される理由はここにある。

　それにしても、なぜ南米の小国チリなのかという疑問は当然出されてくるだろう。ラテンアメリカ地域の教育問題の研究に手をそめてからほぼ四半世紀の時間がたっていたが、チリとの遭遇は私自身にとっても衝撃であった。この経緯については、序章のはじめの部分に、私自身の研究史も紹介しながら、少し長めに記述しておいた。教育における新自由主義の潮流が白熱したマグマのようにヒタヒタと地上に押し寄せるような気配が漂う中にあって、チリは、一足先にそれが地上に吹き出し、露頭となって出現したような場であった。それはいわば露天掘りが可能な鉱脈の発見であった。私は、これまでの研究ペースとは異なり、かなり集中的にその発掘作業に取り組んできた。

成果はその都度、学会発表や論文として順次発表してきたが、四～五年がたって作業が一段落した時、絶妙のタイミングで東信堂の下田勝司氏より、単行本化のお薦めをいただいたことは望外の幸いであった。また、刊行にいたるまで実務的に行き届いた目配りをいただいたことに感謝したい。

著者

教育における国家原理と市場原理——チリ現代教育政策史に関する研究／目　次

南米大陸およびチリの地図

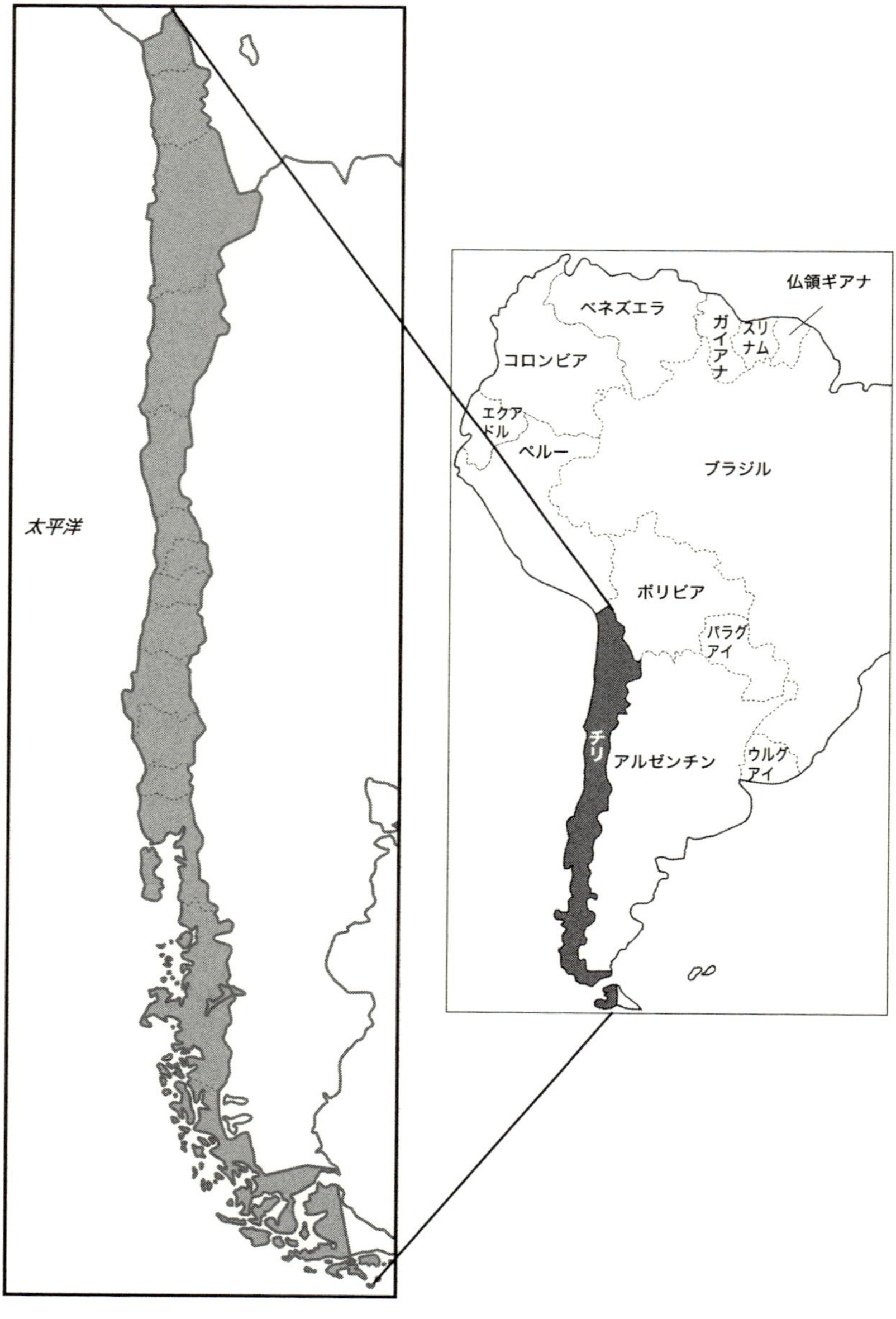

教育における国家原理と市場原理

——チリ現代教育政策史に関する研究

序章　新自由主義的教育政策の先駆的事例としてのチリ

第1節　なぜチリなのか

本研究は、南米チリ国を対象にして、一九六〇年代半ばから二一世紀初頭にかけての約四〇年間における同国の教育政策の動向と教育制度の変革の過程を分析することを目的とする。本研究は、開発途上地域であるラテンアメリカの国を対象としているという意味では、比較教育学研究に属する。同時に、その主題と分析の視角を、教育政策研究、とりわけ、一九八〇年代にこの国において大規模に導入されることになる、新自由主義的教育政策についての分析に設定しているという意味では、教育行政学研究という性格も備えている。

それにしても、当然のことながら、なぜチリなのかという問いに答えておく必要がある。一般的な意味で言えば、開発途上国であり、世界的にもあまり注目されることのない国である。わが国での一般的なチリへの認識と言えば、やたら南北にひょろ長い「竜の落とし子」のような奇妙な形の国、すこし歴史に関心のある人なら、一九六〇（昭和三五）年の東北三陸地方沿岸を襲った「チリ地震津波」の被害や一九七〇年代はじめの軍事クーデターとその後の人権弾圧のニュースにかすかな記憶があるかもしれないし、また近年においては、チリ・ワインやチリ産サーモンや果物をスーパーマーケットで見かけるようになったといった程度のものであろう。ラテンアメリカ圏においても、メキシコやブラジルのような大国、あるいは、観光や日系人との関係などで話題となることが多いペルー、また独特な社会主義国であるキューバなどと較べても注目度が高いとは言いがたい。そんな南米の小国の教育政策がなぜ注目されるのか。最近、なにかと話題を呼ぶことが多い国際的な学業成績評価調査においてチリが特に目につくような成績を残しているというわけでもない。

ここでは、まず、これまでの筆者の研究史にもふれながら、筆者がなぜチリという国に注目するのかを述べておこう。筆者は、一九八〇年に、最初にメキシコに滞在する機会を得て以来、ラテンアメリカ地域の歴史や文化に関心を寄せてきた。研究としても、メキシコを中心にしながらラテンアメリカ地域の教育の動向や課題を分析する作業をかなり長く行ってきた。こうした筆者の専門的な関心から見ても、率直に言えば、チリはそれほど興味を惹かれる国ではなかった。その理由をさぐってみれば、次のようなやや個人的な事情もあったかと思われる。筆者が教育学研究を志した一九七〇年代頃は、まだ、比較教育研究といえば欧米諸国を対象にした研究が圧倒的に多い時代であった。欧米先進国に追いつけ追い越せのスローガンの下に、それらを暗黙のモデルとして、これらの国の教育事情を研究し、わが国の教育改革にたいする「示唆」や「教訓」を得ることが比較教育研究の意義とされた。一九八〇年代初頭の当時、開発途上国の教育を研究テーマにするというのはかなり勇気と覚悟の要ることであった。モデル探究型あるいは「借用型」の実利主義的な比較教育研究の優位の状況からすれば、途上国の教育の研究をして、わが国の教育にとってどんな意味があるのかという問いに答えることは困難であったからである。他者にたいしてはあまり説得力を持つ回答とは言えないが「異文化理解」あるいは「知的関心」を心の支えとして、やや居直った感じで自己の研究活動を正当化せざるを得ない状況であった。ちなみに、一九九〇年代に入って、わが国においても開発途上国向けの教育援助、国際教育協力事業への関心が高まり、途上国の教育研究にもにわかにスポットが当たり、「途上国の教育を研究して何になるの」といった類の質問を逃れられるようになったことは、望外の幸運であった。

ところで、異文化理解や知識好奇心という観点から、途上国の文化や教育の問題に関心を持つスタンスに立てば、その対象は、できるだけ自らが育った教育文化とはかけ離れた、つまり異文化の程度が大きい、あるいは、これまでの、自らの世界観や常識を揺さぶられるような未知の世界に遭遇できるような地域や国のほうが興味を惹かれる。カルチャー・ショックが大きければ大きいほど逆に興味と関心は高まるということになる。筆者にとって、一九八〇年に出会ったメキシコという国は、まさにそのような国であった。メキシコのある地方都市で見た、街頭にたむろするストリート・チルドレン、午前と午後の二部制による学校の運営、小学校での留年・中途退学の多発、インディオ系住民の教育問題、テレビ放送を利用した中学校、カトリックの国でありながら教会や聖職者の教育関与を厳しく禁じる制度、一方では、植民地時代以来のヨーロッパ起源の古い伝統を色濃くとどめるクラシックな大学文化の存在などは、まさに筆者が知らない教育の世界であった。この後、少しずつ知るようになる、この国の教育の歴史も興味深いものであった。すなわち、アステカやマヤに代表される高度のインディオ文明の発達とその中における教育と文化[1]、スペイン植民地時代に推進された「魂の征服」と呼ばれるキリスト教布教とスペイン語普及に関連する各種の教育事業[2]、植民地エリート層子弟のためのヨーロッパ流古典教育のための植民地大学の設立[3]、独立後における国の教育理念と教育の管理権をめぐる国家と教会の激しい対立、オーギュスト・コントの実証主義の教育への影響、二〇世紀初頭のメキシコ革命を契機としたナショナリズムの高揚と国民教育思想[4]、天然資源の開発と輸入代替工業化を柱にした国の近代化志向と教育制度の整備の努力[5]、社会階層間・地域間・都市農村間などにさまざまな教育機会の不平等や格差を内包した不均衡なモザイク状の教育制度の発達、さらに一九八〇年代の深刻な経済危機や北米自由貿易協定（NAFTA）の締結等を経て経済のグローバル化への対応を国策として推進し、その中で教育制度全体の見直しを進める最近の動き[6]など、この国の歴史全体と同じように、紆余曲折と波乱に満ちた教育の歴史があり、そのさまざまな側面を分析研究することは興味深かった。ついにそれに十数年の年月を費やすことになった。メキシコ人研究者との交流も増え、この国への訪問もおそらく十回を超えている。また、九〇年代半ば以降は、わが国の対ラテンアメリカ向けの国際教育協力事業に関連して、国際協力機構（JICA）などの依頼により、中米、ボリビア、ペルー等へ出張したり、これらの国から来日する教育研修生にたいして、わが国の教育事情を講義するなどの仕事を通じて、ラテンアメリカ地域の他の国への関心もやや広がった。

しかしながら、ラテンアメリカ地域の教育研究の専門家を自認する筆者にとってさえ、チリという国の教育に特に興味を惹かれるということはなかった。これは基本的には、先に述べた、一般的なチリ国への認識の乏しさと無知によるものであるが、少し考えてみると、多少ラテンアメリカの事情を知る者として、この国にたいする偏見と先入観があったことも否定できない。筆者のこの国にたいするイメージは、ラテンアメリカにありながら、ラテンアメリカ的な特色の薄い国というものであった。

第一は、その人種・文化的構成の同質性である。インカ、アステカ、マヤなどのインディオ文明が栄えていたアンデス地域やメキシコ・中米地域などと異なり、現在のチリの地域は、もともと多数のインディオ人口を持つ地域ではなかった。インディオ文明という視点からみても、そこは、かろうじてインカ文明の周辺部であり、考古学的に注目されるような遺跡もほとんど存在しない。植民地時代を通じて、現在のチリの中央地域では純血のインディオはほぼ消滅しており、頑強に抵抗をつづけたマプチェ族(別名アラウカノ族)などは南部の周辺部に追いやられた。また独立後に、人口不足を補うため、スペイン、イタリア、ドイツ等ヨーロッパ諸国から多くの移民を受け入れたこともあり、ラテンアメリカにおいてはめずらしく、ヨーロッパ系白人の子孫が圧倒的多数を占める同質的な民族構成となっている。第二には、その政治史である。スペイン系ラテンアメリカ諸国の歴史は、そのほとんどが、政情不安、軍部支配、独裁、内乱、クーデター、などに彩られる歴史である。これにたいしチリでは、独立後の一〇年間ほどの混乱を除けば、国は大統領制と議会制民主主義の下で、政治的安定を確保し、選挙により平和裡に政権交代が行われる政治システムを一世紀以上にわたって維持してきた。また軍部は、伝統的にシビリアン・コントロールを尊重し、政治への介入を回避してきた。ある意味でこれも、きわめて非ラテンアメリカ的な現象である。第三には、豊富な鉱物資源の開発を中心にして比較的安定した経済発展を維持してきたということである。チリは世界最大の銅の産地であり、この他にも鉄鉱石、硝石などの輸出がこの国に富をもたらした。また一九三〇年代以降、輸入代替工業化をベースにした産業の成長もみられた。比較的早くから中産階級の発展や教育の普及もみられた。要するに、チリという国のイメージは、ラテンアメリカにありながら、良くも悪くもラテンアメリカ的な特色や要素が比較的薄い国、多少悪口を込めるなら「ヨーロッパ文明の二番煎じ」「ヨーロッパの離れ小島」といった印象があった。

これは、上記の異文化との遭遇という興味からすると、魅力を乏しいものとした。さらに心理的な隔たりを増幅させるような理由もあった。本論で、詳しくふれることになるが、チリの現代史上の画期的な出来事であり、チリが国際的な注目を集めることになった二つの事件があった。すなわち、チリで、世界で初めて選挙という合法的な手続きによって社会主義政権が誕生したこと、そしてその数年後に軍事クーデターによって政権が崩壊し、その後に過酷な政治的弾圧や人権侵害が行われているというニュースを耳にしたのは、七〇年代初頭で、筆者が大学生の時代であった。当時の左翼的な風潮の強い学生文化の中で、そこはかとなく左翼政権の誕生にシンパシーを感じていた者にとって、これはチリのイメージを悪くするものであった。また筆者がこの地域に関心を持ちはじめた一九八〇年代に入ると、ラテンアメリカにおいても政治的民主化の潮流が強まり、軍事政権が後退してきた。エクアドル（一九七九年）、ペルー（一九八〇年）、ボリビア（一九八二年）、アルゼンチン（一九八三年）、ブラジル（一九八五年）、ウルグアイ（一九八五年）と周辺国で軍政から民政への移管が相次いで実現した。こうした中にあって、チリではこの地域では最後となる一九九〇年まで軍事政権が継続していた。当時、ノーベル賞作家ガルシア・マルケスが書いた『戒厳令下チリ潜入記』[7]や、中南米特派員の伝えるラテンアメリカ政情報告[8]は、相変わらず厳しい戒厳令下で国民への監視がつづくチリの状況を伝えていた。チリのニュースには、あえて目を背けるような気分さえあった。

一九九二年頃、筆者は、たまたま、ある教育学事典の編集部から、ラテンアメリカ諸国の教育制度に関する小項目を執筆するよう依頼され、この地域の一〇か国ほどの教育制度についてそれぞれ原稿用紙三〜四枚程度の概略的な紹介を行った。この中には、チリも含まれていた。ここでは、チリがラテンアメリカ諸国の中にあっては、アルゼンチンなどと並んで比較的教育の普及が進んでおり、国民の識字率も高いことなどを紹介した。しかし、今となって振りかえればまことに不覚であったが、当時の限られた資料からは、この国で何か大きな教育改革が行われている（いた）という情報を読み取ることはできなかった[9]。

筆者が、チリの教育を「再発見」するのは、ラテンアメリカの教育の研究をはじめてからかなり後のことで、一九九〇年代後半のことであった。当時は、開発途上国向けの国際的な教育援助、教育協力論への関心から、世界銀行の教育援助政策関係の文献を読む作業を行っていた。なぜなら、開発資金貸し付け業務のみならず、途上国の政府にたいする政策アドバイザーとして、教育分野においても、開発途上国にたいする世界銀行の影響力はきわめて大きなものがあると認識するようになっていたからである[10]。

一九九四年、世界銀行は、政策報告書『高等教育：経験からの教訓』[11]を発表した。報告書は、開発途上国の政府にたいして高等教育政策を大きく転換させることを提案した。次のような理由が提示された。多くの国で厳しい緊縮財政策が採用される中で、従来のように政府の財政支援に依存した高等教育の拡充はもはや不可能である。資金の削減の中での量的拡張により、教育・研究の水準の低下が顕著である。基礎教育の拡充が最大の優先課題とされる現在、高等教育はかつてのように資金配分での優位を主張できず、むしろそのコスト高、非効率性が批判されている。量的拡張にもかかわらず女子、貧困者、農村居住者など非特権層にとって高等教育は相変わらず排外的である。改革の基本的方針として次の四点を提起する。(1)私立高等教育機関の発展を含めて高等教育のより一層の多様化を促進する。(2)学生とのコスト分担、業績をベースにした政府資金の配分を含めて公立機関の資金源の多元化を奨励する。(3)高等教育における国家の役割を見直す。(4)教育の質の向上と公正確保の目的を優先する政策を導入する。要するに、国立大学を中心に国家主導型で行われてきた従来の高等教育政策を見直し、民営化・市場化を中心にした、いわゆる新自由主義的路線にそって高等教育政策を転換することを勧告するものであった。

ところで、「経験からの教訓」と副題を付けたこの報告書の中で、その事例が頻繁に紹介されている国があった。これがチリであった。「多くの途上国が直面している厳しい財政的圧力にもかかわらず、高等教育改革の分野で大きな進展をとげてきた国はほとんどない。だが、チリのようないくつかの国の経験は、学生一人当たりの公的支出削減の中にあっても、多様化し、健全に機能し、成長をつづける高等教育システムを実現することが可能であることを示している」[12]という記述も見られる。事実、一〇〇頁たらずの報告書の中で、チリの名前は二〇回ちかく登場する。あたかも、チリが開発途上国の高等教育改革のモデルであると推奨しているという印象すら感じさせるほどであった。しかし、この世銀の報告書では、チリの高等教育改革の詳細を知ることはできなかった。世銀の思わせぶりな記述と情報のギャップは、気にかかるものであった。

チリの高等教育といえば、軍事クーデターの後、軍部の厳しい弾圧を受け、数多くの左翼系の教授や学生が大量に追放されたというニュースの記憶があるくらいで、その後の動きについては視野に入っていなかったからである。このため、一九九〇年代末頃から、しだいに、チリの教育文献、特に、高等教育関係のものを集めて読み進める作業を行ってきた。それまで、メキシコが主であるが、ラテンアメリカの高等教育に関する論考を数本書いており[13]、メキシコの高等教育の状況との比較検討ができると考えたからである。

そこでしだいに明らかになってきたことは、一九八〇年を境に、チリの高等教育は、従来のイメージや様相を一変させ、劇的な変化をとげているということであった。それは次のようなものであった。

- 高等教育機関の多様化（非大学型の高等教育機関の誕生）
- 私立高等教育機関設立の大幅な規制緩和
- 二つの大規模国立大学の分割と地方大学への再編
- 高等教育財政方式の転換（高等教育の無償制の廃止、競争的資金配分の導入、調達資金源の多元化）

その変貌ぶりは、なによりも驚くべき統計に現れている。一九八〇年に、チリの高等教育制度は、わずかに八校の大学で構成されるものであったが、一〇年後の一九九〇年に、この国には、なんと全部で三一〇校の高等教育機関が存在していたのである。全学生数も、八〇年の約一一万七千人から約二五万人へと増えている。ラテンアメリカ全域が、後に「失われた一〇年間」と呼ばれることになる一九八〇年代の経済危機の中で、教育予算の削減に苦慮していた時代である。事実、メキシコにおいては、経済混乱と教育予算削減の中で、メキシコ国立自治大学において、学生の入学・在学条件の厳格化（学生数の削減）や授業料の値上げを柱とした大学改革案が提案されたが、それはこれに抵抗する激しい学生運動を引き起し、ついには改革案が撤回に追い込まれるといった事態が生じていた[14]。大学自治や学生運動の伝統の強いラテンアメリカの中で、政府主導で大規模な大学改革を行うことの難しさをあらためて見せつける現象であった。これと較べれば、確かにチリの高等教育改革の方策とその断行は、異例のものであると言えよう。世界銀行がそれに注目したことも理由のないことではない。

こうした過程を経て、一九九〇年代の終わり頃から、徐々に、高等教育以外の分野にも目を向けるようになっていった。高等教育分野の改革もかなりの驚きであったが、初等中等教育の分野、特に、その教育行財政面での改革の全体像が少しずつ明らかになるにつれて、それは、筆者にとっては、予想をこえた、まさに驚愕と表現してもいいようなものとなってきた。一九八〇年代初頭に軍事政権が、初等中等教育分野において導入した一連の教育行財政改革は次のようなものであった。

・教育行政の地方分権化（国立の就学前、基礎教育、中等教育学校の管理・運営をすべて市町村に移管する）

・教育バウチャーによる国家助成方式の導入（公立・私立をとわずに在籍生徒の数に応じて生徒一人当たり同額の国庫助成金を配分する）
・教員の非公務員化（身分を市町村に移管し、民間企業の労働法を適用する）
・一部の公立中等職業技術系学校の運営を民間の企業団体・協会に直接委託
・全国的な学業成績評価システムの導入（父母の学校選択のための参考資料とすることを理由とする）

ラテンアメリカにおいても、教育の地方分権化の議論はめずらしいことではない。だが、従来、国が直接的に運営してきた初等・中等学校の管理運営の権限を州や県のレベルを飛び越えて、市町村に直接的に移管する事例はラテンアメリカでも初めてのものであった。また、チリは、国家的規模で教育バウチャー制度を採用した世界で最初の国の一つとなった。これは、私立学校の進出を奨励するとともに、公立・私立校間での生徒獲得競争を促そうというものであった。教員の非公務員化にいたっては、おそらく世界的に見ても先例がないであろう。民間企業団体への中等職業技術学校の運営委託も、当時としては、きわめて大胆な発想である。国家的な学力評価システムの導入も、ラテンアメリカでは、最も早い時期に属するが、その導入の理由が、父母の学校選択の促進を理由とするものであったことも驚きであった。チリの政府は、これら一連の政策を合わせて教育の「近代化」政策と称していた。しかし、これにたいして批判的な論者は、これら一連の政策をかなり早い時期から「ネオリベラル（新自由）主義の教育政策」と呼んでいた。

わが国を含めて、東アジア、東南アジア諸国において、経済のグローバル化とそれがこれらの国の教育におよぼすインパクトが議論され、いわゆる新自由主義的路線に立つ教育政策、改革論議が浮上して来るのは一九九〇年代半ばから後半にかけてのことである[15]。こうした教育改革論は、必ずしも明確に定義されたものではなく、論者によってニュアンスの違いはあるが、いずれにしても、市場原理、競争と選択、規制緩和、民営化、民間活力、受益者負担、運営効率化、業績評価、アカウンタビリティ、インセンティブなどの用語をキー・タームとして頻繁に登場させ、従来のような国家主導・中央集権型の教育運営体制を根本から見直すことを主張する教育改革論として共通の特色を持っている。多くの開発途上国において、新自由主義的な教育政策は、議論や提言の段階、制度化の試行の段階、あるいは近未来の改革課題とされているのが現状である。教育の市場化や民営化の議論においては、その効果に期待も大きい反面、それが強力に推進される時、将来、そこにどのような公教育の姿が出現するのかについては、いまだに明確なビジョンが提示されるにはいたっていない。それへの懸念や批判を含めて議論が進行中である。

筆者がチリの教育改革の全体像を知るにつれて、驚きを感じたのは、こうした議論が念頭にあったからである。高等教育を含むチリの八〇年代の教育行財政改革は、まさに先駆的かつ究極的な新自由主義的な教育改革とみなすことができるように思われた。チリの場合、注目されることは、その時期の早さである。アジアよりも早く一九八〇年代初頭に経済危機を経験したラテンアメリカ地域は、グローバリゼーションへの対応論議も、アジア諸国よりもやや早く開始された。それでも、メキシコ、アルゼンチンなどでいわゆる新自由主義的な教育政策が本格的に導入されはじめるのは、九〇年代初期の時期である[16]。これにたいして、チリにおいて、上記のようなラディカルな教育改革が導入されたのは一九八〇年代初頭のことであった。この意味で、チリは、世界的な新自由主義的教育改革の流れを一五〜二〇年ちかく先取りしていたことになる。チリの先駆性は際立つ。さらに、後に述べるように、チリの教育制度は、九〇年代の文民政権の誕生とともに、ある程度の軌道修正が導入されるが、その基本的骨格は、その後四半世紀以上経た現在まで、維持されている。すなわち、チリは、世界に先駆けて、新自由主義的教育政策の「実験」に取り組んだだけでなく、それを二五年以上にわたって継続するという歴史的経験を持つ世界でも数少ない国なのである。

こうした認識にいたると、チリの教育にたいする筆者の興味は、急速に高まった。また、これに伴い、数々の疑問や関心も浮かび上がってきた。すなわち、

(1)そもそも、なぜチリという南米の小国において、かくも早い時期に、これほどラディカルな新自由主義的教育政策が出現するにいたったのか。
(2)それは、チリの教育の歴史的な伝統、発展となんらかの関わりがあるのか否か。
(3)だれが、どのような目的で、このような教育改革を構想し、制度設計を行ったのか。
(4)一連の改革方策は、どのように導入・実施されたのか。
(5)約一〇年間にわたってそれが実施された後、チリの教育界にはどのような変貌が生じたのか。
(6)その過程において、新自由主義的教育政策の功罪、明暗はどのように認識されるにいたったのか。
(7)一九九〇年代の文民政権復活以降の見直し論議と軌道修正策はどのようなものであったのか。
(8)チリの先駆的実験とその帰結から、なんらかの教訓を学ぶことができるとするなら、それはどのようなものなのか。

本研究は、まさしくこれらの疑問にたいする答えを求めようとするものである。冒頭に示したように、本研究では、

チリ現代教育政策史というマクロな視点から、これらを包括的、構造的に分析検討することをめざす。一九八〇年代の新自由主義的教育政策の導入・実施の時期が中心になるが、その前後の時間枠として、チリの教育の拡充整備が本格的に開始される六〇年代半ばから二一世紀初頭までを視野に入れることにした。そして、その主題を、教育における国家原理と市場原理とした。チリの現代教育政策史は、劇的と呼べるほどの振幅の大きい変化を経験するが、要するに、その変化の根底にあるものは、教育における国家の役割、国家の主導性がどのように認識され、それが時代や政権によってどのように変化してきたかということにかかっているように思われるからである。

第2節　資料収集と先行研究

チリの教育改革の動向に関心をもった筆者は、一九九〇年代終わり頃から、関連文献資料と先行研究の収集、分析を行う作業に着手する。まず、わが国におけるチリに関する情報や研究の動向について検討した。わが国におけるラテンアメリカ地域に関する日本語による情報や論文、著作等の刊行状況に関しては、上智大学イベロアメリカ研究所が一九七四年以来、毎年刊行している『ラテンアメリカ研究文献目録』17においてほぼ全体的な状況を概観しうる。この冊子は、わが国で毎年、発表されたラテンアメリカ関係の著作、論文、雑誌記事を国別、分野別に整理して報告するものである。その創刊号となった一九七四年版を見ると、驚くべきことに、チリを扱った論文や雑誌記事は、きわめて多い。ラテンアメリカ全体で二六六点の記事のうち七九点がチリに関するものであった(ちなみに、ブラジルに関するもの八〇点、メキシコは一四点であった)。これは、いうまでもなく、その前年九月に生じた軍事クーデターによるアジェンデ社会主義政権の崩壊のニュースがわが国においても、かなりの政治的関心を引き起こしていたことを示している。『アジェンデの実験——チリ人民戦線の勝利と崩壊』『チリの悲劇——破産したもう一つの人民戦線』『チリ革命の弁証法——先進国型革命の論理と実験』『チリ経済の栄光と挫折』などの単行本、翻訳書なども相次いで刊行されている。翌七五年版でも、チリに関する雑誌記事・論文等は全体の一二・五％とブラジルについで多いものであった。しかし、この時期を頂点にして、チリに関する情報は、しだいに減少に向かう。またクーデターの直後の衝撃が弱まり、軍事政権が長期化する様相を見せはじめるとともに、その関心は、政治的なものから、しだいに経済分野に移行していったことを読み取ることができる。一九七七年版では、チリの記事の頻度は、全体の六・七％となっていた。一九八〇年には、チリの記事件数は、全体の比率でみても、ともに二〇％を超えるブラジルとメキシコに較べるとずっと少なく四％であり、その点数も一八点にとどまっていた。一九八〇年代の傾向をみると、ラテンアメリカ全般を包括的に論じたものの他、ブラジル、メキシコを論じるものが多く、チリにたいする関心は、アルゼンチン、ペルー、キューバ、コロンビア、ニカラグア（中米紛争地域）とほぼ同じ程度で、毎年、ほぼ二〇件前後の雑誌論文記事が報告される程度であった。ちなみに、この間、わが国においてチリの教育に関する情報や論文はほとんど皆無であった。

わが国におけるチリの教育に関する文献資料の所蔵の検索を試みたが、その数は、きわめて限られていた。わずかに、チリの大学や学生運動に関する文献数点がいくつかの大学に所蔵されているのみであった。国立教育政策研究所の図書館でさえ、わずかに『軍事政権下での教育改革』[18]（Las Transformaciones Educacionales bajo el Régimen Militar 一九八四年）という二巻本の著書を所蔵しているのみであった。この本は、筆者本人が、八〇年代の半ばに、そのタイトルが気になってなんとなく購入していたものであったが、長らくその存在さえ忘れていたものであった。ちなみに、後に述べるように、この著作は、きわめて貴重なものであり、本論を作成するための基本的文献の一冊となった。

このため、まずは文献資料の収集から始めなければならなかった。一九九〇年代以降で、チリにおいて出版された教育制度・政策に関する著作で市販されているものは、それほど多くはなく、ほぼ入手できた。最近のインターネットの普及は、チリにおいても目覚ましく、教育省や主要な大学のウェブサイトからはかなり充実した情報を入手しえた。これは、ラテンアメリカ研究者にとっては八〇年代には予測もつかなかったことであり、直接現地を訪問するか、あるいは、資料を依頼して数か月のタイムラグを不安な気持ちで待たねばならなかった時代を考えるなら、この利便性はまさに隔世の感がある。また、チリの歴史、経済等に関する著作もできるかぎり収集につとめた。

次いで、チリ内外の研究者等によって英文で書かれたチリ教育関係の文献の検索と収集を行った。ここには、主に二つのソースがある。一つは、米国や英国の大学院に提出されたチリ教育を主題とした数点の学位論文である。とりわけ、チリ人のエスピノラ（Viola Espínola）が英国のウェールズ大学に提出した博士論文『チリの軍事政権下での教育改革』（一九九三年）は、一九八〇年代の軍政下における教育改革をチリ人自らが批判的な観点から分析した最初のものであり、本論を作成する上で、基本的な参考文献の一つとなった[19]。また、後に述べることになるチリ人研究者コックス（Cristián Cox）がロンドン大学に提出した博士論文『チリの国民教育における連続性、葛藤、変革』（一九八四年）は、本論での焦点となる一九八〇年代の教育改革に先立つフレイ、アジェンデ両政権の下での教育政策について詳細な分析を行っており、八〇年代の新自由主義的教育政策をチリの教育の伝統との連続と断絶という視点から見る上で、きわめて貴重な視点と資料を提供するものであった[20]。この他にも、米国の大学での博士学位論文も数点入手しえた。

もう一つは、世界銀行の出版物である。さきに世銀の高等教育報告書において、チリが再三、引用されたことを述べたが、世界銀行の立場からすると、チリという国は人権問題でしばしば批判を浴びた軍政時代はともかく、九〇年代以降は、新自由主義的教育政策の継承、さらには、教育の質と公正の改善への積極的な取り組み等の点で、世銀の教育援助の基本的理念や方針ときわめて親和性の高い国であり、開発途上国の優等生といった扱いを受けているように思われる。このため、世銀の調査研究部門から、ワーキング・ペーパーやデスカッション・ペーパーとして、チリの教育改革に関するモノグラフがいくつか刊行されている。この他に、個別的な研究者としては、米国スタンフォード大学の教育経済学の教授として著名なカーノイ (Martin Carnoy) とその共同研究者たちが、チリのバウチャー制度や学校選択制について、強い関心を示し、国際的な専門誌にチリの分析や論評を数多く発表していることが注目された。

こうした資料収集、分析の作業を進めながら、あらためて気づいたことは、本論の中心となる八〇年代の改革について、同時代の八〇年代に書かれたものがきわめて少ないということであった。上記の文献資料のほとんどは、九〇年代の文民政権の教育政策について説明するものが多く、また、軍政時代に関する記述は、批判的な視点からのものであれ、あるいはその継承を主張するものであれ、いずれにせよ、軍政時代の政策や制度について歴史を振りかえる形で書かれたものがほとんどである。教育政策の導入に先立ち、あるいは、制度改革の進行中に、それらについて同時代的に議論したような文献は、きわめて少ないのである。その教育改革の規模の大きさと較べて、この時代の文献の少なさはきわだつ。その理由もしだいに明らかとなってきた。上記のエスピノラは、この時期における教育政策に関する文献の少なさにふれて次のように述べている。

「一九八〇年の教育改革論について説明を行う政府の公式のドキュメントはきわめて少ない。一九七九年に行われた大統領演説が、教育に特化した議論を含む唯一の公式ドキュメントである。……一九八〇年の教育改革について説明するドキュメント資料の欠如は、改革に責任を負った政府高官たちが持つ行動様式の特色――基本的にコミュニケーションや関係・交渉というよりは行動そのものを志向していた――を理由とするだけではない。それはまた、政治的な知恵は、支配的な少数の者の中にのみ存在しているという信念をベースにした権威主義的な政策決定の様式の一つの現れである。さらに、それは、強力な軍事的統制の下で、政治的プロセスの表現がきわめて弱体で抑制された中での政策決定の結果でもある。政策決定者たちは、自分たちの決定を明確に表明し、説明し、正当化する必要を感じなかった」21。

それは、この時代の政策形成の手法そのものに起因している。一九八〇年代の軍政の教育政策立案は、後に詳しく見るように、少数の経済テクノクラートの手に委ねられ、それは、政令の形で法制化され（国会は解散されたままであった）、軍事政権の特有の権威的な上意下達方式で教育現場に伝えられた。政府が、教育政策の理念や政策意図を公式に説明したり、教育関係者の意見聴取や広範な国民的議論を行うという手続きはまったくといっていいほど行われなかった。また、軍政に批判的な勢力が、厳しく弾圧され、沈黙を強制された状況の中で、政府の方針にたいする自由な議論は制限されていた。まして、当時の軍政の国際的な評判は悪く、外交的に半ば孤立していたこともあり、チリに関する情報が外部にもたらされることも限られていた。チリの教育情報の発信そのものが低調で、いわば外部の者からすれば、ブラック・ボックスのような状態だったのである。筆者自身、ラテンアメリカ教育の研究者を自認しながら、八〇年代において、同時進行していたチリの教育改革をほとんど認識できなかったことも、あながち自らの怠慢とばかりは言えない事情もあったのである。

この八〇年代の資料の欠如は、本論を記述する上でもボトルネックとなった。しかし、ある程度資料を読み進めるうちに、この困難な時期においても、チリの教育政策と制度のあり方について批判的な立場から発言をしつづけた少数の研究者グループが存在していたことに気がついた。それは、カナダ人研究者のファーレル(Joseph P. Farrell)が"Counter academy"[22]と名付けた、一群の民間の研究機関を活動拠点とする研究者たちのグループであった。これらは、軍事クーデター後の介入により大学の社会科学関係の学科が閉鎖されたり、あるいは、そのイデオロギー的傾向を理由に大学を追放されたり、あるいは、学問の自由を侵害するような大学の雰囲気に嫌気がさして自ら大学を辞職したような研究者たちが、カトリック教会や外国の財団等の財政支援を得ながら、NGO組織として研究機関を組織し、独自の研究活動を展開したものであった。一九八〇年代初頭にこうした独立の研究センターの数は、人文・社会科学系を中心に三〇をこえていた。これらの研究センターは、困難な状況の中で、独自の調査研究活動や社会啓発活動などを行っていた[23]。特に、教育研究の分野では、PIIE(Programa Interdisciplinario de Investigaciones en Educación「教育研究学際プログラム」)とCIDE(Centro de Investigación y Desarrollo de la Educación「教育研究開発センター」)という二つの民間の教育研究機関の活動が注目された。両者とも軍事政権の誕生以前に、前者はイエズス会系の教育団体、後者は、チリ・カトリック大学の系列機関として設立されていた事情もあり、軍政下でも政府の直接的な介入を受けることが比較的少なかった。これらの機関は、特に八〇年代後半に入ると研究セミナーを開催したり、民政への復帰を展望して独自の政策提言活動を行うなど活動を活発化させた。これらのセンターの出版物は、当時軍政下で進行しつつあった教育改革にたいする同時代の、なおかつ、批判的な視点からの観察としてきわめて貴重な証言となると考えられた。しかしながら、こうした歴史的な、しかも、当時としても、広範囲に配布されたとは思えない資料を、インターネットを利用して入手することは不可能であった。これは、三回にわたるチリでの現地調査（二〇〇五年および二〇〇六年）に頼らざるをえないものであった。

こうした現地調査活動を行う上で、知遇を得るようになった数人のチリ人研究者の支援が有益であった。まず第一は、チリを代表する教育学者であり、ＰＩＩＥの創設メンバーの一人でもあり、一九九〇年代には一時、教育大臣をつとめた経験もあるシーフェルバイン（Ernesto Schiefelbein）博士、上記のようにロンドン大学で博士学位を取得し、ＣＩＤＥの研究員を経験し、一九九〇年の文民政権の誕生とともに教育省に入り局長級のポストを歴任するコックス（Christián Cox）氏、教育省基礎教育局のベネガス（Malva Venegas）女史、チリ現代教育史の生き証人のような存在であり、軍政期にはＰＩＩＥを基盤に活動を継続し、民政移管後に教育顧問として教育省に復帰したヌニェス（Iván Núñez）氏等である。これらの人々は、上記機関の資料センターや教育省の図書資料室への訪問を可能にしてくれただけでなく、個人所有の資料のコピー等まで便宜を図ってくれた。こうして収集した資料は、一次資料と同じ価値を持つものと言えよう。また限られた時間であったが、彼らとの対話は貴重なものであった。

本研究のための補完的な資料として、チリの代表的な新聞『エル・メリクリオ』（El Mercurio）紙を利用できたことも大きく役立った。幸いなことに、アジア経済研究所（千葉市）が、一九七五年以降、同紙を講読保管しており、それらがマイクロ・フィルムの形で閲覧可能とされていたからである。さらにもう一つ補完的な資料として有用であったものは、チリの国会図書館が収集整理している二〇世紀初頭以来のチリの法令（憲法、法律、政令、省令）の膨大なデータ・ベースである。これにより、本研究がその対象としている一九六〇年代以降の教育に関係する諸法令を、すべての条文まで詳細に、インターネットを利用して閲覧することができた。

第3節　本論の構成

本論は、教育政策史という時系列的な記述と分析を行う。そこでまず、本論で現代的な教育政策史の出発的として措定した一九六五年以降の教育政策史の時期区分とそれぞれの時期の基本的な特色を提示しておくなら、それは次のようになる。

(1)　一九六五〜一九七三年　国家主導型の教育制度拡充の時期
(2)　一九七三〜一九八〇年　軍事政権下での教育の粛清・純化の時期
(3)　一九八〇〜一九九〇年　新自由主義的教育政策の導入・断行の時期
(4)　一九九〇〜二〇〇〇年　文民政権による軌道修正（継続と変革）の時期

政治史的な視点から見ると、(1)の時期は、当時としてはかなり革新的な政治理念を掲げてチリの全体的な近代化・構造改革に取り組んだキリスト教民主党のフレイ政権の時代と、その後に誕生した人民連合のアジェンデ社会主義政権の時期にあたる。両者には、イデオロギー的傾向に相違がみられるが、教育政策の視点から見ると、いずれも、教育を政権の優先課題と位置づけ、教育予算を増やし、国家主導型で教育の量的拡張を積極的に推進したという意味では連続性がみられる。(2)の時期は、一九七三年九月一一日のクーデターによってアジェンデ政権を崩壊させた軍事政権の前半期にあたり、強権による国内治安秩序の確立と経済の再建が模索された時期である。教育政策的には、教育にたいするイデオロギー的統制が強化され、教育界の「粛清」「純化」が推進される。教育予算が縮小に転じ、教育の量的拡張には歯止めがかかる。教育政策をめぐる国民的な協議や参加のための機関や場は廃止され、軍組織をモデルとするような権威主義的な指揮命令系統が教育界にも張りめぐらされた。この(1)と(2)の時期は、教育政策の形成・遂行の手法、教育の理念やイデオロギー傾向において、反対のベクトルを向いており、きわだった断絶を示している。しかしながら、この時期までは、後に述べるチリの歴史的伝統に伴ってきた「教育する国家」あるいは「教育者としての国家」(Estado Docente／Teaching State)という国家像、すなわち、国家的な教育システムを構築し、それを直接的に管理運営する主要な責任は国家にあるという理念が支配的であったという意味においては、両時期には、連続性があるとも言える。

(3)は、軍事政権の後半期にあたり、独自の一九八〇年憲法を制定して、軍政統治の正統化と長期政権を展望しながら、国の「近代化」政策を遂行する時期にあたる。新自由主義的な教育政策が出現し、断行されるのもこの時期である。教育における国家の役割はきわめて限定的に解釈されるようになる。「教育する国家」の理念に代わって「教育の自由」「父母の学校選択権」が強く主張されるようになる。教育の量的拡張を担うものとして民間セクターの役割が重視され、教育の需要と供給を調整するメカニズムは、競争と選択という市場原理に大きく委ねられることになる。地方分権化と民営化、バウチャー制度、教員の身分・待遇の変更、学業成績評価制度導入、高等教育制度の大幅な再編など個別の具体的な制度改革が矢継ぎ早に導入されることになる。この時期は、本論の中心的な部分となるものであり、ここでは、新自由主義的教育政策の導入の経緯、制度設計、各施策の遂行過程、チリ教育界の変貌についてできるかぎり詳細に検討する。ここでの分析は、初等中等教育分野と高等教育分野とを分けて検討することとする。同じような改革理念に立脚しながら、それぞれの歴史的発展と制度運営の伝統を異にするために、両者の間には、政策導入手法や政策メニューに相違が見られるからである。

最後に、(4)は、軍事政権が退陣し、一六年半ぶりにチリが民政に復帰した後の時期である。反軍政の政治勢力を結集して誕生した民主的文民政権は、軍事政権時代の教育政策の評価と見直しに着手する。そこで彼らの選択した道は、軍政時代の教育政策、とりわけ一九八〇年以降の新自由主義的教育政策を全面的に否定し廃棄するものではなく、その基本的骨格を継承しながら、その軌道修正を図るというものであった。そこには、新自由主義的教育政策を一〇年間にわたって遂行したことの結果として生じたチリの教育界の大きな変貌を、もはや逆行不可能な現実の姿として認識する現実的な判断があった。その基本的な戦略は、「継続と変革」すなわち、新自由主義を基盤としつつもすべてを市場の原理に委ねるのではなく、必要に応じて教育における国家の役割を見直すというものであった。とりわけ、新自由主義的教育政策の下では、効果に限界があると認識された、「教育の質の向上」「教育における公正の確保」という二つの目標のために、国家は再び教育に積極的に介入する姿勢を示した。ここでは、文民政権における教育政策の形成過程、新しい政策メニューの採択、各施策の軌道修正の過程を分析する。ここでも、(3)と同様に、初等中等教育分野と高等教育分野を分けて論ずることとした。

第4節　本研究の特色と独自性

本論の特色は、第1節で提示した(1)~(8)の論点のように、できるかぎり幅広い視点に立って、チリの新自由主義的教育政策導入の背景と二〇年以上にわたるその実践の歴史を検討するところにある。上記の論点の個別項目、あるいは複数の項目について回答を提出しようとした先行研究はもちろんある。バウチャー制度など個別の論争的なテーマに特化してチリの事例を賛否双方の立場からその功罪を分析した研究も少なくはない。しかしながら、先行研究の中でも、チリの独特な新自由主義的教育政策の進展を、チリ教育史の歴史的文脈の中に位置づけ、その社会・政治的背景を含めて包括的に分析することを試みたものはほとんどない。

本論の副題を、「新自由主義的教育政策の導入と実施」というような八〇年代以降に焦点をしぼったものとせず、「チリ現代教育政策史研究」として、視野や時間幅を拡大し、また現代の起点を一九六〇年代に設定した理由はここにある。また、こうした課題に向けての分析作業をつづけるうちに、この教育における国家主義と市場主義をめぐる論議には、さらに歴史をさかのぼってルーツが存在しているということに気がつくようになった。独立以来一九世紀にいたるまでのチリの教育の歴史を見ると、実際の教育の普及や制度的な整備ということでは不備であるが、理念的に見ると、そこには、チリにおいて「教育する国家」の名で呼ばれる国家主導型で教育の管理運営を志向する理念と、「教育の自由」の主張の下にカトリック教会系の独自の教育活動支援と父母の学校選択権を擁護する理念という二つの潮流が、時に対立し、時に調和しながら、底流となって流れてきたことを読み取ることができるからである。教育バウチャー制度のルーツともいえる私立学校への公費助成はすでに一九世紀には登場しており、公費民営型の私立学校の出現を促すことになる私立校への国庫助成制度も、すでに一九五〇年代初頭には法制化されているからである。このために、資料の限定から、きわめて概略的なものとならざるをえないが、上記の時代区分よってカバーされる以前の植民地期を含めたチリ教育の歴史を素描する一章を追加することとした。この、さらなる歴史的ルーツの探索という視点も本論の特色と言えよう。

もう一点、本研究での特色をあげるなら、ここでは、先行研究では欠けていることが多い教育法制史的なアプローチを重視したことである。チリという国の特色の一つといえるかもしれないが、開発途上国ではめずらしく、チリでは、教育政策・行財政の基盤として、法令の制定がかなりキチンと行われてきた。権威的な軍政下で、国会が解散されていた時代を含めて、法令を基盤とした政策の遂行という伝統は途切れることはなかった。前述のように国会図書館のチリ法制データ・ベースは、教育分野関連のものを含めて各種法令がかなり古いものから利用可能な状態とされており、法制史的研究を進める上で、きわめて有用であった。少なくとも、教育関係法令の資料収集において、外国人研究者としてのハンディを感じることは少なかったと言えよう。

理念の対比を明確にし、記述を簡略化するために、本論では、教育において国家の果たす役割を重視する理念を「国家主義」、一方、国家の役割を補完的なものに限定し、教育の統制を主として市場の力学に委ねる理念を「市場主義」と呼ぶこととする。このような操作的な定義を使うなら、時代とともに激しく変化してきたように見えるチリの現代教育政策史も、教育をめぐる国家主義と市場主義の相剋、そしてその調和と和解の試みというモチーフで、包括的かつ連続的に記述することが可能になると思われるからである。

〔注〕

1 斉藤泰雄『古代インディオ文明における育児習俗と教育──先スペイン期アステカ族教育関係史料集』科学研究費補助金報告書　一九九五年三月

2 斉藤泰雄「ラテンアメリカ大学史研究ノート：ヨーロッパ中世大学の遺産」『明治大学史紀要』第9号　一九九一年　一九～三四頁

3 斉藤泰雄「ラテンアメリカ教育史の原像」国立教育研究所『研究集録』第28号　一九九四年三月　三三～四五頁

4 斉藤泰雄「メキシコ革命と大学──一九四五年『メキシコ国立自治大学』組織法の成立過程」『大学史研究』（大学史研究会）第12号　一九九六年　七八～九八頁

5 斉藤泰雄「メキシコ国立自治大学の『黄金時代』」『大学史研究』（大学史研究会）第19号　二〇〇三年六月　四六～五九頁

6 斉藤泰雄「メキシコにおける基礎教育制度改革の動向──サリナス政権下における教育改革の特色」『学校と地域社会と

の連携に関する国際比較研究　中間報告書(I)』　国立教育研究所　一九九六年　九一～一一三頁

7　ガルシア・マルケス『戒厳令下チリ潜入記』　岩波新書　一九八六年。これは、当時、軍政の弾圧から逃れヨーロッパに亡命していたチリ人映画監督が変装して祖国に潜入し戒厳令下のチリ（一九八五年）の様子を報告したドキュメントである。

8　伊藤千尋『燃える中南米――特派員報告』　岩波新書　一九八八年。特に第3章「戒厳令下の抵抗――チリは、いま」

9　斉藤泰雄「チリの教育」『現代学校教育大事典』　ぎょうせい　一九九三年　一六七～一六八頁

10　斉藤泰雄「世界銀行と開発途上国への教育援助」江原裕美編『開発と教育』　新評論　二〇〇一年　一二一～一三五頁

11　World Bank, *Higher Education: The Lessons of Experience.*　1994

12　World Bank, *Ibid.,*　1994　p.25

13　斉藤泰雄「メキシコの大学教育と大学評価・認定の動向」『大学評価研究』(大学基準協会)第2号　二〇〇二年　三五～四二頁

斉藤泰雄「メキシコの政治エリートの学歴構成」広島大学大学教育研究センター『大学論集』第25集　一九九六年　一八九～二〇五頁

14　斉藤泰雄「メキシコ国立自治大学の紛争：一九八六－八七年――その巨大化と改革の挫折をめぐって」『ラテンアメリカ研究年報』(日本ラテンアメリカ学会)第11号　一九九一年　九九～一二四頁

15　例えば、西野節男『アジア諸国の国民教育におけるグローバル・インパクトに関する比較研究』　科学研究費報告書　二〇〇一年、大塚豊『アジア諸国におけるグローバリゼーション対応の高等教育改革戦略に関する比較研究』　科学研究費報告書　二〇〇四年

16　斉藤泰雄『グローバリゼーション・インパクトと教育改革に関する研究――メキシコを中心に』　科学研究費報告書　二〇〇四年三月

17　上智大学イベロアメリカ研究所編『ラテンアメリカ文献目録』一九七四～二〇〇三年の各版

18　Núñez P.I. (ed.), *Las Transformaciones Educacionales bajo el Régimen Militar*　PIIE　1984

19　Espínola V., *The Educational Reform of the Military Regime in Chile*　Ph.D. Thesis, University of Wales　1993

20　Cox Cristián, *Continuity, Conflict and Change in State Education in Chile.*　Ph.D. Thesis, University of London　1984

21 Espínola V., *op.cit.* 1993 pp.443-444

22 Farrell J.P., "Chile" in Kurian G.T. (ed.), *World Education Encyclopedia* 1988 pp.196-211, p.207

23 Brunner J.J., *Informe sobre la educación superior en Chile* FALCSO 1986 pp.205-206

第一章　チリの国家形成と教育の歴史

はじめに

本章では、まず、チリの自然と地理の特色を示すとともに、この国の形成の歴史とそこにおける教育の歴史について概観する。チリの自然と地理、およびその歴史（通史）に関しては、スペイン語、および英語で書かれたいくつかの文献が存在し、ここでの記述も、それらを参考にする。しかしながら、チリの教育の歴史という点になると、その資料はきわめて限られているのが実情である。メキシコなどの場合もそうであるが、一般的に開発途上国における教育関係者の関心は、彼らが直面している深刻な教育問題を反映して、教育の現状分析、および近未来の改革課題、先進国の教育動向といったテーマに集中する傾向がある。これにたいして、自国の教育の過去の姿についての関心は一般的に低い。植民地時代以来の古い歴史を持つ国の中核的大学の編年史や資料集の類を除けば、教育史に関する文献はきわめて少ない。おそらくかつての師範学校、そして現在では高等教育機関の教員養成コースでは、チリ教育史も講じられていると推測される。しかし、残念ながら、そこでどのような教科書や教材が使われているかは確かめられなかった。おそらく定評のあるチリ教育の通史的な教科書は書かれていないと推定される。

以下ここでのチリ教育の歴史の素描は、数少ない教育史文献の一つであるAdeo-Richmond（おそらくチリ系英国人）によって書かれた『チリにおける私立教育――植民地期から一九九〇年までの歴史分析』[1]に大きく依存している。幸運なことに、この著作は、数少ない初等中等教育に関する歴史的文献というだけでなく、チリの公教育における私立教育の役割と地位を歴史的に分析するという視点において、本研究の課題と接点を持っている。

第1節　チリの自然環境と地理

まず、チリの自然と地理の特色を見る。この国の第一の特色は、その地図を目にする時、だれでもが感ずるような、その独特な国土の形態にある。それは、時には、「チリのクレージーな地理」[2]とまで称されることがある。この特異な地理的環境は、この国の国家としての形成の歴史、その統治機構、そしてその教育の発展にもかなりの影響を及ぼしている。チリ（正式名チリ共和国、República de Chile）は、南米大陸の南西端に位置し、険峻なアンデス山脈と太平洋にはさまれ、南北に細長い国土（面積七五万平方キロメートル、日本の約二倍）を持つ国である。南北は、南緯一八度から南米大陸最南端のマゼラン海峡・ホーン岬まで四、三〇〇キロメートルときわめて長い。これは、米国の東海岸（ニューヨーク市）から西海岸（サンフランシスコ市）までの距離、あるいは、東京とシンガポールの間とほぼ同じ距離である。これにたいして、東西の幅は、平均一七五キロメートルときわめて狭い。

こうした特異な国土のため、その気候風土もきわめて多様性に富む。ペルーとボリビアに国境を接する最北部は、年間を通じて降水のほとんどない砂漠地帯が延々とつづく。しかし、この地域は、チリを代表する豊富な鉱山地帯であり、これらの鉱物資源の開発や貿易の拠点としてアリカ、イキケ、アントファガスタ等の都市がある。これよりすこし南へ下がった地域は、やや降雨があり、ステップ地帯となっている。南緯三二度付近から、首都であるサンティアゴ市を中心にして、南緯三七・五度の第二の都市コンセプションにいたる中央渓谷部は、温暖な地中海性気候と肥沃な土地に恵まれ、チリで最も人口が集中する地域となっている。サンティアゴの外港として栄えた港湾都市バルパライソ、風光明媚なリゾート都市ビニャデルマールなどがある。北部、中部とも、沿岸を冷たいフンボルト海流が北上しているため、夏でも気温はそれほど高くはならない。さらにその南部の南緯五〇度付近のプエルト・モン市付近までは、年間を通じて二、〇〇〇ミリメートル以上の降雨がある温暖多湿地帯で、緑豊かな森林と湖沼に恵まれ、農業・牧畜が盛んな地域となっている。最南端部は亜寒帯で、パタゴニア地方と氷河のあるリアス式海岸地帯では、一年中降雨があり、強風が吹くなど気候は厳しい。チリは、標高五、〇〇〇～六、〇〇〇メートル級の高山の連なるアンデス山脈の西麓に位置し、全体的に高地が多く、平地は二〇%ほどである。活火山も約五〇あり、歴史的に何度も大きな地震に見舞われてきた。ちなみに、モアイ像で有名な太平洋上のイースター島もチリの領土である。

　行政的に、国土は、従来北から南にほぼ直列的に、一二の州と首都サンティアゴ市を含む首都圏特別州の合計一三の州に区分されていた（スペイン語ではRegiónであり正確には「地域」と訳されようが、わが国では一般に「州」と訳されることが多いので、ここでもその慣例に従うことにする。メキシコやブラジルのような連邦制の国家を構成する州とは異なる）。総人口は、一、五一一万人（二〇〇二年）で、一九九二～二〇〇二年の年平均人口増加率は一・二%である[3]。人口は一九六〇年と較べるとほぼ倍増しているが、近年、出生率が低下傾向にあり、人口増加の伸び率もやや低下してきている。国全体を見れば、気候条件などの良い中央部に人口が集中しており、特に、首都圏特別州には、国の総人口の四〇%を超える六〇〇万人が集中しており、人口密度が最も高くなっている。総人口の七五%がスペイン系（スペイン系の住民の中には、先住民との混血も見られるといわれるが、現在では、外見からそれを識別することはほとんど不可能である）、二〇%はスペイン以外のその他のヨーロッパ系と言われている。チリは、ラテンアメリカの中でも、アルゼンチンやウルグアイと並んで、欧州系の住民の比率が最も高い国となっている。インディオ系住民の人口は全体の四・六%、約六九万人とされている。この中では、マプチェ族が全体の八七%を占め、その他にアイマラ族、アタカメーニョ族、ケチュア族など八つの民族グループが報告されている。インディオ系住民は、国の北部の第Ⅰ州（アイマラ族）、第Ⅱ州（アタカメーニョ族）と南部の第Ⅸ州と第Ⅹ州（マプチェ族）に集中している。現在では、インディオ系住民もスペイン語化されており、先住民語のみのモノリンガル人口はほとんどいない。また、植民地時代に、気候や風土の影響で大規模プランテーションが発達しなかったため、黒人奴隷の輸入はほとんど行われることがなかった。年齢一〇歳以上の国民全体の識字率は九五・八%（二〇〇二年）であり、ラテンアメリカの中でも最も高いグループに属する。

宗教は、カトリックの信仰が七〇・〇%と最大多数であり、つづいて福音派（プロテスタント）が一五・一%、その他の宗派四・四%、無宗教四・四%となっている。チリの特色の一つは、都市化の進展である。大土地所有制で生産性の低い農村部からの農民の流出、鉱山業の発展やそれに伴う商業・貿易の発展による都市化が進んだ。チリの基準では、住民二、〇〇〇人以上が集中して住む地域を「都市地域」と定義しているが、この定義によれば、チリの総人口の八六・六%は都市地域に住んでいることになる。「ラテンアメリカで最も高い都市人口比率を持つ国の一つ」ともいわれる。

第2節　チリ教育の歴史——植民地時代

チリの国家形成の歩みとそこにおける教育の歴史について概観しておこう。一六世紀の初期にスペイン人遠征隊がチリに侵入する以前は、この地には、現在のサンティアゴを境に、北部には、ペルーのインカ文明の支配下にあったアタカメーニョ族、ディアギタス族、南部には主としてマプチェ族（別名アラウカノ族）などの先住民が住んでいた。これらの先住民は、農業や狩猟・採集生活などを営む小規模の部族集団を形成しており、アステカやマヤ、インカのような大規模な社会組織や高度な文明を持つものではなかった。チリでのスペイン植民地の形成は、一五四〇年に、ペルーの征服者フランシスコ・ピサロの部下であるペドロ・デ・バルビディアに率いられた遠征隊によって開始される。バルビディアは、一五四一年二月にサンティアゴ市を創設し、その土地を部下に分配し、先住民には、スペイン人征服者の土地や鉱山で働くことを命じた。一五四四年に創設されたラ・セレナの町を北端とし、一五五〇年に設立したコンセプシオン市を南端とする南北の距離一、一〇〇キロメートルに及ぶ領土がほぼ確定した。バルビディアは、さらに南部に向かって征服戦争を継続するが、これは、好戦的で勇敢なマプチェ族の頑強な抵抗にあう困難なものであった。バルビディア自身、一五五三年末に戦闘で死亡する。南部におけるマプチェ族との戦闘は植民地時代を通じて長らく継続し、その地は、その後一九世紀半ばまで、植民地に編入されることなく独立王国であるかのような地位を保持していた。スペイン人たちは、戦闘的なマプチェ族をアラウカノ族と称するようになり、その名は、一六世紀に書かれたチリ征服の叙事詩『ラ・アラウカノ』によって、ヨーロッパ人にも知られるようになる[4]。

チリは一五五七年以降、正式にペルー副王に直属する総督によって統治されるスペイン植民地となった。スペイン本国やペルーからの移住者がこの地に進出しはじめる。征服時に、先住民インディオの人口は約一〇〇万人であったと推定されていたが、その数は、一七世紀初頭には、半数にまで減少し、さらに一世紀後には四分の一にまで減少していた。戦闘の継続による殺戮、ヨーロッパ人が持ち込んだ疾病や伝染病、苛酷な鉱山労働による酷使などがその原因とされる。チリでは、他のラテンアメリカ地域ほど、スペイン人と先住民の混血は進まなかったといわれているが、平定された地域での混血の拡大は、純粋のインディオの数を減らしていった。南部で頑強な抵抗をつづけたマプチェ族を除けば、チリ中央部では、一八〇〇年までに純粋のインディオはほとんど見られなくなっていた。

植民地の住民は、主として、小麦、トウモロコシ、ブドウ栽培などの農業、牧畜業、金の採鉱などに従事し、また生産した獣脂ロウソク、革製品、靴、ワイン等をペルーに輸出する商業活動などを営んだ。チリは、フィリピンを除けばスペイン本国から最も離れた遠隔地にあるという地理的条件から、ラテンアメリカの他の植民地からも隔絶していた。チリは、北部の砂漠、東部のアンデス山脈、西部の太平洋という交通の難点から、しばしば、孤立した島国にも例えられた。スペイン植民地の中でも最も貧しい地域に属し、しばしば、軍隊への給与の支払いや頻繁に発生する地震や火山の被害からの復興支援をスペイン本国からの援助に頼らなければならなかった。植民地建設から一六〇年たった一七〇〇年でも、サンティアゴ市の人口は一二、〇〇〇人ほどであった。一八世紀半ばからは、ペルーへの小麦の輸出が軌道に乗り、チリの経済がやや潤うようになり、サンティアゴ市には、公共の建物や教会、大聖堂などの建設が進み、ようやく植民都市としての景観を整えていった。しかし、こうした長期にわたる孤立は、チリに他のラテンアメリカ諸国には見られない、独特の文化と国民性を育む土壌となったと指摘されている[5]。

約二五〇年にわたるこのスペイン植民地時代、チリでの教育はどのような状況にあったのか。スペイン王室は、本国における教育の思想、制度をその植民地に持ち込んだ。それは、スペイン本国と同じく階級的、貴族的な性格を強く持った教育であった。征服戦争が一段落つき、植民地での生活が軌道に乗りはじめると、すぐに教育の問題が意識されるようになった。征服戦争に従事したスペイン人たちは、スペイン語の読み書きさえあやしい者が大多数であった。だが、その戦功で貴族の称号や高い地位を獲得し、また大地主や商人として豊かな生活をおくるようになったスペイン人支配者たちは、自分たちの子弟に、その身分に相応しい教育を受けさせることを望んだ。一方、大農園に小作人として働く貧しいスペイン人や混血によって生まれたメスティーソにたいする教育は、本国においてと同様に、ほとんど関心の外に置かれた。また、植民地における教育事業の展開は、ほぼ全面的に、カトリック教会、特に修道会の手に委ねられた。

一六世紀末になると、カトリックの各修道会が相次いでチリに到着した。まずメルセデス会、ドミニコ会、フランシスコ会がチリに布教の拠点をつくる。すこし遅れて、アウグスティヌス会、イエズス会が到着する。これらの修道会は、各地に修道院を設置するとともに、これらに付属する形で学院（コレヒオ）を設置し、教育活動を開始する。一五九五年、ドミニコ会が設置したコレヒオがその最初のものとなった。それは、当時のヨーロッパの教育伝統にそって、ラテン語の学習をベースにして哲学や修辞学などの教養科目を教えるものであった。こうしたコレヒオは、ごく少数の植民地エリート層の子弟を受け入れていた。また、コレヒオには、スペイン語の読み書きを教える初等学校が併設されていた。こうしたコースには、時には、インディオ首長の子弟なども入学させ、スペイン語とカトリックの教義などが教えられた。とりわけイエズス会は、教育事業への意欲と体系的な教育方法を持って積極的な活動を展開し植民地における教育事業を主導していった[6]。

やがてスペイン人植民者の教育要求は、高等教育機関の設立に及ぶ。すでに、ラテンアメリカ植民地経営の拠点であるメキシコ市やペルーのリマ市を始めとして、植民地の主要な都市には、植民地大学が設置されていたからである[7]。彼らは、スペイン王室や教会にたいして高等教育機関設立の請願運動を開始する。それは、まず一七世紀半ば、ローマ法王庁から、ドミニコ会とイエズス会の運営する二つのコレヒオにたいし、学位の授与権を与えて高等教育機関（教皇大学）に昇格させるという認可を得ることで達成された。この後、これらの大学では、教養と神学の学位（バチジェラート、リセンシア、修士、博士）が授与できるようになった。植民地社会が安定するとともに、植民地政府の高官、軍隊や教会の高位ポストをめざす者にとって、高等教育の学歴は不可欠のものとなっていった。先の教皇大学の設立により、聖職者向けの学位コースは提供されるようになるが、法学や医学のコースはチリでは履修することができなかった。そのため彼らは、子弟をペルーのリマ市のサン・マルコス大学に送らなければならなかった。これは、親たちにとってかなりの負担と危険を伴うものであった。このため、再びスペイン王室にたいして、チリにも王立大学を創設することを求める運動が展開された。最終的に、こうした運動が功を奏し、一七三八年二月に国王フェリペ二世から、サンティアゴ市に王立サン・フェリペ大学を創設する勅令が下された。実際の大学設立までは時間がかかり、一七四七年に学長が任命され、一七五六年に正式に大学創設の式典を開催し、一七五八年に授業が開始されることになる[8]。先に認可された二つの教皇大学も、この王立大学に吸収されることになる。ここには、哲学、神学、数学、医学、法学の各講座が置かれた。授業はラテン語で行われ、教授陣の多くは聖職者で占められた。大学の財政は、主としてサンティアゴの市参事会から年次予算を支出されたが、大学予算は不足し、大学の運営はしばしば困難に陥った。

一七六七年、スペイン王室とイエズス会の対立により、スペイン本国とその植民地からイエズス会が追放されると、チリでの教育事業は大きな打撃を受けることになる。イエズス会の追放によって生まれた教育的空白を埋めうる修道会は他になかったからである。スペイン王室は、これに代わるものとして、カロリーノ学院（一七七八年）やアカデミア・サンルイス（一八世紀末）などの設立を認可した。教育機関はいずれも、男子のためのものであった。植民地時代には、女子のための教育機会は実質的に存在しなかった。ごく例外的に、良家の子女が女子修道院において、キリスト教の教義、読み書き、音楽、ダンスなどを習うことがあるくらいであった[9]。

今日の、公立教育と私立教育という枠組みから見るなら、植民地期の教育の性格はきわめて融合的である。植民地統治は、公権力（総督）と宗教権力（司教）がきわめて密接に結びついた形で行われていた。スペイン国王は、ローマ法王から獲得した特権「国王の教会保護権」（Patronaje eclesiástico　ローマ法王に代わって先住民への布教につとめる代わりに、教会の建設、司教区の設定、教会税の徴収、高位聖職者の人事などの権限を国王に授与する）により、教会を植民地統治機構に組み入れていた。植民地での教育活動は、ほぼ全面的に、教会（その修道会）に委ねられた。教皇大学と王立大学に、私立と公立との違いがあると見られないこともないが、両者の相違は、実質的には、法学や医学のコースを含むか否かの差であり、設置主体の相違は、ほとんど意識されていなかった。実際に植民地大学の運営は、聖職者たちに委ねられていた。教育をめぐる国家と教会の権限は不可分一体のものであった。

第3節　独立共和国の誕生と国民教育制度形成の努力

一八世紀末になると、その貿易政策などをめぐって、スペイン本国と植民地の間に、さまざまな利害の対立が激しくなる。また、ヨーロッパからの啓蒙思想の流入、アメリカ合衆国の独立（一七七六年）、自由・平等・人権などを掲げたフランス革命の勃発（一七八九年）、などの影響を受けて、チリでも独立への機運が高まった。本国スペインがナポレオンの軍隊によって占拠され、統治の空白が生まれたのを契機に、ラテンアメリカ各地で独立運動が開始される。チリでも、独立をめざすクリオーリョ（アメリカ植民地生まれのスペイン人）と本国に忠誠を誓うスペイン人との間での葛藤が激しくなる。一八一〇年、サンティアゴ市参事会は、暫定自治政府を設立し、植民地を自治的に統治することを宣言した。そして独自の一八一二年憲法の制定を行った。これにたいして、本国に忠誠を誓うペルーの副王は、一八一四年にチリに王党軍を派遣する。ベルナルド・オヒギンズ（Bernardo O'Higgins）らの独立運動指導者に率いられたチリ軍は抵抗するが、サンティアゴを奪回され、指導者たちはアルゼンチンに逃れた。オヒギンズらは、一八一七年、アルゼンチンのサンマルティン将軍らの支援を得て、アンデス山脈を越えてチリに反攻し、王党軍に勝利する。こうして、一八一八年二月一二日、チリは正式に独立を宣言する。この功績によって、オヒギンズは、最高指導者の称号を与えられ、チリの初代国家元首に就任した。オヒギンズは、チリに共和制を定着させることをめざし、貴族制の廃止、長子相続制の廃止、聖職者の人事権の国家統制などを打ち出す。また農業の振興、教育の普及にも尽力する。しかしながら、オヒギンズの革新的姿勢にたいして、貴族層・保守層は反発を強める。ついに彼の公布した一八二二年憲法をめぐって対立は頂点に達し、オヒギンズは翌年辞任し、ペルーに去る[10]。

一八二三年から一八三一年までは、リベラル派と保守派が覇権を競う政治的混迷時代で、短命の政府が相次ぎ、内戦状態がつづいた。リベラル派の政権の下では、教会の資産の接収や教会系の教育機関の閉鎖などが命じられた。しかし、一八三一年、保守派の政治家ディエゴ・ポルタレスが登場し、チリの政治的混乱は収拾される。一八三三年に新憲法が制定される。この後、チリは、地主層など少数の人々が政治権力を掌握する寡頭制と強力な大統領制による中央集権体制の下、長期の政治的安定を獲得することになる。一八三三年憲法は、ほぼ一世紀にわたってチリを統治する基盤となった。この一八三三年憲法は、カトリックを国教と定め、他の宗教を公に崇拝することを禁じた。国家は教会を保護する一方で、植民地期にスペイン国王が持っていた特権、「教会保護権」を新制国家も引き継いだ。

政治の安定に伴って、一九世紀後半になると経済もしだいに発展の基調に入る。小麦の輸出が伸びる。さらに、銀、銅、石炭など豊富な鉱物資源の発見と開発がつづいた。すこし後には、北部砂漠地帯で火薬や肥料の原料となる硝石の埋蔵が発見され、その開発はチリに硝石ブームを巻き起こした。これらの鉱物資源の採掘や運搬のために鉄道網や道路網の整備もはじまる。またチリ政府は、人口増加を図るために、ヨーロッパからの移住者を募った。チリの政治的安定と経済成長に引きつけられて、ヨーロッパ、特にドイツ、イタリア、フランス、イギリス、ユーゴスラビアなどから移住者がチリに到着した。特に、南部に入植したドイツ系移民は、その勤勉さで、未開地域を豊かな農業地帯へと変貌させた。やがてこの地には、バルビディア、オソルノ、プエルト・モンなどの産業・商業都市が出現することになる。一八七九年には、北部砂漠地帯での硝石の開発をめぐって隣国ペルー、ボリビア両国の連合軍との間で戦争がおきた。これは「太平洋戦争」と呼ばれ、一八八三年までつづくが、海軍力に勝るチリが勝利した。この結果、ペルーからアリカ地域、ボリビアからはアントファガスタ地域がチリに割譲され国土に編入された[11]。チリは有力な硝石、銅の生産地を領土に組み入れた。この結果、ボリビアは、太平洋への出口を喪失し、内陸国となるにいたった。ペルーから凱旋帰国したチリ軍は、南部のマプチェ族支配地に転進し、ついに彼らの頑強な抵抗を鎮定することに成功する。政府は、彼らに一定の土地を供与して固有の伝統に従って生活することを許容する。この対外戦争、国内の平定によって、チリの国土は南北に大きく拡大し、ほぼ現在のものになるにいたる。鉱業の発展と輸出の増加に伴い、英国や米国の商業資本の進出も進み、銀行、貿易、海運などに従事する中流階層という新しい社会階層も出現した。

教育に目を向ければ、独立共和国の誕生は教育の状況にも変化をもたらした。独立運動の指導者たちは、新しい共和国の樹立にとって教育がきわめて重要な役割を果たすことを認識していた。すべてのチリ人を新しい共和国の生活に参加させるためには、従来のようなエリート層のみではなく、国民の大多数を教育することが不可欠であり、そのためには国家が先頭に立って国民的な教育システムをつくり上げることが必要であると主張した。サンティアゴに自治政府がつくられた一八一三年、政府は、初めて教育の実態調査を行った。当時、サンティアゴ市には五万人の住民がいたが、そこにはわずかに六校の初等学校しかなく、全部で六六四人の児童が就学しているにすぎなかった[12]。同年、政府は「初等教育：基本的規定」という文書を公布し、教育の整備構想を打ち出した。それによれば、住民五〇人以上の集落には、地方資金によって財政支援される学校を設置することを要求している。同文書はまた、就学を促進するために、これらの学校は無償制とし、児童にノートや鉛筆を提供すべきこと、国家がカリキュラムを決定し、教科書や教材の決定権を持つことを定め、さらに、チリ全土で初等教育を監督し、統制する権利を国家に与えていた[13]。実際に、一八一三年に自治政府は、植民地時代からあるすべての公的な中等教育機関とサン・フェリペ大学を統合して、新しい教育機関、「国民学院」(Instituto Nacional)を創設した。

最高指導者となったオヒギンズも教育の普及に関心を寄せた。彼は、当時、チリに滞在していた「英国聖書協会」に属するイギリス人、ジェームス・トンプソンが紹介するランカスター教授法に関心を示した。大衆に教育を普及するための革新的な教育方法としてそれを評価したからである。オヒギンズの依頼と支援を受けたトンプソンは、サンティアゴ、バルパライソ、コキンボにランカスター方式の学校を設立し、その教授法を普及しようとした。

しかし、従来、教育を独占してきたカトリック教会は、プロテスタントであるイギリス人の指導するこの学校に強い反対を唱えた。一八二二年には、オヒギンズも参加して「チリ・ランカスター協会」が創設されるものの、翌年、オヒギンズが最高指導者を辞任するとともに、協会は解散となり、チリにおけるランカスター教授法の普及は短命に終わることになる14。

独立運動以来、リベラル派は、カトリック教会の教育的独占を批判し、教育の世俗化と国家による教育の管理の必要性を主張してきた。一八三〇年代に政権を獲得した保守派は、リベラル派ほどは反教権的ではなかったが、基本的に、教育は国家の管理下に置かれるべきであり、カトリック教会は、国家の後見と保護監督の下で教育活動を行うことを原則とした。リベラル派の手によって接収された教会や修道院の資産を返還するに際し、それらが学校を開設することをその条件とした。こうした、国民的な教育の管理と普及に国家が積極的に関与し、それを主導してゆくという国家像は、しだいに、“Estado docente” すなわち、「教育する国家、あるいは、教師としての国家」（英訳すればTeaching State）の名で呼ばれることになった。国家が積極的にリーダーシップを発揮して、国の教育制度整備拡充の先頭に立つという理念を示した言葉である。一八三三年憲法は、教育にたいする国の責任と権限を憲法の教育条項として次のように規定した。「公教育は、国家の優先的な留保事項（Una atención preferente）である。議会は、教育の全体計画を策定し、担当省庁は、毎年、共和国全土における教育の状況を報告する」（第一五二条）、「公教育の総監督職（Superintendencia）を設置する。その任務は、政府の権限の下に、国民教育の監督とその指導にあたることにある」（第一五三条）15。

一八三三年憲法では、教会の果たす教育上の役割について、何も規定をしていなかった。「教育する国家」の理念の下、国は教育の管理・普及に積極的な役割を果たすことを宣言するものの、国による教育提供事業には限界があり、教会の行う教育事業に依存しつづけることに変わりはなかった。一八三三年憲法では、カトリックを国教として規定しており、国家と教会との関係は、他のラテンアメリカ諸国（例えば、国家と教会の対立が内戦にまで発展したメキシコなど）と較べれば比較的良好なものであった。国家は、教会の教育活動を抑制したり、強く規制することはせず、国の教育事業を補完するものとして、時には国庫助成を与えてその活動を支援した。一方、国家の教育への監督と指導の権限が確立されるにつれて、教会は、「教育の自由」（libertad de enseñanza）の理念を打ち出すことによってその教育活動を正当化することになる。この時期以降、チリの教育史上はじめて、教会の行う活動は、「私立教育」（educación privada, educación particular）であるとの認識が出現する[16]。

一八三七年、中央の官庁組織として、「法務・文部省」（Ministerio de Justicia, Instrucción y Culto）が設置される。チリにおける一九世紀前半の国民教育制度の基礎形成期に、大きな役割を果たした二人の人物がいる。アンドレス・ベジョ（Andrés Bello）とドミンゴ・ファウスティノ・サルミエント（Domingo Faustino Sarmiento）である。ベジョは、カラカス生まれであり、ベネズエラの独立運動に参加し、その支援を求めるため英国のロンドンに一八年間滞在し、この間、ジェレミー・ベンサムやジェームズ・ミルなどヨーロッパの思想家、文人との交流を深めていた。一八二九年、ベジョは、チリ政府によって政府高官として招聘される。同時に、新聞「エル・アラウカーノ」を拠点に、数多くの文芸評論や教育論を発表して、チリの思想界をリードする存在となった。彼は、共和国の建設の基盤としての国民的教育の拡充の必要性を指摘した。とりわけ、ベジョは、国の未来の指導を担うエリート階級の子弟の教育、中等教育と高等教育の重要性を主張した。チリ政府は、まずベジョを中等教育機関コレヒオ・デ・サンティアゴの校長に任命した。彼は、従来の古典重視の人文主義傾向の強かった中等教育に、理科系の科目を導入することに力を注ぐ。続いて、チリ政府は、植民地時代以来の伝統を持つが、実質的な活動を停止していたサン・フェリペ大学に代わる新しい国立大学を創設する構想を立て、その制度設計をベジョに委任した。ベジョの構想した国立チリ大学設置法は一八四二年一一月に承認された。それは、哲学・人文、数学・物理学、医学、法学・政治学、神学の五学部から構成されるものであった。特に、国民教育制度と関連して注目されることは、このチリ大学、特にその哲学・人文学部に、チリ教育の全体、すなわち、初等教育、中等教育、専門教育について、監督と指導を行う権限を付与したことである。すなわち、チリ大学は、高等教育機関としての自らの活動だけでなく、一種の教育行政機関の役割を果たし、国全体の初等・中等教育機関の教育内容、方法、教科書、学校運営などについて最善とみなすものを政府に勧告する権限を付与されたのである。一八三三年憲法に規定されていた「公教育の総監督職」がチリ大学に置かれたのである。翌年、ベジョ自身が新設の国立チリ大学の初代学長に任命された。

もう一人の人物、サルミエントはアルゼンチン人であった。本国での独裁政権にたいする反対運動に敗れて、一八四一年以来チリに政治亡命していた。彼は、チリでは、新聞に論評を発表するなどの活動をして、しだいに文化人として頭角を現すようになる。彼は、アルゼンチンで私立学校を経営した経歴を持ち、教育問題にも強い関心を示していた。彼は当時の有力な政治家マヌエル・モン（Manuel Montt）の知遇を得る。モンは法務・文部大臣に就任すると、サルミエントにたいして、チリに師範学校を創設する仕事を委ねた。彼が構想した師範学校は、一八四二年に創設された。これは、チリのみならず、ラテンアメリカ地域全体を通じて最初の師範学校となった。ここでも、サルミエントが初代校長として任命された。数年後の一八四五年、チリ政府はサルミエントにたいして、欧米諸国の初等教育制度の視察と調査の任務を与え、ヨーロッパに派遣する。彼は、ヨーロッパ諸国の初等教育を精力的に視察するとともに、帰路、米国に立ち寄り、ホレース・マンを訪ね、教育問題に関する意見交換を行った。彼は、マンの教育思想、民衆教育論に強い影響を受けた。マンとサルミエントの親交は、この後、生涯にわたってつづくことになる。一八四八年にチリに帰国すると、彼は、その成果をまとめて報告書『民衆教育論』を公刊する[17]。内務大臣となっていたモンは、この報告書をもとに、初等教育法案を作成して議会に提出した。きびしい財政事情もあって同法案は、採決にいたらなかった。ちなみに、サルミエントはこの後アルゼンチンに戻り政治活動を再開し、後には同国の大統領（一八六八〜七四年）となる。

憲法の教育条項、ベジョやサルミエントらの教育普及の努力にもかかわらず、一九世紀における教育の普及のスピードは遅々としたものであった。独立共和国となったとはいえ、チリの階級的な社会構造は、植民地時代の構造とそれほど変わりなく、大地主層や教会の保守的傾向は根強いものがあった。彼らの中には、下層階級に教育を与えることに反対する者も多く、特に、国家が女子の教育を普及しようとすることにたいしては根強い抵抗を示した。なによりも教育予算が不足していた。初等教育は、事実上、教会によって提供され、わずかの部分が市町村によって提供されたにすぎなかった。一八五三年の教育省の統計によれば、学齢児童二一万五千人のうち、初等学校（国立、私立）に在籍していた者は、二三、一三六人と報告されていた。就学率は一一％に充たない。

一八五一年に大統領に就任したモンは、教育の拡充に意欲を燃やし、先に廃案となっていた教育法案を再び議会に提出する。この法案は、わずかに修正を経た後に採択されて、一八六〇年に「初等教育組織法」（Ley Orgánica de Instrucción Primaria）として成立する。この法律は、チリの教育を大きく前進させるものとなった[18]。同法によりはじめて、無償で初等教育を提供することが国家の義務と規定された。各県にたいして、人口二、〇〇〇人につき、男子小学校と女子小学校を一校ずつ設置することを求めている。女子の初等教育を規定した点でもチリ教育史上、画期的なものであった。また、この初等教育組織法によって、先にチリ大学に付与されていた教育の管理・指導権限は、初等教育に関しては、教育省の初等教育視学官局の直接的な管理下に置かれることとなった。一九世紀後半には、初等教育の普及にもやや拍車がかかる。

一八六〇年以降、これまでの保守党の支配にたいして、興隆しつつある中産階級を支持基盤とする自由党や急進党というリベラル、中道的な傾向を持つ党派が勢力を拡大するにつれて、教育をめぐる状況にも変化が見られはじめる。彼らは、旧来の階級的、貴族的な性格を色濃くとどめ、大衆への教育を放置してきたチリの教育制度に不満を高めていた。また、彼らは、思想的には、フランス人のオーギュスト・コントの実証主義に影響を受けており、カトリック教会による事実上の教育支配に反発を強めていった。リベラル派の主導する政権が誕生すると、教育問題が大きな論争として急浮上する。保守派が支配していた時代には、「教育する国家」と「教育の自由」という二つの理念は、ほとんど葛藤を引き起こすことなく、平和的に共存することができた。リベラル派の政治勢力が台頭するにつれて、「教育する国家」の理念を基盤とする国家による積極的な介入は、保守派やカトリック教会の教育にとって脅威となってきたのである。彼らは、「教育する国家」の理念への批判を強め、教会=私立教育の権益を維持するために「教育の自由」をこれまでになく強く主張するようになる。この時から、「教育する国家」と「教育の自由」という相剋する要素をはらんだ二つの理念が、時代と状況に応じて、対立と妥協を繰り返しながら、教育政策の主要なモチーフとなってチリ教育史を彩ることになる。

一八三三年憲法は、カトリックを国教と定め、これ以外の宗教活動を禁じてきた。しかし、リベラル派の政権の下、一八六五年に、この憲法条項の解釈に修正が加えられた。前述のように、一九世紀に入って、チリへの移民促進事業の結果、この国にも、カトリック以外の宗教を信仰する者が増えてきたからである。憲法の修正は、「私的な場において、ローマ・カトリック以外の宗教儀式を行う」ことを可能とした。これに伴い、カトリック以外の宗教系の私立学校（主として、英語で授業を行う米国のプロテスタント系学校）を設立することも認められることになった。ドイツ系住民などもその民族的伝統を、独自の学校を通じて保持することが可能となった。結果として、私立教育の多様化の基盤が広げられた。一八五一年、政府は、私立学校への国家補助を開始し、しだいにそれを拡大してきた。

中等学校もしだいにその数を増してきた。国立チリ大学の創設の後、独立期に創設された「国民学院」は、国立の男子中等教育機関に転換された。その後、国民学院をモデルに、地方にも国立の中等学校が設置される。一八六一年には一八校の国立中等学校（すべて男子校）が設置されており、また私立では、男子校二五校、女子校三八校の中等学校が設置されている[19]。一七七六年以来追放されていたイエズス会が一八五〇年にチリで活動を再開すると、彼らは再び、教育活動、特に、中等教育の分野で精力的な活動を展開しはじめる。また、一九世紀後半になると、旧来から活動をつづけるドミニコ会、フランシスコ会、アウグスティヌス会など加えて、カプチノ会、サレジオ会、聖心会など、新たな修道会がチリに到来し、教育活動を開始する。それらは、特に、女子教育や女子のための職業技術教育、さらに、従来のエリート教育のみでなく、貧困層居住地域や南部のマプチェ族居住地域などでも教育活動を展開した。

中等教育をめぐっては、一九世紀を通じて、その教育課程改革をめぐって、厳しい論争がくり返された。伝統的な人文主義的な教育内容に固執する保守派にたいして、リベラル派は、科学的な科目を導入することを主張した。一九世紀後半、リベラル派の勢力が拡大するにつれて、数度にわたって中等教育改革の政令が出され、ラテン語の学習時間が削減され、代わりに、自然史、動物学、植物学、地学、地理、数学、物理などの科学的な科目の増加が図られた。私立の中等教育機関は「教育の自由」の理念を掲げて、こうした動きに激しく抵抗していた。

私立中等学校の卒業生は、大学に進学するためには、国立の中等学校である「国民学院」で試験を受けてそれに合格することを要求されていた。国立の中等学校でのカリキュラム改革が進展するにつれて、宗教系の私立中等学校の卒業生は不利な状況に置かれていった。こうした状況は、カトリックの教育関係者に、独自のカトリック大学設立の構想を生み出すことになる。それは、まもなく一八八八年、ローマ法王の認可によるチリ・カトリック大学（Pontifica Universidad Catórica de Chile）の創設につながることになる[20]。また、一八七七年の政令では、女子中等教育の拡充が図られた。この時から、女子の高等教育進学が可能とされるようになる。一八八七年、国立チリ大学医学部から二人の女性卒業生が誕生する。彼女らは、チリのみならず、ラテンアメリカにおいて最初の大学卒の女性医師となった。

教育方法や教育理論の面でも進展がみられた。一九世紀後半になると、政府は、チリの旧来の教育実践に改革をもたらすことを求めて、外国の教授理論、とりわけ先進的なドイツの教育理論を移植しようとした。師範学校に、ドイツ人教師のグループを招聘する。ドイツ人教師たちは、本国からヘルバルト主義を中心とした教育理論をチリに持ち込んだ。一八九〇年には、同じく六人のドイツ人教育者を招聘して、チリ大学に「教員養成部」（Instituto Pedagógica）が設置される。これは、中等学校の教員養成を主目的としたものであった。そこからの卒業生を通じて、チリの中等学校の教育方法に大きな変革がもたらされた[21]。

第４節　初等義務教育法の制定と一九二五年憲法の教育条項

一九世紀末から一九二〇年頃までに、チリの政治・社会構造は、かなりの変化をとげてきた。政治的には、バルマセダ大統領（一八八六～九一年）の強権的な政権運営にたいして議会勢力が反発し、それは一八九一年には内戦状態を招いた。バルマセダの亡命後、チリの政治制度は、大統領の強力な権限を縮小し、実質的に議会が国を統治する体制へと転換する。議会は、保守党、自由党、急進党、国民党など七つの政党が政権を争ったが、飛び抜けた有力な政党はなく、政治は、複数の政党による不安定な連立政権によって担われるようになる。

経済的には、鉱山業、とりわけ、硝石の輸出により好調な成長をとげていたが、その富の配分には偏りがあった。経済好況の恩恵が集中する都市部には、農村部から多くの移民が流入しはじめる。彼らは、農場の小作人であることをやめ、都市部の下層階級を形成することになる。チリ社会の都市化がはじまった。しかし、最盛期に世界の需要の六五％を供給していたチリの硝石産業は、第一次世界大戦中にドイツで人工硝石（人造肥料）が発明されると、その需要が急速に低下していった。硝石に代わって主要輸出品となった銅も、第一次世界大戦後に、国際価格が低迷し、チリの経済は混乱に陥った。経済不況は、特に都市の貧困層や労働者を直撃した。都市や鉱山では労働争議が頻発するようになる。彼らは、左派政党や労働組合に保護を求めるようになり、また中産階層も独自の政治活動を組織するようになる。

一九世紀末から二〇世紀初頭にかけて、チリの教育は、漸進的ではあるが着実に拡大していった。国立小学校の数、児童数、教員数は、一九〇〇年には、一、五四七校、一一万一、〇〇〇人、二、六七二人であったのが、一九二五年には、それぞれ、三、三八四校、四三万四、〇〇〇人、九、七七七人に増加していた。国立校ほど急速な伸びではないが、私立小学校の数も増加していた[22]。一九世紀末には、私立校への国庫助成もしだいに拡大する。政府は一九〇八年、私立学校への国庫助成の基準を定めるとともに、私学助成の額を増加しはじめた。国庫助成を受ける私学は次のような要件を備えなければならないとされた。(1)学校の衛生状況が良好である、(2)私立校の教員は、師範学校の卒業証書か人文学の学位、あるいは、資格試験に合格していなければならない、(3)読み、書き、初等算数、チリの歴史と地理が必修とされている、(4)学校は年間、最低一五〇日の教育活動を行わねばならない、(5)私立校は、公立校と同様に、視学官によって監督されねばならない[23]。また授業料を徴収しないことも国庫助成の条件とされた。

中等教育機関も拡張していた。国立の中等教育機関の数は、一九〇〇年の三九校（男子校三〇校、女子校九校）から、一九二五年には九四校（男子校四三校、女子校五一校）へと増えている。この数字に示されるように、この時期の中等教育において注目されることは、女子中等学校数の急速な増加であった。一九一二年の政令においては、女子の中等学校のカリキュラムは、男子校のそれと同じくすることが規定された。一九〇〇年の中等教育における女子生徒の比率はわずかに一五％であったが、一九一〇年に三四・五％、さらに一九二〇年には、四六・六％にまで拡大していた[24]。またこの時期には、チリの経済活動の活発化に伴い農業、鉱業、商業などの中等職業技術教育機関もしだいに増加しはじめる。ただし、これらの学校の多くは、教育省ではなく、産業振興・公共事業省などの省庁に管理されていた。

一九二〇年代になると、チリの教育史上、画期的な意義をもつことになる重要な教育法制上の改革が行われることになる。それは、一九二〇年八月に成立した法律三六五四号「初等義務教育法」（Ley de Instrucción Primaria Obligatoria）の公布と、一九二五年憲法における新たな教育条項の制定である。初等教育義務化法案は二〇世紀はじめからたびたび議会に提出されていたが、それは保守派の反対にあって葬られてきた。一九二〇年、自由党のアルトゥーロ・アレサンドリ（Arturo Alessandri）大統領の時代についにそれが成立するにいたる。これは、一八六〇年の初等教育組織法に代わるものとなった。法律は、「初等教育は義務とする。国と市町村の下に管理される学校では、無償制とする。男女両性を対象とする」（序章　単独条）ことを明記した。法律は、男女を問わずすべての児童（一三歳まで、理由のある場合は最高一六歳まで）に、最低四年間の初等教育を受けさせることを保護者にたいして義務づけた。初等教育は、国立、市町村立、私立の三種に分類された。大農園主、工場や鉱山所有者には、その従業員の子弟のために私立学校を設立することを義務とした。ただしこうした学校では四年間の就学は強制されず、教育課程も簡易なものが認められた[25]。

また、アレサンドリは、チリに新しい政治体制を生み出すべく一八三三年憲法に代わる新しい憲法の制定に着手し、一九二五年九月一八日、新しい憲法が公布されることになる。この憲法ではじめて、国家と教会が明確に分離されることになり、チリではじめて思想・信教の自由が確立されることになった。さまざまな政治的・市民的権利を保障するとともに、当時にあっては、「ラテンアメリカ諸国の中でも最も民主的な憲法」[26]とみなされてきた。

一九二五年憲法は、教育に関して、その第一〇条第七項で次のように規定した[27]。

「憲法は、共和国のすべての住民に以下のことを保障する：教育の自由。公教育は、国家の優先的な留保事項である。初等教育は義務とする。公教育の総監督職が設置される。その任務は、政府の権限の下に、国民教育の監視とその指導にあたることにある」。

一八三三年憲法と較べれば、「教育の自由」と「初等教育の義務」の文言が新たに追加されていることが特色である。国による教育の指導監督を重視する「教育する国家」の理念が前面に掲げられていることは、旧憲法とかわりはないが、新憲法は新たに「教育の自由」を憲法条文に明記することによって、一九世紀を通じて厳しい対立を引き起こしてきた論争に一応の決着をつけた。私立学校も、新しい教育システムの中で、重要な役割を果たしつづけることを国家が正式に承認したことになる。

さらに一九二七年、「教育改革令」(政令第七五〇〇号)が公布されることで28、ほぼ今日のチリ教育制度の骨格となる制度が制定されることになった。この政令に基づき、正式に独立の公教育省(Ministerio de Educación Pública)が設置され、その内部組織構成も整備された。また、州レベルに、州教育事務所と教育審議会が設置されることになる。初等教育は、上記の一九二〇年の初等義務教育法で四年間とさていたが、この政令で六年間(七歳〜一五歳までの間)に延長された(第七条)。ただし農村学校では四年間が認められた。また、「国家の教育は無償制である。しかし、中等教育では登録料を徴収することができる」(第八条)と定め、教育無償制の原則を定めた。「学校の組織は家族的なものでなければならない、また、環境が許し、また科学的な研究がそれを推奨する場合には、男女共学とすることができる」(第九条)とした。中等教育では、それまでは、コレヒオやリセオと呼ばれてきた普通教育系のものだけが、正規の中等教育機関とされ、職業技術系学校は別系統の学校と扱われてきた。本政令により、同じ中等教育のカテゴリーに一本化され、その履修年限を六年間と定め、前期三年はほぼ共通の課程とし、後期三年間で、普通教育系(理系と文系)と技術教育系(商業、工業、農業、鉱業、女子職業)の三コースに分かれることとされた。同時に、長い伝統となっていた中等学校に関する大学の指導監督権は廃止され、その権限は公教育省の中等教育局に移管された29。また一九世紀に数多く存在していた市町村立学校は、しだいに国立に移管され教育省の管理下に置かれるようになっていった。

また、私立学校に関しては、次のような注目すべき規定が定められた。「私立教育は、国家の指導と責任の下にある教育機能を遂行する協力の活動と考えられる。このため、教育に関する学位や証書を授与する権限は唯一国家にある。私立教育は、国民教育の基本原則に従うことになり、また国庫からの支援と適切となみされる保障を受けることができる」(第一二条)。一九二九年になると、政府は、私立学校にあらためて資料の提出を求めて、その条件を満たした私立学校に「国家の教育機能への協力者」(cooperador de la función educacional del Estado) の認証を与え、それを国庫助成を受けるための条件とした[30]。

第5節　二〇世紀前半のチリの社会と教育

硝石、銅の生産に特化したモノカルチャー的な産業構造を持つチリは、第一次世界大戦による貿易の後退、さらに一九二九年の世界恐慌の影響により壊滅的な打撃を受けた。政治も不安定化し、一九二七年には、カルロス・イバニェス将軍による軍事クーデターが生じた。だが一九三二年、アルトゥーロ・アレサンドリが大統領として再登場することで安定を取り戻す。一九三八年の選挙では、急進党、社会党、共産党から構成される人民戦線政府が誕生する。この頃から、国は、世界恐慌の影響からなかなか立ち直れない経済の再建をめざし、国家主導型での輸入代替工業化政策を推進するようになる。一九三九年には、国の開発企画と投資のための機関として産業振興公団(CORFO)が創設される。電力、幹線道路、港湾等の産業インフラを整備するために公営企業が数多く設立される。輸入代替工業化は、ある程度の成功をおさめるものの、狭小な国内市場の制約から一九五〇年代後半には再び停滞状況に陥った。一方、大土地所有層による農地所有の極端な偏り、農業技術の近代化の遅れから農業生産も停滞し、チリは食料輸入国へと転落していた[31]。一九五八年の大統領選挙では、保守派のホルヘ・

アレサンドリ（先のアルトゥーロの息子）が、社会・共産両党の支持するサルバトール・アジェンデを僅差で破り当選する。アレサンドリは、国の近代化と経済安定化に尽力し、成果をあげつつあったが、一九六〇年五月にチリ南部を襲った大地震（発生した津波は、太平洋をこえて日本にまで到達し、東北地方の三陸沿岸地帯にまで深刻な被害をもたらした）は、経済インフラに深刻な被害をもたらし、立ち直りつつあったチリの経済は再び混乱に見舞われた。

一九二五年憲法によるカトリック教会と国家との分離は、保守派が懸念したほどのダメージを教会にもたらさなかった。政府は、決して反カトリック的ではなく、世俗化を強要することもなかった。教会や各修道会は、法人としての地位を与えられ、資産の取得や運用をすることも自由であった。また前述のように「教育の自由」も確保された。政教分離により、国家の教会保護権が消え、教会高位聖職者の人事に関して国家の介入がなくなることは教会側にとっても魅力であった。また、一九二五年以降になると、カトリック教会そのものの性格にも、大きな変化が見られはじめる。それは社会改革にたいするカトリック教会の積極的な関与を求める「社会行動ドクトリン」の出現である。それは一九三一年に法王ピオ十一世の発表した回勅によってより明確に示された。それは、教会にたいして、伝統的で保守的な役割を改め、産業社会の形成など社会の大きな変化に対応して、搾取された労働者や貧困者を保護し、社会正義を実現することを指示するものであった。こうした新しいカトリック教会の思想は、第二次世界大戦後になると、しだいにチリに浸透しはじめる。一九六二〜六五年に開催された第二バチカン公会議は、世界のカトリック教会をこの新しい方向に導くのに大きな影響力を与えた。この影響はラテンアメリカにおいて特に強いものであった。こうしたカトリック教会の革新的姿勢、社会行動重視の志向性は、やがて一九六八年にコロンビアのメデジンで開催された「ラテンアメリカ司教会議」において、抑圧された社会階層の解放をめざす「解放の神学」を生み出すことになる。カトリック教会の志向性の転換は、その教育事業にも影響を及ぼすことになる。

こうした教会の志向性の変化は、政治にも影響を及ぼした。伝統的にカトリック教会の利益を代表する政党は保守党であったが、国家と教会の分離、カトリック教会の社会改革志向の影響を受けて、従来の保守党の守旧的体質に不満を募らせ、独自の政治活動を展開するグループが出現する。エドゥアルド・フレイらチリ・カトリック大学の卒業生を中心とした若手政治家たちであった。彼らは一九五七年に、同じように保守党から分離した「社会的キリスト教徒」を標榜する政治グループを糾合してキリスト教民主党（ＰＤＣ）を結成する。キリスト教民主党は、急速に政治勢力を拡大した[32]。

ところで一九三〇年の国勢調査によれば、チリの教育状況は次のようなものであった。六〜一四歳の就学年齢児童の就学率は四六・七％。公立小学校四、〇五六校、四〇万人の在籍者、私立小学校七四七校、六万人の在籍者であった。中等教育は、普通教育系二〇八校、職業技術系八四校で、在籍者は普通教育系が七〇％を占めていた。職業技術系は私立が多かった。国民の非識字率は五六・六％とされていた[33]。なお一九二五年憲法でも、非識字者は選挙権を行使できないとされていた。一九三〇年代の深刻な経済危機の中で、教育の発展も足踏みした。しかし、四〇年代、五〇年代になると、チリの教育は急速に拡張をとげることになる。公立校の拡大もさることながら、この時期は、特に私立教育機関の拡張が急速に伸びたことが特色であった。その背景にあるのは、「国家の教育機能への協力者」と認定された私立校への財政支援の体制の整備であった。一九五一年に制定された法律第九八六四号（通称　私学助成法）[34]は、従来、明確な指針や助成額算定の方式を欠いていた私学助成システムを改め、授業料を徴収しない私立学校（初等学校、中等学校、中等技術学校、師範学校）にたいして、「児童生徒の平均的な出席率をベースにして、生徒一人当たり、国立校での児童生徒一人当たりのコストの半額に相当する額を助成する」（第一条）として、国立校の半額という私学助成基準を明確にした。この結果、一九五〇年に私立初等学校への生徒一人当たりの年間の国庫助成は最高が八〇〇ペソであったものが、翌年には、一、七三九ペソ（国立校での生徒一人当たりの助成額三、四七七ペソの半額）にまで増大した[35]。また翌五二年になると、政府は、無償制の私立学校だけでなく、授業料を徴収する私立校にまで助成を拡大した。その額は国立校の生徒一人当たりの助成額の二五％とされた。一九四〇年から一九五七年までの間での国立と私立の初等学校での在籍者数の伸び率を比較すると、国立では、四二万一、〇〇〇人から五九万四、〇〇〇人へと四一％の増加率であったのにたいして、私立校は一〇万三、〇〇〇人から二八万五、〇〇〇人へと一七六％の増加率を示している。こうした変化を受けて、児童全体の中に占める私立校在籍者の比率は、四〇年の一九・七％から五七年には三二・五％と、ほぼ全体の三分の一を占めるまでになっていた[36]。

四〇年代、五〇年代には、中等教育も拡張をつづけた。国立の中等学校の生徒数は、一九四〇年から一九五七年の間に、二万八、〇〇〇人から七万一、〇〇〇人に、私立校のそれは一万六、〇〇〇人から四万三、〇〇〇人に増加している。この間、私立校の在籍者の比率は三三〜三七・八％ほどであった。この比率は、一九六〇年に四一・九％と最高水準に達している。全体的な傾向として、女子の就学率が伸び、女子生徒の比率は一九四〇年の四五％から一九五六年には五一・一％になり、男子生徒を上回るまでになっている。

最後に、高等教育について簡単にふれておこう。前述のように、一八四二年に国立チリ大学、一八八八年に最初の私立大学としてチリ・カトリック大学が設立された。二〇世紀に入ると、首都以外にも、私立コンセプション大学（一九一九年　コンセプション市）、私立バルパライソ・カトリック大学（一九二八年　バルパライソ市）、私立フェデリコ・サンタ・マリア工科大学（一九三一年　バルパライソ市）が設立される。一九四七年には、首都に二校目の国立大学として国立工科大学（Universidad Técnica del Estado）が設立される。一九五〇年代に、さらに二つの地方私立大学、アウストラル大学（一九五四年　バルビディア市）とノルテ大学（一九五六年　アントファガスタ市）が設立された。こうして、一九五〇年代半ばまでに、国立二校、私立六校（カトリック系三、非宗教系三）、合わせて八校の大学が設立された。大学進学者は、きわめて少なく大学はエリート主義的な特色を色濃くとどめていた。

また国家と大学との関係においても、大学はきわめて特権的な地位を享受していた。チリ特有の伝統として、国から大学への豊かな財政支援があった。それは国立大学のみならず、私立大学にもほぼ同じ条件で適用された。例えば、一九二八年に公布された法令は、チリ・カトリック大学を「国家の教育機能への協力者」であると宣言し、同大学への国庫からの助成金交付を明言している[37]。国の指導者、エリート層を育成する大学は、国立・私立を問わず優遇されていた。国の全面的な財政支援という点では、国立大学と私立大学にはほとんど格差がなく、私立校とはいえ、それらはしばしば「国立ではない公的大学」（universidades públicas no estatales）と呼ばれ、実質は準国立校と呼べるような性格のものであった。このため大学では、私立校でも授業料を徴収せず、大学教育は無償制が原則であった。手厚い財政支援の一方で、国は、大学の自治を尊重し、大学の業務に直接的に介入することはほとんどなかった。大学は、医学、法学、建築、薬学などの伝統的専門職の養成を中心として、各学部で五～六年の課程を修了した者に学位や専門職資格を授与した。大学間での連絡と調整のために、一九五四年に八大学で「学長会議」が設置され、大学間でのゆるやかな取り決めがなされた。

一九六〇年代に入ると、当時国際的に流行しつつあった人的投資論や教育計画論の影響を受けて、チリにおいても、国の教育全体の問題を体系的に診断し、統合的な教育発展計画を作成するための論議が高まった。一九六二年、アレサンドリ政権の下で「教育の統合的計画化のための委員会」（Comisión de Planeamiento Integral de la

Educación)が設置された。委員会の事務局長には、当時、ユネスコのラテンアメリカ地域教育事務所（サンティアゴ市本部）の事務所長であったオスカル・ベラが就任した。同委員会は、二年間かけてチリの教育について詳細な検討を行い、報告書『チリ教育の統合的計画』（一九六四年）を提出した。そこでは、チリの教育の直面する問題として、拡充の努力にもかかわらずアクセスの確保に問題を残していること、留年や中途退学の問題が深刻で入学した児童生徒の修了率が低いこと、学校制度が事実上複線型で制度的な統合を欠いていること、教育課程や教育方法が旧式で伝統志向的であること、教育行政組織に内部調整の欠落や機能の重複が見られることなどが指摘されていた38。報告書では、初等教育を六年から九年間に延長することを提案していることが特に注目された。この報告書は、アレサンドリ政権の任期満了が迫っていたため、その政権の下では実行に移されることはなかったが、その提言内容の多くは、次のフレイ政権に引き継がれることになった。こうした状況を背景に、一九六五年に発足したフレイ政権の下で、チリの教育はさらなる飛躍と拡張の時期を迎えることになる。

むすび

ラテンアメリカ諸国における教育制度の発展にほぼ共通して見られる顕著な特色の一つは、その形成過程において、国家がきわめて重要な役割を果たしてきたことである。植民地期においては、世俗権力と宗教権力（カトリック教会や各修道会）が不可分の関係で、両者が一体となって教育の統制・普及を担ってきた。だが、独立以降は、近代的な国民国家の形成の理念から、国民統合やナショナリズム形成をめざして国家が教育統治の主導権を握るようになる。

チリにおいては、歴史的に長らく、“Estado docente”という言葉と理念が存在していた。すなわち、「教育する国家、あるいは、教師としての国家」という意味であり、国家が積極的にリーダーシップを発揮して、国の教育制度整備拡充の先頭に立つという理念を示した言葉である。こうした理念の下、チリは、着実な教育制度の普及拡大によって、地域をリードする存在であった。しかしながら、チリにおいては、国家と教会との間で良好な関係が長らくつづいたこともあり、教会関係者を中心とした私立の教育機関も重要な役割を担ってきた。国は、一定の条件を満たした私立学校に「国家の教育機能への協力者」の認証を与え、それらに国庫助成さえ行ってきた。国家と私立学校関係者の関係に緊張が生ずることもあったが、私学関係者の「教育の自由」は、憲法の権利として保障されてきた。

〔注〕

1 Adeo-Richmond R., *La Educación Privada en Chile: Un estudio histórico-analítico desde el período colonial hasta 1990* Ril 2000
Ossa Santa Cruz J.L., “El Estado y Los Particulares en la Educación Chilena, 1888-1920” *Revista de Estudios Públicos* No.106 2007 pp.23-96 も同じテーマを扱った数少ない論文の一つである。

2 Rector J.L., *The History of Chile* Palgrave 2003 p.1

3 チリについての最新の日本語情報は、チリ在住日本人関係者が編集した『ようこそチリへ Bienvenido a Chile 二〇〇四年版』 日智商工会議所が詳しい。
また以下の統計数値は、二〇〇二年国勢調査の数値による。Instituto Nacional de Estadísticas, *Censo 2002: Síntesis de Resultados* 2003

4 ハイメ・エイサギルレ『チリの歴史』 新評論 一九九八年 二〇八頁、田中耕太郎『ラテンアメリカ紀行』 岩波書店 昭和一五年 五九四〜五九九頁

5 Collier S. & Sater W. F., *A History of Chile, 1808-2002* 2nd Edition Cambridge University Press 2004 p.3

6 Adeo-Richmond R., *op.cit.* 2000 pp.15-29
7 斉藤泰雄「ラテンアメリカ大学史研究ノート」『明治大学史紀要』第9号　一九九一年　一九～三四頁
8 Bravo Lira B., *La Universidad en la Historia de Chile, 1622-1992* Pehuén 1992 p.62
9 Soto Roa F., *Historia de la Educación Chilena* CPEIP 2000 p.12
10 Collier S. & Sater W.F., *op.cit.* 2004 pp.46-48, Bizzarro S., *Historical Dictionary of Chile*, 3rd Edition Sarecrow 2005 pp.520-522
11 中川文雄他『ラテンアメリカ現代史Ⅱ アンデス・ラプラタ地域』　山川出版社　一九八五年　五〇～五三頁
12 Soto Roa F., *op.cit.* 2000 p.21
13 Adeo-Richmond R., *op.cit.* 2000 p.32
14 Adeo-Richmond R., *Ibid.* 2000 p.35
15 Constitución Política de 1833（一八三三年憲法）
16 Adeo-Richmond R., *op.cit.* 2000 p.50
17 皆川卓三「サルミエント――アルゼンチン民衆教育の父」『現代に生きる教育思想』第7巻　ぎょうせい　一九八二年　二二七～二五七頁、Bizzarro S., *op.cit.* 2005 p.673
18 Soto Roa F., *op.cit.* 2000 p.19
19 Adeo-Richmond R., *op.cit.* 2000 p.72
20 Adeo-Richmond R., *Ibid.* 2000 pp.82-83
21 Ebaugh C.D., *Education in Chile* U.S. Office of Education Bulletin No.10 U.S. Government Printing Office 1945 p.9
22 Adeo-Richmond R., *op.cit.* 2000 p.105
23 Adeo-Richmond R., *Ibid.* 2000 p.103
24 Adeo-Richmond R., *Ibid.* 2000 p.108
25 Soto Roa F., *op.cit.* 2000 pp.45-47
26 吉田秀穂『チリの民主化問題』　アジア経済研究所　一九七九年　八頁
27 Constitución Política de 1925（一九二五年憲法）
28 ＤＦＬ－７５００（法律と同等の効力を持つ政令 第七五〇〇号）一九二七年一二月一〇日公布。

Cox Cristián y otros, *160 Años de Educación Pública, Historia del Ministerio de Educación* Ministerio de Educación 1997 p.31

29 Adeo-Richmond R., *op.cit.* 2000 p.118

30 Adeo-Richmond R., *Ibid.* 2000 p.118

31 Collier S. & Sater W. F., *op.cit.* 2004 pp.270-271

32 Collier S. & Sater W. F., *Ibid.* 2004 pp.305-306

33 Adeo-Richmond R., *op.cit.* 2000 p.119

34 Ｌｅｙ－９８６４（法律第九八六四号）一九五一年一月一五日公布。

35 Adeo-Richmond R., *op.cit.* 2000 p.135

36 Adeo-Richmond R., *Ibid.* 2000 p.135

37 Bernasconi R.A., *Regímenes Jurídicos de las Instituciones de Educación Superior* Corporación de Promoción Universitaria 1994 p.30

38 Comisión de Planeamiento Integral de la Educación, *Algunos Antecedentes para el Planeamiento Integral de la Educación Chilena* 1964 pp. 67-77

第二章　チリ教育制度の近代化と民主化

はじめに

本章では、一九六五年から七三年までの時期におけるチリ教育の拡張と近代化のプロセスを見る。その時期は、改革主義的な政策を掲げてチリの近代化を推進したキリスト教民主党のエドゥアルド・フレイ（Eduardo Frei）政権と、一九七〇年に誕生した左翼人民連合のサルバドール・アジェンデ（Salvador Allende）政権の時期と重なる。両政権は、その政治的志向性において異なるものの、ともに政権の優先課題として教育を重視し、チリ教育の近代化と民主化に大きな役割を果たした。前者は、人的資源開発論に基づく教育計画論や独自のキリスト教人道主義的な「共同体的社会」という福祉国家像をベースにして教育の近代化と拡張を進め、また、後者は、独自の社会主義国家形成への道程の中に教育の民主化を位置づけた。この時期、国の教育分野向け予算は、大幅に拡大され、国家が主導する形で教育の量的拡張が進展した。国立校と私立校のシェアで見ると前者の拡張のペースは後者を上回っていた。伝統的な「教育する国家」の理念がチリの歴史上、ピークを迎えていた時期にあたる。ただし、もう一方の「教育の自由」にたいする姿勢においては、両政権の間には大きな隔たりがあった[1]。

第1節　キリスト教民主党フレイ政権と教育改革

一九六四年の選挙で、キリスト教民主党（Partido Demócrata Cristiano，ＰＤＣ）のフレイが大統領に選出された。政治的多党化が進み、さまざまな政党の組み合わせによる連立政権が長らくつづいてきたチリにおいて、単独政党で五五・六％の得票を獲得するという大勝利であった。フレイは、「自由の中の革命」（Revolución en Libertad）をスローガンに選挙キャンペーンを展開した。これは明らかに、一九五九年のキューバ革命を意識したものであった。一九五九年のキューバ革命の勃発とその社会主義化は、ラテンアメリカ社会に大きな衝撃を与えるものであった。階級的社会構造、富の分配の偏り、大土地所有制、外国資本の経済支配、民衆の窮乏化と政治的疎外という革命以前のキューバの状況は、ラテンアメリカ諸国が多かれ少なかれ共通に抱えていた問題だったからであった。保守的な政治指導者の間には、疎外された階層の不満がキューバ革命によって刺激され、深刻な政治的混乱、あるいは、共産主義革命を誘発するのではないかという懸念が高まっていた。その衝撃は、米州圏の盟主を任ずる米国においても同様であった。それは米国の対ラテンアメリカ政策の転換にも大きな影響を与えた。一九六一年、米国のケネディ政権は、中南米諸国にたいして「進歩のための同盟」（Alliance for Progress）の締結を提唱した。その目的は、この地域への共産主義の浸透を阻止するために、ラテンアメリカ各国の社会・経済・政治的近代化を積極的に支援することにあった[2]。階級闘争や社会主義革命を否定し、キリスト教民主主義の立場から、穏健で漸進的な形で経済発展と社会改革を促進することを主張するチリのフレイの政治的姿勢は、進歩のための同盟の理念に合致するものであった。米国は、フレイ政権の誕生を歓迎し、資金的な面からもその政策を積極的に支援する姿勢を示した。フレイ政権は、改革への気運と期待がかつてないほどに高まる中で発足した。

フレイ政権は、国家開発計画局（Oficina de Planificación Nacional, ODEPLAN）の創設による経済開発計画の策定、国家主導による重化学工業の育成、銅産業の「チリ化」（米国系銅鉱山会社株式の五一％の買収）、農地改革（大土地所有制の制限と収用農地の配分）、住宅建設・都市計画の推進、保健衛生サービスの拡張、最低賃金制度の確立など革新的な政策を相次いで導入していった。また、これらの政策を推進するために、労働者、農民、都市スラム住民、女性などこれまで団結のための代表組織を持たず国政から除外されてきたグループを、政府（党）主導で上から組織化し、政治的に動員する体制を強化していった。こうした手法は、従来は左翼勢力の得意とするものであったが、チリにおいては中道勢力であるキリスト教民主党によって、下層大衆の組織化と動員（プロモシオン・ポプラール）が推進されたことに特色があった[3]。

こうした一連の政策と並んで、教育改革は、フレイ政権の最優先の重点政策課題とされた。国際的な環境も教育改革を支援するものであった。「進歩のための同盟」は、教育改革の推進を中心的な柱の一つとしており、各国にたいして包括的な教育発展計画を作成するよう要請していた。「同盟」は、向こう一〇年間で各国が達成すべき教育分野での目標を次のように定めていた[4]。

(1)　すべての学齢人口に、少なくとも六年の無償義務教育を提供する。

(2)　体系的な成人教育キャンペーンを実施する。それは、地域社会開発、マンパワーの訓練、文化の普及、非識字の解消をめざすものである。

(3)　中等教育の改革と拡張を行う。こうして、新しい世代のより多数の者が、普通教育を継続する機会を享受し、また、なんらかのタイプの質の高い職業教育を受けられるようにする。

(4) 産業開発、農地改革、農業開発、社会開発プログラム、あらゆるレベルの行政管理における質の高いマンパワーへのニーズを明らかにするための研究を実施する。そうした人員の教育と訓練のための緊急プログラムを策定する。
(5) 高等教育の改革、拡張、改善を行い、より多くの若者が高等教育にアクセスできるようにする。
(6) 理科教育と科学・技術的研究を奨励する。科学者と理科教員の教育と高度の訓練を強化する。
(7) 学生、教員、教授、研究者、その他の専門家の交流を強化する。相互理解を促進し、現有の訓練・研究のための施設を最大限に活用することをめざす。
(8) 公立図書館と学校図書館を拡充する。
(9) あらゆるレベルで教育の構造、内容、教育方法を再編成する。
(10) 学生のための奨学金プログラム、その他の形態の社会・経済的支援を確立する。
(11) 教員、教授、および教育サービスの計画化と管理を行うさまざまな専門家の教育と高度の訓練を行う国立および地域的なセンターを設立し拡充する。

チリの首都サンティアゴには、ユネスコのラテンアメリカ地域事務所が置かれている。「同盟」締結の翌年の一九六二年、サンティアゴに地域のユネスコ加盟各国の教育相や経済企画担当大臣が集まり、ラテンアメリカ地域全体の教育開発を討議する会議が開催された。そこで採択された教育開発計画が、通称「サンティアゴ・プラン」と呼ばれるものとなった。[5] サンティアゴ会議は、その討議を通じて参加各国にたいして次のような勧告を行った。

各国政府は次の全体的な教育目標を採択する。

(1) 無償、義務制の普遍的初等教育を拡張する。すべての学齢児童に少なくとも六年間の完成された普通教育を保障することを現実のものとする。

(2) あらゆる種類の中等教育および高等教育への効果的なアクセスを確保する。

(3) 非識字者の根絶と地域社会の発展のための教育を促進する。経済・社会的発展がただちに必要とする要求を充足するためである。

また、サンティアゴ会議は、ラテンアメリカ各国政府にたいして「経済的・社会的開発計画に不可欠なものの一部として、教育の計画化事業を早急な形で実行すること」を勧告した。

フレイ政権による教育改革への取り組みは、こうした国際的環境にも後押しされるものであった。大規模な教育改革を掲げるチリのフレイ政権にたいして米国は好感を示した。米国は、教育改革を支援するために、コンサルタントとして教育計画専門家や教育者をチリに派遣した。また、フォード財団や連邦援助庁を通じてかなりの資金的な支援も行われた[6]。

キリスト教民主党政府にとって、教育は、経済発展のみならず、社会的統合、個人の自由を達成するために不可決のものとされた。前述したように、すでに前アレサンドリ政権期に、「チリ教育の統合的計画のための委員会」の下で二年間の年月をかけて、国の直面する教育問題の洗い出しと分析、教育改革の基本的構想は策定されていた。教育改革に関するかぎり、フレイ政権はこれを踏襲することで、政権発足後ただちに教育改革に着手することができた。

フレイは、教育にかける期待を次のように述べている。

「われわれが動員すべき主要な資源は、人的資源であるということはわれわれの確固たる信念である。財政的資源以前に、国は人的資源に依存している。高度に開発された人的資源を持つ国は、いつでも、財政的資源も持っているだろうと確信している。だが、十分な財政的資源を持ったとしても、もしわれわれがそれを適切な方法で利用するための十分な人的資源を欠いているとするなら、これらは、乱用あるいは浪費されることになることは大いにありうる。わが国が陥りかねない最大の失敗は、近代的な開発に必要とされる量と質を備えた人的資源を欠くことである」[7]

キリスト教民主党政府は、その任期中に、教育開発を最重要課題とし、また、それは、次の四つの原則を基盤とした教育改革を遂行することで達成されると宣言した。すなわち、(1)教育にたいする社会文化的な責任、(2)生産的生活のための準備、(3)権利としての教育、(4)生涯的過程としての教育[8]。フレイ政権の教育改革は、「チリ教育制度の民主化と近代化」をスローガンとし、教育の量的な拡張、質の向上、教育システムの統合化という三つの要素を含むものであった。一九六四年、教育省内に、「教育計画局」が創設された。これは、政府全体での経済・開発計画を所管する「国家開発計画局」の教育省版であり、この後の一連の教育改革を計画、遂行するための中心的な機関となった。一九六五年一二月に政令第二七九五二号(DTO－27952)が公布され、チリの教育システムに次のような制度的改革が導入された[9]。

従来の初等教育六年、中等教育六年という区切りを改め、普通基礎教育八年、中等教育四年という八・四制へと再編する。初等教育を八年間に延長し、それを普通基礎教育（Educación General Básica）という名称に変えた。この義務無償の八年間の基礎教育という理念と制度は、当時としてはきわめて先進的なものであった。

政令は、その目的を次のように示した。「普通基礎教育の目的は、民主的な社会に積極的に適応し、また、そこに適切な変革を促進するための資質能力を身に付けさせながら、児童の人格の統合的な発展を図ることである。この教育は、彼らに、労働生活にただちに参入するか、中等レベルの教育を継続するかを決断するために必要な指導を提供するものとなる」（第三条）。基礎教育は、各四年間の二つのサイクルに区分された。また、チリの歴史ではじめて、基礎教育の最初の二学年間では、自動進級システムが採用されることになった。これは、いうまでもなく、この基礎教育の低学年レベルで児童の留年問題が最も深刻であったからである。中等学校への入学試験制度は廃止された。

中等教育は四年に短縮された。同時に、従来の相互に別系統の学校とみなされてきた普通（文理）教育系中等学校と職業技術教育系中等学校の再編と統合化がめざされた。前期二年間は、双方のコースで共通の教育課程が提供されるようになる。これにより、双方のコースでの生徒の移動のための障壁が低くなり、コース転換が可能となった。また、従来、普通教育系中等学校の卒業生にのみ授与されていたバチジェラートの称号を廃止し、双方のコースの修了者に同じ「中等教育修了証」を授与することになった。これによって、職業技術教育系の卒業者にも高等教育への進学の道が開かれることになった。一方、チリ大学は、中等教育修了証取得者を対象に、言語能力や数理能力のような基礎学力を測定する「進学適性試験」（Prueba de Aptitude Académica, ＰＡＡ）を開発し、これを従来の入学試験に代わるものとした。ＰＡＡはこの後、チリの各大学間での共通入学試験へと発展した。

教育の量的拡張を図るために、教育インフラの整備に力が注がれた。全国学校建設計画が策定されるとともに、学校建設の予算が大幅に拡張され、校舎の増改築が急速に進められた。政府の呼びかけにより学校建設のために民間団体、地域社会、労働組合、協同組合などから校地や建材の寄付や、学生組織などからのボランティアの勤労奉仕が提供された。一九六五〜七〇年の間に、三、〇〇〇校をこえる校舎の新設が行われた。しかしながら、急増する生徒数には追いつかず、校舎の不足を補うため都市部では二部制、あるいは三部制での授業が広く採用されるようになる。一方では、貧困児童生徒の就学を助成するために「全国就学助成・奨学金委員会」(Junta Nacional de Auxilio Escolar y Becas, JUNAEB)が創設された。これは貧困児童を対象として、朝食あるいは昼食の給食事業、奨学金提供事業を行うものであった。一九六五〜七〇年の間に、初等学校の児童で、朝食サービス、あるいはランチのサービスを受ける者の比率は、前者で三八・六%から六三・五%へ、後者で一三・六%から三〇・二%へと大きく増加している。

また、教育の内容・方法、教育評価の改革も試みられた。従来の、旧式で百科全書的な博学を重視する教育課程と、もっぱら生徒に暗記や記憶を強いる教育方法が批判された。これに代わって、ベンジャミン・ブルームやラルフ・タイラーの教育理論、ピアジェの学習心理学など当時の最新の教育思潮を取り入れながら、初等・中等教育のカリキュラム改革が試みられた。こうした新しい教育課程や教授法を調査研究し、また教員研修を推進するために、一九六七年に「教育研究・研修・実験センター」(Centro de Perfeccionamiento, Experimentación e Investigaciones Pedagógicas, CPEIP)が創設されている。新しい教育課程や教授法について研修を受けるために、一九六五〜七〇年に、約六万人の教員がCPEIPの主催するセミナーや講義に参加していた。またこの時期に、児童生徒数の急増に対応するため教員数の増加が図られるとともに、その質を向上させるために、師範学校は従来の中等教育レベルから高等教育レベルへと引き上げられることになった。

こうした改革を推進するために、教育予算も増額されている。一九六四年に政府予算に占める教育費の割合は一四・六％であったが、この数値は一九七〇年には一七・四％にまで伸びていた。一九六五年以降、就学者数、就学率ともに急増した。基礎学校への就学者数は、一九六五年に、約一二八万人であったが、一九七〇年には二〇四万人に到達している。基礎教育に相当する六～一四歳年齢層の就学率は、一九六〇年に八〇・二％、一九六五年九三・二％であったが、一九七〇年には九六・五％に到達していた。この段階において、チリは、一九二〇年の初等義務教育法の制定から五〇年を経てようやく、義務教育＝基礎教育へのアクセスの普遍化をほぼ実現したことになる。一方、中等教育の就学者数は、一九六〇年の一〇万八、〇〇〇人から六五年一四万八、〇〇〇人、一九七〇年には三〇万二、〇〇〇人へと三倍に増加し、就学率も六〇年の一四・四％から六五年一七・五％、一九七〇年三二・八％へと拡大していた[10]。この年、成人識字率も八九・〇％に達していた。チリはすでに教育大国に向けて歩み始めていた。

これを国立校と私立校という類型で見ると、この時期の教育の量的拡張は、主として前者、すなわち、国立校在籍者の拡大によって担われたことは明らかである。前述のように、チリの学校制度の中においては、歴史的に私立学校の占める比率が比較的高く、一九六〇年代半ばには、全児童生徒在籍者の中で、私立学校在籍者の比率は、初等学校、中等学校ともに三二％前後と、ほぼ全体の三分の一を占めていた。フレイの出身母体であるキリスト教民主党は、その名が示すようにキリスト教の教義と哲学を思想的基盤とする政党であり、カトリック教会やその思想的影響下にある私立学校関係者との関係はきわめて良好であった。私学教育関係者の団体は、フレイ政権の教育改革に積極的に参加し、協力をおしまなかった。しかしながら、その政権が重視した総合的な国家の社会経済発展計画の中での、教育の計画的発展・人的資源開発という思想は、伝統的な「教育する国家」の理念と通底するものであった。全国学校建設計画の策定や国家的な就学助成プログラムの拡充に示されるように、教育サービスの提供は、国家主導型で推進されることになる。この間、私立学校の在籍者も、絶対数では増加（五・一％）をしていたが、国立校在籍者の数は、それをはるかに上回るスピード（五八・一％）で拡大している。このために、この時期になると、私立学校在籍者の全体に占める比率は、基礎教育段階で一九六四年の三〇・七％から一九七〇年の二二・八％へ、中等教育レベルで、三二・四％から二三・一％へといずれも低下している[11]。

第2節　アジェンデ社会主義政権の誕生

国民の高い支持率と期待を担って発足したフレイ政権は、さまざまな革新的プログラムに着手したが、その進展は政権後半になると、政権内部の意見対立や財政予算の不足から、停滞の兆しを見せはじめる。保守派は、農地改革の推進や農村住民の農業共同組合への組織化に反発を強めていた。一方、左翼陣営は、フレイ政権の妥協的で漸進的な改革のペースに苛立ちを見せていた。政権の掲げた大規模で革新的な公約によって、期待を大きく膨らまされた国民の幻滅と失望は大きかった。政権末になると、キリスト教民主党への支持は大きく低下し、彼らの期待は、よりラディカルな改革を求める方向へと転化していった。

一九七〇年の大統領選挙では、当時、国の政治勢力をほぼ拮抗する形で三つに分けていた右派（保守党・自由党）、中道（キリスト教民主党）、左派（社会党・共産党・急進党）等が激しい選挙戦を展開した。左派の人民連合（Unidad Popular）を率いるのは、社会党（Partido Socialista de Chile）出身のベテラン政治家であり、四度目の大統領選挙への挑戦となるサルバドール・アジェンデであった。結果は、アジェンデの得票率が三六・三％、保守派の元大統領アレッサンドリ三四・九％、キリスト教民主党のトミッチ二七・八％という僅差でアジェンデが第一位となった。大統領の選出は、憲法の規定により、上位二名を候補とし、議会での決戦投票に委ねられることになった。キリスト教民主党のトミッチは、党内では左派にちかく、最終的に、保守派のアレッサンドリよりも、人民連合のアジェンデを支持することを選んだ。キリスト教民主党は、その支持に条件をつけた。それは、人民連合が選挙に際して基本綱領として掲げた社会主義的で急進的な政策の実行に歯止めをかけ制限するために、人民連合にたいして、「民主的保障条項」(Estatuto de Garantías Constitucionales) の締結を求めたことである。それは、憲法の条文を改正し、改めて、政党活動・出版・報道の自由、教育・宗教の自由、軍の政治からの独立などの保障を明記することを求めるものであった。アジェンデはこれを受け入れ、国会での決戦投票に勝利して大統領に就任した。これは、「自由な投票によってマルキスト政権が選ばれた最初の例であるという点で、世界における一種の新しい出来事であった」[12]。それは、「平和的手段による社会主義への移行」「投票による革命」をめざす「アジェンデの実験」として国際的にも注目をあつめた[13]。

アジェンデ政権は、米国系の銅鉱山会社の国有化、基幹産業・大企業の国有化・社会化、さらに徹底した農地改革の推進、勤労大衆の生活水準の向上をめざす所得再配分政策など「チリの社会主義への道」をめざす急進的な政策を相次いで導入する。アジェンデ政権は、フレイ前政権が六年間をかけて収用したのと同規模の農地改革をわずかに就任一年間で達成した。物価を統制する一方で、労働者の賃金を実質で五〇％引き上げることを命じた。こうした政策は、熱狂的な大衆的な支持を得る一方で、既存の支配層や中間層からの強い抵抗や反発をまねいた。当初はアジェンデ政権の誕生に手を貸した中道のキリスト教民主党も、政権の性急かつ強引な改革手法にたいしてしだいに批判を強めていった。人民連合勢力は、議会ではほぼ三分の一の議席しか占めていないために、改革を推進するための新規立法の作業は困難をきわめた。このため、政権は政令を多発し、あるいは古い法律の忘れ去られていた条文を拡大解釈して政策を強引に進めようとして、野党の反発を一層募らせた。またキューバ革命以降、この地域全体の非共産化を対ラテンアメリカ外交の柱にしていた米国は、チリでの社会主義政権の誕生に警戒を強めていた。米国系の銅鉱山会社の国有化をめぐる紛争から、米国はチリにたいして事実上の経済制裁を発動する。米国の中央情報局（CIA）が反アジェンデ政権の立場から活動を展開していたことは、ほぼ公然の秘密であった。

政権二年目以降になると、チリの経済は急速に悪化する。国有化された企業の運営の混乱や民間投資意欲の減退などにより、生産は低下し、経済成長率はマイナスに転化する。急激なインフレーション（一九七二年一六三％、七三年五〇八％）に見舞われ、また農業の不振による食料不足も表面化する。政府の財政赤字、国際収支の赤字も急速に拡大する。アジェンデ支持派と反対派の間での政治的対立はますます激化し、ともに大規模な大衆動員やデモを組織し、暴力的な衝突も発生する。改革の断行を主張する急進派による工場や農場の占拠、これに対抗する企業家や自営業者によるサボタージュやストライキも頻発する。一九七三年半ばまでにチリの経済システムと政治秩序は、崩壊寸前にまで達していた[14]。

第3節　アジェンデ政権下での教育政策

アジェンデ社会主義政権の下でのチリの教育政策と教育制度の動向をみよう。人民連合に結集した左翼勢力にとって、フレイ政権の下で一九六五年以来取り組まれてきた教育改革は不充分で不満足なものであった。アジェンデ政権の教育政策論を分析したフィッシャーによれば、彼らは、一九七〇年当時の、チリの教育制度にたいして次のような批判的見解を持っていた。

「公立と私立という二元的なシステムの継続、富める者と貧しい者との間での教育機会の極端な格差の存続は、ブルジョワ的かつ反動的な教育観の現れである。社会主義者の観点からみれば、チリの教育制度は、外国モデルへの依存、エリート主義者たちによる政策決定、政治的・社会的な事業からの教育者の隔離、理論と実践の不自然な分離という問題を抱えていた。こうした状態は、社会全体のコンテクストの中でチリ教育の現実の性格を批判的に検討することを怠ってきたことから、また学校を含めて特定の社会的な機関を操作するだけで社会的変革が達成されうると信ずる傾向から生じている、と彼らは主張していた」15。

人民連合の選挙向け政策綱領には、教育政策に関連するものも含まれていた。それは「民主的な、統合され計画化された教育システム」の項目で示された。「この分野での新政府の活動は、できるかぎりベストで最も大規模な教育手段を提供することに焦点をあてる」として、具体的には、特に労働者や農民の子弟に恩恵をもたらす国家奨学金プログラムの拡充、学校建設の緊急プランの遂行（新校舎建設だけでなく、私立校の「豪華な」校舎の接収も示唆する）、幼児教育の拡充（女性労働者の生産活動への編入を促進するため）、非識字者の解消と労働者の継続教育のための成人教育の拡充、児童生徒の学習活動への積極的な参加を促す教授法の採用、国家的教育計画の策定過程への教員・生徒・労働者・父母の参加奨励などに言及している。特に注目されることは、私立教育に関連した次のような記述である。「効果的な教育計画化を達成し、統合された国家的かつ民主的な教育システムの理念を現実のものとするために、新しい政府は、私立教育機関を接収することになる。それは、社会階級、国籍、あるいは宗教を基準にして生徒を選抜している機関から開始される。このことは、私立教育セクターのスタッフやその他の資源を国家システムに統合することによってなされる」[16]。私立教育機関の国有化宣言である。

こうした人民連合の教育政策の構想、特にその私学政策は、伝統的な保守派のみならず、キリスト教民主党にとっても警戒すべきものであり、容認しえないものであった。キリスト教民主党は、先に述べた「民主的保障条項」の中に、当然、教育の自由の保障を含めた。保障条項の中には、次のような文言が明記された。

「教育は、国家の主要な機能である。それは公立機関と私立機関によって構成される国家的システムを通じて実現される。……私立機関の運営機構とスタッフの選択は、その機関自体によって行われる。……国家的教育システムを通じて提供される教育は、民主的で多元的なものであり、なんらの党派的志向を持たないものである。教育の改革は、多様な、多元的なグループを代表する資格を備えた参加者が一堂に会する開かれた議論による民主的な手法によってのみ生まれるものである」[17]。

政権の誕生に先立ち締結されたこうした条項は、アジェンデ政権の教育政策を拘束するものとなり、特に、政治綱領に掲げられた私立学校の接収の構想は、政権発足の段階で封印されることになった。

アジェンデ政権の誕生とともに、教育省の主要ポストは、人民連合を構成する各党派の間で勢力に比例して配分された。左翼系の知識人や教員組合指導者などからなるこれらの幹部職員の間ではしばしば意見の対立が見られ、アジェンデ政権としての独自の教育政策を打ち出すのを困難にしていた。その当初の教育政策は、全体として、これまで進学機会を閉ざされてきた民衆層や貧困層への教育機会の拡大を図るというポピュリズム的な路線に立って、前政権の教育の民主化・教育機会の拡大政策を継承し、教育の量的拡張政策を一層推進するものとなった。左翼的な傾向を持つ教員組合は、アジェンデ政権の有力な支持母体であった。各種の教員組合は「教育労働者統一組合」(Sindicato Único de Trabajadores de la Educación, ＳＵＴＥ)へと統合され、教育政策にたいする発言力、影響力を一層増大させていた。

政権二年目になると、アジェンデ政権は、教育政策の形成、学校の運営過程への広範な国民の参加の実現を図るという公約を実行に移した。一九七一年一二月に、広範な国民層の代表者をあつめてチリの教育問題の診断と改革方策について国民的論議を行うとして「国民教育議会」(Congreso Nacional de Educación)を開催することを宣言する。教育省は、全国の学校、教育関係者に通知を送り、この全国会議に向けて、各学校、地域、県、州などの単位で、教員、父母、生徒、労働組合、地域市民組織の代表を集めて、チリの教育問題について大衆的な討議を行い、改革構想を集約するために予備的な教育会議を開催することを命じた。それとともに、同じ年の八月に、教育省は、国民的な教育討議の目的とその議論を方向づけるため、次の六つの討議テーマを提示する文書を発表した[18]。

(1) 資本主義社会におけるチリの教育現実についての批判的な分析
(2) 社会主義への移行の段階における教育の性格と目的
(3) 教育の計画化と国民的教育システム
(4) 教育およびその関連サービスの民主化

(5) 新しい教育政策の表現としての「統合国民学校」(Escuela Nacional Unificada)
(6) 教育民主化法の制定のための基盤

こうした議題の設定に表されたイデオロギー的傾向、急進的な立場にたいして、保守派、キリスト教民主党、私学教育関係者からは強い批判と懸念が表明された。反対派は、これは、国民的な討議の名を借りて、人民連合のめざす教育政策の方向に議論を誘導しようとするものであり、はじめから結論ありきであると反発した。予備的な会議が開催される中、一〇月には教育省は第二の討議文書を全国に配布した。そこでは、討議テーマは、次のように四つに整理された。

(1) チリの文化的および教育的ニーズと問題点と社会主義建設の仕事
(2) 社会主義への移行の段階におけるチリの教育制度の計画化
(3) 教育の民主化政策、新しい教育要求への迅速な対応
(4) チリの新しい教育の制度的理想型としての統合国民学校(ENU)

各テーマについては、教育省からその設定理由というよりも、教育省自体の現状認識と見解について、より詳細な説明が付け加えられた。例えば、それは次のような記述に示されている。「問題の根底には、社会経済的および政治的不平等を存続させている資本主義システムの問題がある。特に、学校教育は、非効率的、差別的、現状維持志向、個人主義的、競争的、生産労働軽視的、権威主義的、官僚的、テクノクラティック、反参加的であった。

一九六五年の（フレイ政権の）教育改革はこうした現実を克服できなかった」「社会主義的変革は、意識と訓練の水準を向上させるために、国家的な統合計画の一部として地域や地方の発展を促進するために、本物のチリ文化の発展を促進するために、新しい教育的・文化的解決を伴わねばならない」「社会主義への移行において不可欠の要素は、『新しい人間』である。彼らは、社会主義的社会の建設の手段と目的の双方に役立つように形成されねばならない」「教育の管理は、教育労働者、学生、地域社会の手中に置かれなければならない。二つのタイプの教育審議会が、地方、県、州、全国レベルに設置されることが望まれる。一つは、学校の技術的・専門的な事柄を所管する教育労働者審議会であり、もう一つは、計画化を検討し、学校と地域社会との間の関係を規制するための地域審議会であり、父母・学生・労働者・近隣組織・教育家で構成される」「統合国民学校は、学校教育システムの基本的な機関となる。それは社会主義的人間主義の価値と原則をベースとし、資本主義社会の搾取階級に奉仕してきた伝統的な学校とは根本的に異なるものとなる」。

ここにあげられた統合国民学校は、次のような六つの特色を持つとされる。①民主的（地域社会と緊密に協働し、差別なしに広範な教育機会を提供する）、②国民的（国の自由主義の伝統を取り入れ、外国の教育モデルを拒絶して、チリ的な価値観を教えこむ）、③統合的かつ多様（学習者の状態に応じて教育の継続性とシークエンスを重視する）、④生産的（肉体労働の価値を強調する）、⑤科学的（自然科学と社会科学をベースにして、自然と社会の過程についての批判的理解を促進する）、⑥計画的（地域社会すべてのメンバーの積極的な参加をベースにして活動を組織化する）19。人民連合が求める教育政策の具体像がより鮮明にされたといえよう。

会議に先立ち各地で行われた地方大会では、議論はしばしば白熱した。大会の運営方法や強引な意見集約のやり方、とりわけ私学批判に反発して、反対派が会場から退席するような事態も生じた。ともかく、こうした一連の過程を経て、教育省、教育労働者統一組合、労働総連合の三者共催の形で、一九七一年一二月一三〜一六日にかけて「国民教育議会」が開催されたのである。参加者は、教育労働者の代表、父母会や近隣組織などの地域社会代表、生徒代表、その他の組織（政府、企業界、研究者）の代表など一、〇〇〇人を超えていた。全国会議では、先に教育省の示した四つのテーマごとに分科会を設置して討議が行われた。

大会での議論は、参加者の多数を占める人民連合支持派の主導権の下に進展した。分科会のうち第二分科会（社会主義への移行の段階での国家教育計画）と第四分科会（統合国民学校）は、ほぼ、教育省の提示した議論の方向にそって、参加者間での「合意」が得られ、それが最終文書にまとめられた。その他の二つの分科会では、参加者間での合意は得られず、最終報告書は、多数派案と反対派の主張する少数派案の二本が併記してまとめられた。

アジェンデ政権は、この大会の開催とそこでの議論を「重大な成果」と評価し、その「勧告」を一九七二年以降の政権の教育政策と活動に取り入れてゆくと宣言する。大会の運営方法そのものや最終報告書の解釈については、批判も少なくなかったが、人民連合政府は、ともかく、政権独自の教育政策の構想を、開かれた国民的な教育論議の場における多数派の支持獲得という戦略において正当化し、推進する足掛かりを得たのである。一九七二年を迎える頃になると、国全体の政治状況は、社会主義政権の社会・経済政策の是非をめぐってしだいに緊張と対立を深めていた。アジェンデ支持派と反対派は、両極化し対立を深め、騒然とした雰囲気が国をおおいはじめていた。こうした緊張した雰囲気が高まる中、教育省は、教育民主化のために、各段階での教育審議会の設置と統合国民学校の導入という二つの政策に焦点を絞り込み、その具体化に向けて動き出す。

一九七二年一〇月に、「教育民主化令」（Directo General de Democratización de Educación, 政令二〇四八号）を制定する。これは、先の国民教育議会の議題として提示されていた、一連の教育審議会を、地域、県、州の各レベルに設置することを命ずるものであった。政府の構想では、これらの審議会に、事実上、政策決定権、政策遂行監視、評価という大幅な権限を付与しようとするものであった。その意味では、この一連の教育審議会の設置とその権限は、教育の地方分権化を大きく進展させるものでもあった。

しかしながら、この政令案にたいして、政府の公布する各種の政令にたいする審査権限を持つ共和国会計検査院は、法律制定を行うことなしに政令においてこの種の審議会に決定権限を付与することは違憲であると異議を唱え、これを政府に差し戻した。先の教育省の用意した討議文書では、政府は、「教育民主化法」の制定を提唱していたのである。議会で少数派である人民連合勢力は、結局、立法措置を断念し、これを政府単独で公布できる政令の形で制定しようとした事情があった。

教育省と会計検査院との間での論争の後、一九七三年三月に、前案を修正した政令案が会計検査院に提出され、承認されることになった。結局、これらの各種の教育審議会の機能は、「教育活動の計画、遂行、評価に関して教育当局に助言し、協力する」という協議あるいは諮問の役割に限定されることになった[20]。政令は、各レベルの審議会の構成員について詳細な規定を行った。各審議会を構成するメンバーは、以下の組織や団体の代表者を含めるものとされた。すなわち、国家計画局、保健省、地方大学（大学分校）、労働者総連合、農民協議会、父母会、生徒会、教育労働者統一組合、近隣協会、国家学校支援・奨学金委員会、全国幼稚園協会、教育施設建設公社、産業振興公社、教育省である。州以下の各レベルの教育審議会は、一九五三年以来設置されてきた既存の国家教育審議会（Consejo Nacional de Educación）の監督下に置かれることになった。

また教育民主化政令では、これらの教育審議会と並んで、各学校単位で次の三種類の組織を設置することを義務づけた。(1)学校と地域社会との間の連携と協力を促進するための学校共同体審議会（教育労働者審議会、父母会、地域労働組合、中等学校レベルの生徒会の代表者から構成される)、(2)教育労働者審議会(全教職員で構成)、(3)機関調整委員会(教育機関の管理組織として活動し、校長、学科長、教育労働者審議会の代表者二名、父母会会長、生徒会会長を構成員とする)。

こうした、各種の重層的な参加的審議機関の設置にたいして、批判者たちは、屋上屋を架すような構造は、かえって過度の官僚制を招く、また、参加意識の欠如やチリの上意下達的な意思決定の伝統からこの種の運営はうまく行かないと批判した。また、各種の審議会の構成が、政府の代表者と組合代表者が多数を占めるように組み立てられており、それは、結局のところ、大衆参加の装いの下に、人民連合勢力がほほ完全に教育を支配するものであると批判した。特に、私立学校関係者は、その委員代表者への割り当てがきわめて限られていることに不満を表明した。

さらに、アジェンデ政権は一九七三年一月に、かなり唐突な印象の中で、「統合国民学校」(ENU)による教育制度の急進的な改革に着手することを宣言した。これは、最急進派の社会党出身の教育総局長ヌニェスの主導するものであった。前述のように、国民教育議会では、統合国民学校の名称と理念が提示されていたが、全体的に、それが制度化された時に、どのような形のものになるのかについてのイメージはいま一つ鮮明にはなっていなかったし、また、教育省はその導入にあたっては、実験を行いながら段階的に導入することを約束していたからである。それは教育と生活・生産労働との統合、理論と実践の統合を中心的な理念とし、制度的には、地域に存在するすべての学校(基礎教育学校、普通教育および職業技術教育の中等学校、さらには教育省の管理下にあるすべての学校外教育の機関等)を一つの管理機関の下に統合し、この教育複合体を一つの単位として自治的な教育運営を行わせるというラディカルな改革構想であった[21]。中等教育のカリキュラムにおいては、すべての生徒に、学校の実習室や作業室のみでなく、実際の生産や労働の場における実習活動を組み込むものとされた。当時のソ連のポリテクニックをイメージさせるような新しいタイプの学校とされた。教育省は、カリキュラムの全面的な改定を含めて、それを一九七三年六月から四年間で全面的に実施することを宣言したのである。その性急さと、教育省が全国に配布した「ENU報告書」における、かなりイデオロギー的で挑発的なコメントによるENU礼賛論は、教育界に強いインパクトを与えるものであった。

特に、新しい社会主義的人間像の形成をめざすというイデオロギー的色彩の濃いこの統合国民学校の構想は、保守派を刺激し、激しい論争を巻き起こした。また、キリスト教民主党から見るなら、この改革は明らかに国民教育は民主的で多元的でなければならないと規定した「民主的保障条項」の枠組みからはみ出すものであった。保守派の新聞やマスコミは、一斉に、はげしい反ENUキャンペーンを展開した。ENU問題は、保守派や私学関係者のみならず、それまでアジェンデ政権にたいして比較的中立の立場を取ってきた教会や軍部の関心も集めることになった。一九七三年三月二四日、カトリック教会は、チリ司教常設委員会の名で書簡を発表し、一九七三年のENU導入の延期を提案した[22]。また、教育相から直接にENUの構想について説明を受けた軍高官は、次のような反応を示したという。「ENUは、軍の職能的な性格にとって最も直接的な脅威となる。なぜなら、軍の兵士訓練機関は、もはや、中立的で多元的な教育システムの成果ではなく、すでに教化を受けた若者を受け入れることになるからである」[23]。権力基盤が脆弱であり、またますます混迷の度を深めていた政治・経済状況もあり、過熱した論争の渦中にある統合国民学校を実行に移すことは事実上不可能であった。まもなく四月一三日、タピア教育相は、枢機卿シルバ・エンリケスに書簡を送り、その中で、ENUの導入の延期を表明した。しかし、この問題をめぐる混乱はつづいた。それはタピア教育相が短期間の外国出張をした間に、教育省の部下が、政府は

ENUの立法化を進める用意があると突然発表を行ったからである。教育相はそれに激怒し、アジェンデに辞任を申し出るが慰留された。タピア教育相は、その後もキリスト教民主党との間でENUをめぐる交渉を継続するものの、教育省内部での足並みの乱れの表面化は、その立場を一層弱体化させていった[24]。ENU構想の挫折がアジェンデ政権に与えた打撃についてコックスは次のように述べている。「一九七一年には教育の分野での内部論争であったものから、一九七三年の最初の二か月間に、ENUプロジェクトは、政権と野党との間の主要な対決の場となった。それは、教育の路線という観点からのみならず、おそらく、闘争という観点からも、前者に深刻な影響をもたらした」[25]。ENU論争の激化は、教育の枠を越えた政治的問題に転化し、弱体化しつつあったアジェンデ政府の政権基盤を大きく揺るがすものとなっていった。

こうした教育をめぐる激しいイデオロギー的対立、深刻な経済危機にもかかわらず、アジェンデ政権の下でも、教育の量的拡張は大きく進展していた。基礎教育レベルでは前フレイ政権時に、ほぼ完全普及を達成したのを受け、教育の拡張の重点は、アジェンデ政権の下では、就学前教育、中等教育に置かれることになる。一九七〇年、五歳児以下の子どもに、栄養、医療、教育サービスを提供するために「国家就学前教育審議会」(Junta Nacional de Jardínes Infantiles)が創設される。朝食および昼食のサービスを受ける児童生徒の数も大幅に拡大された。貧困児童のための夏期休暇キャンプ・プログラムの活動も拡大された。一九七〇年から七三年までのわずか三年間で、中等教育の在籍数は、三〇万二、〇〇〇人から四四万六、〇〇〇人へと急増し、その就学率も上記の三二・八%から さらに四二・九%にまで増加した。苦しい財政事情の中にあっても、校舎の増築計画を推進した[26]。一方、アジェンデ政権は当初、私立学校の豪華校舎の接収、私立校の国有化の構想を示したように、「教育の自由」の理念と私立校の存在そのものにたいして、きわめて懐疑的であった。「民主的保障条項」の締結によりその実行は封印されるものの、その後も、私立校にたいする批判的な態度を隠すことはなかった。ＥＮＵの構想においては、しぶしぶながら、私立学校の自律的な運営を保障することを認めていたが、社会主義への移行をめざす「新しい人間」の育成には、「教育する国家」の役割の拡大は必要不可欠のものであった。教育の量的拡張は、もっぱら公立セクターを中心にして行われ、この政権の三年間で、私立学校在籍者の比率は、基礎教育段階で、二一・八％から二〇・四％へ、中等学校段階で二三・一％から一八・六％へと低下した[27]。

第４節　高等教育の変革と拡大

伝統的なチリ高等教育に変革の動きがみられたのは一九六〇年代後半から七〇年代初頭のことであった。この時代は「大学改革」の時期と呼ばれている。大学においても、この時期、世界的な学生運動の高揚の影響もあり、「大学改革」“Reforma Universitaria”と大文字で表記される一連の大学改革が叫ばれるようになった。すなわちこの時代に、大学の民主化＝大学の運営への教授・学生・職員の参加の拡大、カリキュラム改革＝伝統的専門職養成中心からの脱却、専任の教授職・研究職の拡大、社会的問題への大学人の発言や取り組みの拡大、高等教育への公的助成の増加、高等教育進学機会の拡大などがかなりの進展を見せた[28]。「共同管理」(co-gobierno)と呼ばれる教授、学生、職員の三者共同による大学運営方式は、この時期以降、ラテンアメリカ各国の国立大学での共通の特色となった。

この時期、六〇年代から七〇年代にかけては、メキシコ、ブラジル、アルゼンチンなど他のラテンアメリカ諸国では高等教育機関の増設が相次いだが、チリでは一九五〇年代半ば以来の国立二校、私立六校の大学八校体制が維持されたままであった。また、この頃から中南米地域でも出現するようになる高等専門学校や短期大学のような非大学型高等教育機関もチリにおいては存在していなかった。しかし、両政権の下で高等教育の量的拡張は確実に進展した。六〇年代以降は、地方都市における進学需要の増大に対応するために、チリ大学と国立工科大学の二つの国立大学を中心に、地方都市に地方キャンパス（分校）を開設する動きが見られた。また、既存の専門職養成の学位コースと並んで、短期の技術者養成のコースも大学内で提供されるようになった。女性の高等教育進学も増大し、女子学生の比率は、一九四〇年の二五・一％から一九五六年には三九・四％にまで拡大していた[29]。一九六五年における大学在籍者数は、全体で四万二、〇〇〇人たらず、高等教育該当年齢層に占める就学率は五・六％であったが、一九六八年七・八％、七〇年九・二％、七二年一四・八％、一九七三年一六・八％と急速に拡大を見せていた。在籍者数も、一九六七年の五万五、六五七人から一九七三年には一四万五、六六三人へとこの大学改革期の六年間で約二・六倍に増加していた[30]。政府は、公的助成を一層拡大することで、こうした高等教育の量的拡張、大学教授スタッフの専任化の動きを促進していた。アジェンデ政権は、一九七一年に一九二五年憲法の条文を改正し、大学の自治に関連して「国の教育的、科学的、文化的要求に応じて、その機能を完全に遂行するために充分な財政支援を準備することは国家の責任である」と憲法条文に明記した。

大学改革運動の高揚、教授・学生たちの大学運営への参加の拡大は、同時に大学の「政治化」をも進行させた。大学内では、さまざまな勢力が、大学や学部の管理の主導権をめぐって活動を活発化させる。また大学のような重要な社会的機関での運動や騒擾は、すぐに国の政党間での争いや葛藤と連動していった。大学自治の伝統により政府からの介入を免れた大学は、政治運動を行う者にとっても安全地帯であり、強力な活動拠点となった。アジェンデ政権の誕生後は、急進的な社会主義的政策の是非をめぐって、大学も支持派と反対派の両極に分裂し、厳しいイデオロギー的・政治的対立の舞台へと変化していった。クーデターの当日、軍部の陸海空軍はそれぞれ、サンティアゴ市内にある三つの大学、チリ大学（空軍）、チリ・カトリック大学（海軍）、国立工科大学（陸軍）を急襲し、これをいち早く支配下に置いた。左翼の拠点であった工科大学では抵抗する学生たちとの間で激しい銃撃戦が展開された。

むすび

フレイのキリスト教民主党政権とアジェンデの人民連合政権は、基本的な教育の理念（進歩的カトリック哲学をベースにした人格の完成と経済開発人材の育成／社会主義への移行段階における「新しい人間」の形成）、教育政策の立案手法（教育計画論専門家によるリーダーシップ／大衆参加型の審議会方式による決定）や制度改革の努力の重点（八・四制への転換／ＥＮＵの導入）などにおいて相違が見られるが、ともに、教育分野を政権の最優先課題と位置づけ、国家主導型で教育の量的拡張を推進したという点では共通の特色を持つ。この時期は、伝統的な「教育する国家」の理念がチリの歴史上、最高潮に達していた時期にあたる。ただし、もう一方の「教育の自由」の理念にたいする姿勢においては、両政権には大きな隔たりがあった。フレイ政権が私立校に親和的な態度を示していたのにたいして、アジェンデ政権が示した教育へのイデオロギー的介入、私立教育機関への統制の姿勢は、政治問題化し、激しい論争を巻き起こした。それは、ついには軍部によるクーデターを引き起こす要因の一つともなったのである。

〔注〕

1 この時期のチリ教育について扱った文献は比較的多いが、代表的なものとしては、コックスのロンドン大学博士論文 Cox C., *Continuity, Conflict and Change in State Education in Chile.* Ph.D. Thesis University of London 1984 および、米国人研究者フィッシャーの著作 Fischer K.B., *Political Ideology and Educational Reform in Chile, 1964-1976* Latin American Center, UCLA 1979 がある。

2 国本伊代『概説ラテンアメリカ史』 新評論 二〇〇一年 二四〇頁

3 中川文雄他『ラテンアメリカ 現代史II アンデス・ラプラタ地域』 山川出版社 一九八五年 二一二〜二一五頁、Bizzarro S., *Historical Dictionary of Chile* 3rd Edition Scarecrow 2005 pp.304-305

4 Pan American Union, *Alliance for Progress* 1961 p.28

5 皆川卓三「ラテンアメリカの文化と教育」『世界諸地域の文化と教育』 東京学芸大学海外子女教育センター 一九八四年 五一〜一〇一頁 八二頁

6 Cox C., *op.cit.* 1984 p.128

7 Cited in Cox C., *op.cit.* 1984 p.60

8 Calvo C. et al., "Chile: Comprehensive Liberal Reform" in Simmons J. (ed.) *Better Schools: International Lessons for Reform* 1983 pp.121-147 p.125

9 Cox C., *op.cit.* 1984 pp.125-179, Fischer, *op.cit.* 1979 pp.42-49

10 Nuñez P.I. (ed.), *Las Transformaciones Educacionales bajo el Régimen Militar Vol.2* PIIE 1984 p.551 p.571

11 Nuñez P.I., *ibid.* 1984 p.552 p.572

12 ロバート・モス『アジェンデの実験——チリ人民戦線の勝利と崩壊』 時事通信社 一九七四年 一九頁

13 アジェンデ政権の政策については、吉田秀穂『チリのアジェンデ政権期の理論と政策』 アジア経済研究所 一九七九年が詳しい。

14 深田祐介著『革命商人』(上・下、新潮文庫) 新潮社 一九八二年は、サイティアゴに滞在する日本の商社駐在員の目を通して見たアジェンデ政権の誕生からその崩壊までを描いた小説である。

15 Fischer K., *op.cit.* 1979 p.62

16 Zammit J.A., *The Chilean Road to Socialism* University of Sussex 1972 pp.272-274
17 Fischer K., *op.cit.* 1979 pp.80-81
18 Fischer K., *Ibid.* 1979 p.93
19 Fischer K., *Ibid.* 1979 pp.95-99
20 Cox C., *op.cit.* 1984 p.319
21 ENUについては、Cox C., *op.cit.* 1984 pp.323-333, Fischer K., *op.cit.* 1979 pp.109-114
22 Declaración del Comité Permanente del Episcopado, La Escuela Nacional Unificada *Mensaje* No.218 1973 pp.164-168
23 Cox C., *op.cit.* 1984 p.336
24 Collier S. & Sater W. F., *A History of Chile, 1808-2002* 2nd Edition Cambridge University Press 2004 pp.352-353
25 Cox C., *op.cit.* 1984 p.335
26 Adeo-Richmond R. et al., "Politics and Educational Change in Chile: 1964-1980" in Broadfoot P. et al. (eds.), *Politics and Educational Change, An International Survey* 1981 pp.209-227 p.216
27 Nuñez P.I. (ed.), *op.cit.* 1984 p.551 p.571
28 Brunner J.J. et al., *Estado, Mercado y Conocimiento: Politicas y Resultados en la Educación Superior Chilena 1960-1990* FLACSO 1992 pp.21-32
伝統的にラテンアメリカの大学では、教授職は、法律家、政府高官、医師、建築家、薬剤師などの他の専門職に従事する者が、勤務時間の合間にパートタイムで大学の講義を担当するという名誉職的な色彩の強いものであった（斉藤泰雄「ラテンアメリカにおける大学教授職」『国立教育研究所研究集録』第20号 一九九〇年 三五～四八頁）。チリの大学では、この時期の終わり頃には、大学教授スタッフのほぼ半数が専任化されるにいたっていた。
29 Garreton M.A. y Martinez J., *Universidades Chilenas: Historia, Reforma e Intervención* Ediciones SUR 1985 p.34
30 Brunner J.J., et al. *op.cit.* 1992 p.28

第三章　軍事政権の出現と軍政前半期における教育政策

はじめに

一九七三年九月一一日のクーデターによる軍事政権の誕生は、チリの政治・経済体制を激変させた。チリにおける軍事政権は、この後、一九九〇年までの一六年半の長期間にわたって継続することになる。この間、政治・経済政策においては、軍部による権威的・強圧的な政治統治体制の確立、新自由主義路線による資本主義経済体制の強化が一貫して追求されるが、教育政策を含む社会政策の分野においては、軍政の政策は、一九八〇年前後を境に、大きな転換をとげることになる。本章では、軍政の前半期にあたる一九七〇年代における教育政策の特色を分析する。政治経済的には、国内治安秩序の確立と脱社会主義＝再資本主義化による経済の再建に重点が置かれた時期である。教育政策では、教育にたいするイデオロギー的統制が強化され、教育界の「粛清」「純化」が推進される。教育の量的拡張には歯止めがかかる。教育政策をめぐる国民的な協議や参加のための場は廃止され、軍組織をモデルとするような権威主義的な指揮命令系統が教育界にも張りめぐらされた。また、後半では、軍政下で頭角を現し、やがて八〇年代の新自由主義的教育改革を主導することになる経済テクノクラートの集団「シカゴ・ボーイズ」について、その登場の経緯と彼らの経済政策について述べる。

第1節　軍事政権の誕生とその国家改造宣言

深田祐介の小説『革命商人』(一九八二年)は、チリ駐在の日本人商社員たちの視点をかりて、アジェンデ政権の誕生前後からその崩壊にいたるまでのチリの社会経済の激動と混乱の日々を生々しく克明に描き出している。小説仕立てながら、その背景となる状況の記述は、克明な取材に基づく歴史ドキュメントとして読むことができる[1]。アジェンデ政権の三年目、そして、その崩壊の年である一九七三年になると、国の経済生産活動は極端に低下し、食料不足や物不足は深刻化していた。カトリック教会の最後の調停努力にもかかわらず、政府支持派と野党勢力の対立は頂点に達し、いまや内戦の瀬戸際という様相さえ呈していた。野党の政治家や中産階級の中からは、事態を打開するために暗黙に軍の介入を求める声も聞こえはじめていた。

一九七三年九月一一日に発生した陸海空三軍と国家警察隊による軍事クーデターは、大統領官邸(モネダ宮殿)に立てこもって抵抗するアジェンデを自殺に追いやり、その政権を崩壊させた。この政変は国際的な注目を集めた。なぜなら、チリは、ラテンアメリカ諸国の中ではめずらしく一世紀以上にわたって政党政治、議会制民主主義が継続し、独裁や軍政の経験をほとんど持たない国であったこと、そして、打倒された政権が、歴史上はじめて選挙によって合法的に成立した社会主義政権であったからである。さらに、クーデター後に、軍部が展開した前政権関係者や左翼知識人、組合活動家らにたいする苛酷な弾圧は、軍事政権を国際的に悪名の高いものとした。クーデターに際し、逮捕、拘束、暴行、拷問、誘拐などによって殺害、あるいは「行方不明」とされた前政権関係者、左翼政党員、左翼知識人、学生活動家、労働組合指導者などは二、〇〇〇人に及ぶと推定されている。また、十数万人の者が、身の危険を回避するために国外逃亡や政治亡命を余儀なくされた[2]。憲法は停止され、議会は解散される。陸・海・空三軍と国家治安警察隊で構成される軍事評議会が権力を掌握し、やがて、陸軍司令官のアウグスト・ピノチェット(Augusto Pinochet)将軍が大統領に就任する。政府は、大統領直属の機関として「国家情報局(Dirección Nacional de Inteligencia, ＤＩＮＡ)」という名の秘密警察組織を創設し、左翼活動家や政治的危険分子とみなされる人物にたいする追撃を組織的に継続した。その追求活動は、海外亡命者にまで及んだ[3]。

軍部による政権奪取は、混乱した政治的および経済的秩序を回復し、国の活動を正常化するまでの短期間にとどまると期待する向きもあった。しかし、やがて軍事政権は、そのめざすべき国家像を明確にするとともに、チリの社会改造、新しいチリ人の育成に自ら長期的な観点から取り組むことを宣言する。クーデターから半年後の七四年三月に示された『軍事評議会の諸原則の宣言』はそれを次のように述べている。

「軍部は、政権にとどまることに時間的制限を設けない。国を道徳的、制度的、物質的に再建する仕事は、長期にわたる甚大な努力を必要とする。最終的には、チリ人のメンタリティを変えることが急務である。本政権は、自らの行動あるいは無作為により、国を実質的に崩壊させたことに責任を負うべき当の政治家たちに権限を返還するまでの一時的な中断ではないことを断固として宣言する。わが国の命運をかける新しいステージを開始すること、新しい世代のチリ人のために道を開くことが本政権の希望である」[4]

軍部は、多元的民主主義の名の下に、マルクス主義の浸透を許し、ついには選挙による社会主義政権を誕生させるまでにいたったチリの民主制度、政党政治そのものに不信感を強めていた。マルクス主義を排除するのみならず、二度とマルクス主義の浸透を許すことがないようチリの伝統的な政治制度そのものを改める必要性を強調したのである。また、従来の国家主導型の社会主義的な経済運営に代わる新しい経済モデルを提示することもその課題とされた。「チリに新しい制度をもたらす歴史的使命を引き受ける」ことを自認する軍事政権は、長期にわたってチリを統治することを宣言する。

第2節　軍政初期における教育政策

軍政初期には、教育政策も軍事的色彩が濃厚なものであった。それは、当局から見て、学校の政治化とマルクス主義浸透の道具とみなされるあらゆる要素を教育システムの中から排除することに焦点をあてるものであった。クーデターの翌年、一九七四年に公表された『チリ政府の教育政策』は、次のように述べている。

「チリ政府は、現在の最も重要な目的が、国民統合であることを宣言する。それゆえに、社会階級間での修復不可能な敵対意識を想定し、それを促進するような思想を拒絶する。国の精神的統合は、進歩、公正、平和を前進させるための土台である。……権力を掌握した直後から、現政府は、教育システムを健全化するための一連の方策を採用してきた。第一は、教育の重要な部分に浸透していたマルクス主義を排除することである。第二は、長年ますます悪化してきた問題、過度の中央集権化を緩和することであった。それは他の分野でもそうであるが、教育の近代化を妨げてきた。第三には、もうすこし長期的な視点から、政府は、国の教育問題についての詳細な診断を行うことを命じてきた」[5]。

軍部は国家安全保障イデオロギー（対外的な敵のみならず、国を内部から侵攻する勢力にたいする戦争を宣言する）を前面に打ち出し、反マルクス主義の立場から、「粛清」（limpieza）、「純化」（depuración）に着手する。教育相や大学学長に軍人が任命される。政権に批判的な大学教授、学生、教員組合指導者などの追放、訴追が行われた。社会主義、共産主義のシンパ、左翼的な傾向を疑われる数多くの校長や中堅教員が解雇された。一九七三年から一九八〇年までに、解雇を経験した教員は全体の一〇％に及んだという。また軍政は、組合員九万人と国内最大規模であり、また左翼系の執行部が指導する教育組合を警戒し、組合費の徴収の停止、資産の凍結、組合法人格の廃止を行い、それを解散に追い込んだ。やがてそれは、伝統的な専門職の団体・協会を模範とした職能集団である「教師会」（Colegio de Profesores）へと転換された[6]。

学校の教育課程の中から、「政治的論争を引き起こすおそれのある」政治・イデオロギー的な要素が削除され、代わりに、愛国心、チリ史、カトリックの伝統を強調する教材が導入された。アジェンデ政権の下で、政府系の出版社から発行され、学校や成人教育機関に大量に配布されていた副読本や冊子は、「異質のイデオロギーを生徒に意識化させる傾向がある」ことを理由に、没収焼却された。またチリの歴史上の偉人や軍事的勝利の偉業を讃える「愛国週間」のような学校儀式が導入される。それらは軍部の秩序観と愛国的価値とシンボルを賛美するものであった[7]。

学校での国旗の掲揚が義務づけられ、また、生徒の服装や行動規律にも監視の目が向けられた。フレイ、アジェンデ両時代には、中等学校の学生団体は、大学生におとらず過激な政治的・社会的運動に参加することで知られていた。軍政は、この生徒組織の活動を厳しく監視した。その活動は、文化・社会教育・スポーツ活動に制限され、政治・宗教・教育活動に参加することは禁止された。また、その団体の地域連合会の会長は、政府によって指名されることになった。同様に、学校の父母会の活動も政府の監視下に置かれることになった。

軍部は学校の日常活動にも監視を強めた。例えば一九七四年八月に、首都圏の教育機関の校長宛に出された教育省の通達(軍司令部の通達を転記したもの)は、それぞれの管理下にある学校において、教員、補助教員、職員、生徒、父母などの間で、次のような活動がみられた場合、すみやかに軍司令部に告発するよう命じていた。すなわち、政治状況についてのコメント、政府の活動あるいは過激なグループについての悪意のある噂の流布、軍事評議会あるいはそのメンバーに関する冗談や小話の流布、愛国的な理念や価値の歪曲、軍当局の承認を得ない校舎の内外での集会の開催、校長の管理権限を弱める議論の普及、愛国的な価値観を高揚する事柄に関して教育省あるいは軍司令が発した規則を遵守しない、生徒団体・父母団体等の役員を直接選挙で選出するよう校長に圧力をかける、その他、学校の規律を乱し生徒の正常な教育活動の展開を乱すおそれのあるあらゆる事柄[8]。

教育行政の面では、教育省の再編が行われた。これは同時に、軍政が行った国内統治システムの再編とも関連するものであった。軍政は、国土を新たに一三の州に区分した。各州の下には県が置かれ、さらにそれは自治体(市町村)に細分化された。州と県に置かれた知事、および自治体の長は、軍政によって入れ換えられ、多くは軍人(あるいは退役軍人)がその職に任命された。また、州以下の地方組織は、内務大臣の強い統制の下に置かれた。この地方制度の再編に伴い、教育行政システムも、他の国家組織と同様に、州へと分散化された。一三の州には、州教育事務所が設置され、また四〇の県には県教育事務所が設置された。こうした動きは、一見したところ、後にみる一九八〇年以降の教育分権化の先駆けとも見られるが、軍政初期の教育行政の再編は、地方自治論や民営化をも視野に入れた後の分権化論とは異なる論理をベースにするものであった。エスピノラは、「教育システムの地域化の理論的枠組みは、ジオポリティカル（地政学）なものであった」として次のように指摘している。

「国家の権力を州に再配分することをめざす大きな転換も軍事的原則に立脚して遂行された。それは軍事的コントロールの道具であり、……国家の統制的機能を強化することをめざしていた。……新たに設置された州は、軍人の命令系統に似た階級的な構造によって、中央の政策と決定を地方レベルに伝達することに責任を負う行政の単位となった。統制は、大統領によって任命された州知事から同じように（大統領によって）任命された県知事、市町村長へと上から下へと浸透した。……教育システムも、他の国家組織と同様に地域化された。この地域化によって、教育省と学校とを結びつける中間的な行政組織が創設された。……これらの中間行政単位は、中央政府および教育省の規則が学校レベルで遂行され、中央政府の政策に違反しないことを監視するものであった。それらは、教員の雇用に責任を負わず、また資金の配分にも関与しなかった。それらの権限は教育省に集中されたままであった」[9]。

また、こうした教育行政の再編は、「権力の極端な集中を変更することなく、それらが効果的に遂行されるのを確保するために利用された執行委任による地方分散化（desconcentración）にすぎず、地方分権化（descentralización）ではない」[10]として、その限界を指摘する論議もある。いずれにせよ、軍事政権は、教育行政の面でも、国家に過剰に集中する行政的機能を地方に分散させることをめざすとともに、権威と命令の厳格な系統に従って、上下の縦の関係を強化した。それは同時に、参加的・協議的な組織を排除するものであった。前述のようにアジェンデ政権の「教育民主化政令」で導入されることになった各段階での「教育審議会」も、各学校レベルでの各種の審議会の設置も実施に移されることなく廃止される。一九五四年に設置されて以来、国民各層の代表者を集めて国家的な教育政策の審議に重用な役割を果たしてきた「国家教育審議会」さえ解散される。教育にたいする政府の統制は強化された。

軍事政権の下で、教育は、政府内の予算配分から見ても、フレイ、アジェンデ両政権で見られたような優先順位の高いものとは位置づけられなかった。一九七二年に、政府の公教育支出予算は、国の国内総生産（GDP）の五・四％、国の総予算の一九・七％を占めていたが、一九七五年にはその数値は、それぞれ、三・四％、一〇・七％という水準であった。前述のように、一九七三年まで急速なペースで拡大してきた国の教育システムの量的拡張は、凍結、あるいは後退の局面に入った。基礎教育の在籍者数は、一九六七〜七三年の六年間に、年平均三・五九％の割合で増加してきたが、七三〜七九年の間では、その伸び率はマイナス〇・六〇％であり、その全在籍者数はむしろ減少に転じていた。同じく中等教育も、六七〜七三年の年平均一六・一四％という急速な増加率から七三〜七九年には、三・一二％の伸び率にとどまっている11。

軍政は、アジェンデ政権とは異なり、私立学校にたいして敵意を示すことはなく、その自律性を尊重する態度を示した。しかし、七〇年代の軍政の初期には、助成制度の小規模な改正を除けば私立学校を支援するためになんらかの積極的な政策が採られることはなかった。七三〜七九年にかけて、全児童生徒数における私立学校在籍者の比率は、基礎教育学校レベルでは七四年の二〇・四％から、後述の「ショック療法」により経済が後退した七六年には一六・二％と近年においては最低の水準にまで低下し、七九年に一九・二％とほぼもとの水準にまで回復したのみにとどまった。中等学校レベルでもほぼ一八〜一九％台で推移し、経済が好調に転じた七〇年代末になると二三・六％とやや増加する傾向を見せていた[12]。

大学をめぐる状況も一変する。大学キャンパスは軍隊によって占拠された。チリ大学は空軍、カトリック大学は海軍、国立工科大学は陸軍がそれぞれ統制の下に置いた。学長は解任され、軍事評議会の任命により軍幹部が新しい学長として大学に乗り込む。チリ大学の学長に任命されたある空軍将校は、パラシュートで大学キャンパスに降下し、文字通りの「天下り」を演出して見せたという[13]。「政治化した」大学は、当然のように、軍事政権による「正常化」と「粛清」の対象とされた。大学からは自治の伝統が剥奪される。この後、これらの軍人学長と彼らに協力する保守派の教授や学生の手で、前政権への協力者、支持者・シンパと目される大学人・学生の調査やパージが行われた。この粛清により大学を追われた者は、教授の二五％、職員の一〇～一五％、学生の一五～一八％にのぼるとみなされている[14]。また大学の組織の面でも、社会学や経済史など政治色が強いとみなされた社会科学系の一部の学科や研究センター、労働者を対象とした大学拡張講座部門などが廃止に追い込まれた。軍政下で廃止された機関には、チリ大学の「社会経済研究センター」「歴史学科の経済史講座」、国立工科大学の「社会科学学科」、チリ・カトリック大学の「国家的現実研究センター」「社会経済史学科」などが含まれていた[15]。また教授たちの中にも、軍人支配の強権的な大学運営や研究・教育活動への検閲に抗議して辞任する者が続出した。著名な研究者の中には、国外の大学や外国の財団等の支援を得て設立されたＮＧＯ系の独立した研究機関に活動の場を移す者も少なくなかった。既存の八校の大学間で結成され、国立チリ大学学長が議長となることが定められていた「学長会議」にも介入がなされ、一九七五年以降は、教育相がその議長をつとめることになった。強圧的な軍事政権の下に、アジェンデ政権末期に見られた慢性的なキャンパスの騒乱状況は統制され秩序を回復するものの、チリの大学は活力を失い、停滞状況に陥った。

大学にたいする国からの公的助成も削減される。前政権期に大幅に拡大した政府財政赤字の縮小、基礎教育の拡充を優先する資金の再配分がその理由とされた。一九七四年のピーク時には、国からの高等教育向けの資金助成は、対GDP比で二・〇二%に達していたが、翌年以降その比率は急速に縮小し、一九八〇年には一・〇五%とほぼ半減した。大学改革期にみられた高等教育の量的拡張傾向も凍結される。学生の追放や学科の廃止、新規入学定員の抑制・縮小により高等教育の総在籍者数は減少に転じる。例えばチリ全体で、各大学の新入学生向けの定員は、一九七三年に四万七、二二四人にまで拡大していたが、軍政の下では、一転、減少に転じ、一九八〇年には、三万二、九五四人と、この七年間で三〇%の入学定員が削減されていた。高等教育在籍者は、一九七五年に一四万七、〇〇〇人、就学率も一六・五%に達するが、その後は縮小に向かい、一九八〇年には、一一万九、〇〇〇人、就学率も一〇・三%と、ほぼ一〇年前の水準にまでに後退していた[16]。

就学前教育だけは例外的に、この時期も増加率を拡大している。これは、軍政の就学前教育重視の政策を反映するものと言えるかもしれないが、アジェンデ政権末期に設置された「国家就学前教育委員会」（JNJI）の委員長に、ピノチェット大統領夫人が就任したこともその理由であると指摘されている[17]。

第3節　シカゴ・ボーイズの登用と新自由主義的経済政策の推進

ここまでのチリの軍事政権の教育政策は、同じ時期、他のラテンアメリカ諸国にみられた軍事政権の教育政策とそれほど大きな違いを見いだすことはできない。大きな変化は一九八〇年前後に生じた。同じ軍事政権の下であるが、この時期を境に、チリの教育政策は、上述のような治安維持、国家安全保障の論理をベースにした純化・

統制、権威的な規律強化の方策から、いわゆる新自由主義的な教育政策の導入に大きく方針を転換することになる。それは、いわゆる「シカゴ・ボーイズ」が教育政策の分野にも進出し、従来の教育エスタブリッシュメントに代わって、教育改革の主導権を握ったことを意味するものであった。軍政後期の教育政策については、次章から詳しく分析することになるが、そこに入る前に、まず、そもそも、チリにおいてなにゆえに軍事政権と経済テクノクラートとの連携が生じたのか、シカゴ・ボーイズとは何者なのか、そして、その経済政策の特色について述べておくことが必要である。

1 チリにおけるシカゴ・ボーイズの誕生

一九五〇年代半ば、米国の国際援助庁(後のUSAID)は、ラテンアメリカ地域にたいする技術援助の一貫として、これらの地域の経済成長に貢献することを目的に、高等教育分野への援助プログラムを策定しつつあった。その中で、チリにたいしては、特に国の経済計画を主導するエコノミストを養成するため経済学分野が支援の対象とされた。それは米国の特定の大学とチリの大学との間の相互交流協定の形をとるものとされた。米国側の大学は、このプロジェクトに積極的に協力したシカゴ大学経済学部長であり人的資本理論で知られたセオドア・シュルツ教授の尽力などによりシカゴ大学と決定された。チリ側のカウンターパートとして、最初は国立チリ大学の経済学部に提携の話が持ちかけられた。しかし、シカゴ大学の経済学研究の学風(マネタリズム、新自由主義)にたいする反発と名門大学としての意識から、チリ大学はそれに消極的な態度を示した。これに代わり、積極的な姿勢を示したのが、弱体な経済学部を抱えその拡充をめざしていたチリ・カトリック大学であった。こうして一九五六年三月に、三年間のプロジェクトとしてシカゴ大学とカトリック大学の間で、経済学の分野での教授・

学生の相互交流協定（シカゴ大学の経済学教授たちのチリ派遣、チリ人学生のシカゴ大学留学）が締結された[18]。シカゴ大学経済学部内部でも、この「チリ・プロジェクト」はしだいに重要なものとなっていった。チリ人学生たちは、M・フリードマン、T・シュルツ、A・ハーバーガーら著名なシカゴ学派の重鎮から価格理論や統計を駆使した調査法など経済学の基礎的理論を徹底的に教え込まれた。チリ人学生の真摯な態度と優秀な成績は米国側をも驚かせるものであったという。協定は、延長、再延長された。一九七〇年代初頭までには、主としてカトリック大学で経済学を学び、その後シカゴ大学の経済大学院コースを履修して帰国したチリ人は一〇〇人を超えていた。彼らは、「フリードマン本人以上にフリードマン学派となって」[19]チリに帰国した。

当時のチリは、国家主導型で輸入代替工業化を推進しつつあり、また国連ラテンアメリカ経済委員会（ECLA、サンティアゴに本部事務所があった）の事務局長ラウル・プレビッシュらの唱導するいわゆる「構造学派」経済学が優位であり、シカゴ学派の民間セクターを中心とした自由市場主義の経済学はそれほど人気のあるものではなかった。シカゴ学派のエコノミストたちは、カトリック大学の経済学部と経済研究所、官庁の中堅官僚、民間のビジネス・セクター、一部の経済雑誌などを拠点に活動をつづけていた。だが、教条主義的なまでにシカゴ学派の経済理論に傾倒する彼らにたいしては反発も多く、チリの学術界や経済界では主流を占めるにはいたらずにいた。彼らは、不満を鬱積させていた。しかしながら、このグループの学閥としての結束力はきわめて高かったと言われている。

2　軍事政権による登用

アジェンデ社会主義政権の誕生とともに、マルクス主義経済学が優勢になり、企業の国有化、市場への政府介入、労働者の企業経営参加、賃金や価格の統制が進められたことは、シカゴ学派エコノミストの焦燥と危機感をますます募らせた。アジェンデ政権の下で、インフレーションの昂進、物不足、闇経済の横行など経済の混乱が著しくなるにおよんで彼らは行動を開始した。一九七二年八月になると、彼らは、個人的な人脈のあった海軍の高官や保守系の新聞「エル・メリクリオ」紙の編集部とひそかに接触し、主として議会の野党勢力に政権への攻撃材料を提供する作業を開始する。やがてそれは、(クーデターを想定した)人民連合政権崩壊後に採用されるべき包括的な経済再建プランの作成にまで及んだ。この秘密裡の作業には、チリのビジネス・グループからの資金援助があり、また少なくとも一部の資金は米国中央情報局(CIA)から流入していたといわれる。"El Radrillo"(煉瓦)と題されたその経済プログラムは、軍事クーデターの直前に海軍当局に提出されていたという[20]。

軍事クーデターの成功は、彼らにとっては千載一遇のチャンスであった。「権力を掌握した時、将軍たちは経済については何も知らなかった。大混乱に陥っていた経済を安定化させ、再活性化させねばならなかった。彼らはアドバイスを必要としていた」[21]。「一つの興味深い疑問は、シビリアン・コントロールの伝統の下に政治に関与してこなかった、また経済的にはポピュリズム的立場を保持してきた軍部が、なぜそれほど熱心に自由市場的アプローチを推進したかである。自由市場擁護者の影響力の増大を説明する一つの重要な要素は、クーデターの時、シカゴ・ボーイズはすでに、経済分野への政府の介入を大きく削減することをベースにして、一つの完成した包括的な経済プログラムを練り上げていたことである。一方、経済アドバイスを提供できる可能性のあるその他の(反人民連合の)グループは、ピノチェットやその他の軍高官を納得させうるような一貫したプログラムや計画を提示できなかった」[22]。軍事評議会による新政権において、経済・財政関係の官庁を海軍が所管したことも彼らにとっては有利に働いた。彼らはしだいに軍事政権に食い込み、その経済政策に影響を与えていった。

シカゴ学派の経済への政府介入の否定、民間イニシアティブ絶対視の思想は、軍事政権においては、「補完原理」(principio de subsidiariedad／principle of subsidiarity)として表明された。それは、国家安全保障原理と並んで政権の中心的な思想とされた。それは端的にいうなら、上位のグループ(国家)は、中間や下位のグループ(地方、民間、家庭)などがそれ自体で達成することが可能な事柄には介入すべきでなく、下位のグループによる効果的な活動の可能性が少ない部分に限って補完的に介入すべきであるという原則である。要するに、「地方にできることは地方にまかせ、民間にできることは民間にまかせる」という原則であり、国家はその補完的な役割に徹すべき、という、いわゆる「小さな政府」の思想である。軍事政権は、一九七四年の『軍事評議会の原則の宣言』では、この原理の経済分野への適用を次のように述べている。

「補完原理は、経済分野では自由なイニシアティブへの権利を前提とすることは明らかである。生産活動への民間の参加は、効果的な経済発展への唯一の道であり、国家は、補完性の原則において、そうした参加を排除できないし、すべきでもない。国家によるあらゆる経済活動の独占は、国家主義的な社会を生み出し、実質的に、個人的自由を否定するのみならず、民間企業の創造的能力を排除することになる。……近代の経済は、国家が包括的な経済の計画化に参加することを求める。しかし、国家計画は、民間企業を阻害するほど肥大化すべきではなく、それらと同調して補完に徹するべきである」23。

シカゴ・ボーイズたちは、従来の福祉国家像が、国民の働く意欲、道徳的な力、自己責任を弱体化させてきたと主張した。新しい規律の原則は、国家からではなく、市場から引き出されることになる。一九七五年三月には、シカゴ学派の教祖ともいうべきミルトン・フリードマン教授自身がチリを訪問し、ピノチェットにインフレ克服のために「ショック療法」を採用することを提言している[24]。シカゴ学派はしだいにピノチェットの信頼を獲得し、その中心人物であるカトリック大学前経済学部長デ・カストロ(Sergio de Castro)が一九七五年に経済相に任命されたのをはじめとして軍事政権に登用された。そのグループは、国家開発計画局(ODEPLAN)、財務・経済両省、中央銀行などの主要ポストのみならず、労働・教育・鉱業・厚生などの各省の幹部ポストへも進出した。デ・カストロは七六年に財務相に転じ、より急進的に経済改革を遂行していった。

シカゴ学派の経済政策の柱は、伝統的な政府の経済への介入を極力排除し、大胆な民営化と規制緩和によって市場の徹底した自由化をめざすものであった。彼らは、軍部による力の支配で反対派の不満を完全に沈黙させた政治的・社会的状況の中で、信奉するシカゴ学派直系の新自由主義的経済政策を、「教科書どおりに」実行しはじめる。アジェンデ政権の時代に政府によって接収された企業の旧所有者への返還、多くの国公営企業の民営化、小売価格統制の撤廃、投資・金融市場の自由化、関税の引き下げ、為替の固定相場化、農地改革の停止＝接収された農地の返還、共有農地の分配と競売、などの政策を相次いで断行した。

ショック療法の結果、七五～七六年に景気は一時後退するものの、その後、チリ経済は急速な回復基調に乗った。七三年には年間六〇〇％を超えていたインフレーションは、二桁台に、そして一九八一年には一桁にまで低下した。銅の輸出に過度に依存していた経済から脱却し、ワイン、水産物、林業(紙パルプ)などのアグリ・ビジネスを中心とした非伝統的な輸出品の成長がみられた。チリの商店の店頭には輸入品が氾濫し、消費ブームにわいた。民営化政策の機会に乗じて、新旧の経済グループのコングロマリットが台頭する。外国から流入した膨大な資金を利用して、不動産投資や建設ブームが起こった。シカゴ学派の経済学者たちの名声はあがり、いつしか彼らは「シカゴ・ボーイズ」(Los Chicago Boys)の名で呼ばれることになる[25]。

3　一九八〇年憲法の制定と「近代化」政策の推進

七〇年代末をむかえピノチェット大統領の独裁的権力が確立され、また政権内でのシカゴ・ボーイズの地位と権限が高まるにつれて、軍事政権の関心の焦点は、国家安全保障の確立やインフレ対策を柱にした経済再建から、しだいにチリの社会経済のより根本的な構造改革へと移行することになる。また、軍事クーデターより非合法的に成立した政権は、その統治体制を正統化し、自らの政権に合法性を付与することをめざして、クーデター以来、効力を停止していた一九二五年憲法に代わる新しい憲法の制定に着手する。保守派の学者や法律家によって起草された憲法草案は、一九八〇年九月一一日(すなわちクーデター七周年記念日)に国民投票にかけられ、賛成多数で新憲法(一九八〇年憲法)として採択された。憲法は、六か月後の一九八一年三月一一日に正式に公布された。

一九八〇年憲法は、資本主義・私的所有制度の絶対化と、国家の経済への介入の極小化、「権威主義的民主主義」(大統領権限の強化、立法府の権限の弱体化、軍部・国家警察にたいする文民統制の欠如、共産党の非合法化)などを柱とするものであった。しかしながら、一九八〇年憲法は、その経過規定条項により、多くの条項(国民議会の再開、新大統領の選挙等)の発効を一九八九年まで先延ばし、この間はピノチェット大統領がそのまま在任し、また軍事評議会が立法府を代行し、大統領とともに法律を制定するという政権側にとって好都合なものであった[26]。ともかく、軍政は一九八〇年憲法の制定により、自らの政権に合憲性と合法性を付与するとともに、さらに長期の政権運営への展望(この時点から最大一六年間ピノチェットの大統領任期の継続を想定していた)を固めたのである。

一九七〇年代末になると、政権は、軍政の初期には手をつけなかった、教育、保健衛生、社会保障、労働関係、農業セクター、司法システム、行政などの分野での改革にも着手することを明確に宣言するようになる。政府は、それを「近代化」(modernización) 政策と称した。要するに、近代化政策とは、経済運営に自信を深め、軍政内での発言力を増したシカゴ・ボーイズが、その信奉する新自由主義的政策を、経済の分野を越えて、教育、保健医療、社会保障を含む社会政策分野にも適用しようとするものであった。

第4節　新自由主義的教育政策理念の出現

シカゴ・ボーイズがクーデター前の一九七三年に用意していた経済プログラムには、教育政策に関する記述も含まれていた。それは次の四点であった。(1)基礎教育の無償制の国家保障、(2)高等教育の無償制の廃止＝受益者負担、(3)教育の分権化、(4)企業家団体による労働者の教育訓練のためのセンターの設立[27]。ここには、やがて一九八〇年以降に導入されることになる教育政策を支える基本的理念のいくつかが、すでに表明されている。それぞれの要点を紹介しよう。

(1)と(2)は、教育への公費負担に関する見解である。この主張の前提には、教育費をだれが負担すべきかという問題にたいする彼らに共通する基本的な認識があるように思われる。高等教育論に見られるように、彼らは、家庭による子弟の教育への投資からの経済的収益率は高いので、教育は原則として、受益者負担にすべきであると主張する。すこし後になるが、シカゴ・ボーイズの一人であり、財務省の高官として教育財政改革を主導したジョフレは、彼らに共通する基本的な認識として次のような教育経済学的な見解を示している。

「家庭は、その一員、とりわけ子どもと若者を教育するために支出をする用意がある。多くの人々は、教育を受けた人間はより良い生活を実現し、欲求を充足するためのより多くの収入を得られるようになると信じているためである。そのため、家族の福祉を最大のものにしようとする家庭は、教育への支出を望ましいことであると考える。……実際に、教育は経済的に収益性のあるプロジェクトであるという一般的な認識が存在する。教育の効果として、生涯にわたって個人が受け取ることになる収入の格差は、教育を受けるために犠牲にしなければならない放棄所得を含めても、教育を受けるための現在のコストを上回るものとなる。したがって、家庭、少なくともその家族のいずれかは、教育に支出をする時、かかったコストよりも大きな金銭的利益を得ることができる。この利益のために費用を負担することができるのである」[28]。

このような教育への投資効果を確信し、そのための受益者負担を主張する彼らにとっても、基礎教育は例外的な取り扱いを必要とするものであった。報告書は次のように述べる。

「教育政策は、すべての市民に教育の機会の均等を保障することをめざさねばならない。各人がその人間的潜在能力を最大限に発展させることができるように。……教育政策は、最低水準の教育を、無償で保障するものでなければならない。というのも、それを通じて、国の社会・政治生活に、充分かつ責任をもって参加するのを可能にする市民としての基礎的な人間形成が達成されるからである。学校教育の実際的かつ直接的な利益は、より上級レベルの教育へのアクセスを可能にするものを除いて、比較的低いとみなされがちである。そのために、実質的な無償性を保障する必要がある。というのも、そうでないなら、収入が低く、文化的水準の低い階層に属する親は、子弟を学校に通わせせなくなるからである。こうした状態からは、親たちの文化・経済的水準が低いことによって、子どもたちの貧しさが継続するという状態が維持されるという悪循環が生み出される。また、この意味で、学校での給食プログラム――朝食と昼食――、教科書や文具の無償配布も支援の対象となる」[29]。

初等教育の経済的収益性は、家庭、とりわけ貧しい家庭には見えにくい。そのために、彼らに子弟を教育するための費用の負担を求めることは、彼らの子弟の就学を妨げることになる。そのことが、貧困の継続という悪循環を生み出すことになる。これは国家の介入を必要とする事態である。一方で、初等教育には、市民としての基礎的な人間形成のような重要な社会的機能（公益性）――彼らの師であるフリードマンの用語によれば「近隣社会効果」（neighborhood effect）――が大きく、このことが国家の教育費負担＝無償制の維持を正当化する論理となる。新自由主義的経済学の立場からしても、基礎教育への公的助成の継続は正当化された。フリードマンは、市民のための最低限の一般教育のために公的助成を行うことを理論的に正当化した。その上で彼は、その公的助成が公立校にのみ、それもかなり画一的に配分されている現状を批判し、そこに競争と選択という市場原理を導入することをめざして、教育バウチャー制度の導入を提唱した[30]。しかし、チリの弟子たちの報告書では、この一九七三年の段階では、そのことにはまだ触れられていない。

逆に、チリの大学教育の伝統となっていた高等教育の無償制は、彼らにとってはとうてい容認できないものであった。彼らはそれを強く批判した。

「より上級の教育――技術教育および専門教育――は、それを履修した者に直接的かつ歴然とした利益をもたらす。それゆえに、この種の教育の無償制は絶対に正当化されるものではない。事実、今日みられるような部分的な助成さえ正当化されえない。というのもそこに通うのは、主として大きな経済力を持ったグループであるからである。学生から高等教育の実費を徴収することは大きな利点を持つ。それは次のようなものである。

(1) 大学や専門学校の財政が相当に向上することになる。それによって、その能力を向上させ、提供する教育の質を改善することができる。

(2) 各高等教育機関が自前の収入で運営されるなら、そのサービスの質に留意するよう強いられることになる。というのも、学生はより良いものを選ぶからである。

(3) 教育のコストを知ることによって、学生たちは、それを利用するための努力を最大限に発揮することになる。こうして、長期に在籍する者がいなくなり、無為徒食のために大学に行くような者がいなくなる。

高等教育の実費を徴収するというこのシステムは、長期の奨学金とローンによって補完されねばならない。奨学金は、最も優秀な者のためであり、その経済的能力を適切に考慮する」[31]。

前述のように、それまでチリの高等教育界では、国立大学、私立大学をとわずに、財政的にはほぼ全面的に国家助成に依存し、私立大学を含めて、授業料を取らず、高等教育の無償制が維持されてきた。こうした事実を考慮するなら、高等教育の無償制を廃止するという主張は、チリにおいてはきわめてラディカルなものであった。彼らは、こうした思想をどのように形成してきたのか。彼らの主張する、大学教育への国庫助成廃止への理由付け、人的投資での収益論、授業料徴収を前提にした学生向けの融資制度の提案を、M・フリードマンの著作、そこに見られる高等教育および専門職業教育分野での教育財政論と引き較べて見ると32、両者の間での論理構成、制度構想の類似性は、きわめて明瞭である。次章で見るように、チリの教育バウチャー制度にたいする、フリードマンの影響力の大きさは明白であり、そのことはしばしば指摘されているが、高等教育運営の分野においてもシカゴ・ボーイズにたいするフリードマンの影響力はきわめて大きいものがあったと推測できるのである。

次に彼らが主張しているのは、教育省の官僚制と非効率性であり、その大胆な分権化であった。「公共セクターの中で、最も非効率的なセクターは教育の分野である。そこでは、極端な官僚制により、サービスの利用者（親や生徒）が、提供されつつある教育の質やタイプをコントロールできるようなメカニズムが存在しない。

その極端な硬直性は、さまざまな学校や教育機関が、教育事業が行われるそれぞれの特殊な環境に自らを適応させるための必要な調整を行うことを妨げている。……教育のコストを下げ、教育の質を改善するための最も適切な形態は、現在の機構のドラスティックな分権化であるとみなされる。地域社会が、それぞれの学校単位を運営することに直接かかわるようにすることである。この意味で、生徒の形成の直接的な責任は、学校コミュニティの手に置かれることになる。そのさまざまな階層（教員、父母、生徒、職員）と地域・近隣の当局を通じて、彼らが教育機関の長を選出し、職員を管理し、教育を統制し、自律的なかたちで決定を採択する。国家は教育省を通じて、全般的な政策の策定、学年進級とカリキュラムの最低基準の制定、教育を受ける者のための最低限のコストを資金調達する義務のみをその責務とすることになる。そのために、このコミュニティ・センターがそれらを運営できるように、市町村（municipalidades）に適切な資金を移管することになる。国家は、特定の地域あるいは特定のセンターに、その性質のゆえに、適切なサービスのために必要とされる特殊な補助金を与えることができる」33。

ここで、彼らが提唱している教育の分権化は、上述のような軍政が七〇年代に実施した教育の分権化とはかなりイメージの異なるものであった。またここでは、すでに一九七三年の段階でシカゴ・ボーイズは、国の管理してきた教育機関を、州や県のレベルではなく市町村に移管するという教育の分権化を構想していたことに注目しておこう。

最後の提案は、チリのように小規模の企業が多い国では、企業内において職能成長のための体系的な訓練を行うことが困難であるので、民間主導でセクター全体で取り組むタイプの教育訓練センターの設立が必要であることを提起したものである。

前述のように、軍政の教育政策の優先課題が、もっぱら教育の純化、イデオロギー的統制活動を強化することに置かれていた時期には、シカゴ・ボーイズの主張するような教育政策がただちに採用されることにはならなかった。だが、彼らはしだいに、こうした教育の政策に関してもピノチェットに耳を傾けさせるようになっていった。

軍事政権の教育政策の大きな転換点となったのは、一九七九年三月五日に、ピノチェット大統領が発表したいわゆる「教育に関する大統領指令」(Directiva Presidencial sobre Educación)であった。これは、それまで教育の権威的統制、規律強化以外には特に積極的な教育政策を提示してこなかった軍事政権が八〇年代を目前にして、はじめて包括的な教育政策の指針を明確にしたという意味で注目されるものであった。これに先立ち、一九七八年一二月にピノチェットは、クーデター以来、三人続いた軍人の教育相（いずれも海軍少将）に代えて、保守派の歴史学者のビアル(Gonzalo Vial)を教育相に任命していた。教育に関する大統領指令は、もちろん、大統領からの教育相への指令という形になっているが、指令の文章そのものはピノチェットの意を受ける形で、実質的には、ビアルの手によって起草されたことが知られている34。

指令はまず、「県教育事務所をベースに、急速かつ効果的な分権化が推進されるべきである。県教育事務所は、より多くの自治を持ち、当該県内において、現在教育省の所管にある就学前・基礎・中等教育を提供するために必要とされる物的資源(校舎、施設、教材)と人的資源(教員、補助教員、職員)を管理することになる。……教育省は、国家的な規範を策定し、それを監視することになる。教員の研修を除いて、学校の運営を行わないものとする」。これは、これまでの教育行政の地方分散化とは明らかに一線を画し、本来の意味での地方分権化(県レベル)への移行を指示するものである。さらに「県教育事務所の運営予算は、通学する生徒数に応じた金額となる。この額は、へき地での教育コストの高さを補償するために決められた傾斜配分の場合を除いて、各教育領域ごとに全国一律とされる」としている。一年後に導入されることになる、バウチャー制度による資金配分を示唆するものである。さらに、私立学校に関する部分では、私学への国家助成制度の継続や、施設設備の拡充のために国からの融資制度や一部補助の可能性について述べた後、「私立教育機関にたいして、カリキュラムや教育方法に関する実験や革新を可能にするようなより幅広い政策を遂行する。私学の設立のための行政的手続きを必要最小限にまで簡素化し、また私学と教育行政当局との関係を脱官僚制的なものに変える。全体的に言えば、教育の不足を補うために、国は私学教育を促進することになる」と述べる。これほどまでに明確に、国による私学教育への期待とその優遇措置を宣言したことは、おそらくチリの教育史上、はじめてのことである。

また、中等教育レベルの技術専門教育に関連する部分では、「この種の技術専門学校の移管を促進し完成させる。その移管は、民間人、あるいは、それぞれの専門分野の関連する法人にたいしてなされるべきである。その運営は、民間企業と連携されるべきである」とする。中等技術教育と労働市場との連携の目的の下に、一部の公立中等職業技術学校の運営を、企業家団体等の民間に委託する試みがすでに開始されていたが、指令は、さらにそうした動きを加速すべきことを命じている。また大学教育に関しては、高等教育全般の構造的な枠組みと大学やそれ以外の高等教育機関の組織と機能を規定する新しい「大学法」の制定をめざし、早急に特別委員会を設置することを命じている。大統領指令は、これらの課題について、それぞれ専門の委員会を設置して、一九七九年第2〜第3四半期までに（三〜六か月の期間で）、それぞれの点に関して、法律、規則類の制定の原案を大統領に提出するよう命じている。

また同時に発表された「教育相への書簡」では、より率直に次のよう述べている。

「これまで国家によって達成されてきた教育の規模、資金の不足、すでに実現されてきた事業を強固にすることの緊急性、同じように優先されねばならない他の社会的ニーズの存在を考慮するなら、国家がその教育事業をさらに一層拡張する可能性はあまりないと考えねばならない。したがって、民間セクターが教育事業に参加することが強力に支援されねばならない。このことは国家が、教育を拡充することをその主要な責任として放棄することを意味しない。国家は、教育に優先的な関心を持ちつづけるし、いつでも規範策定と指導監視の責任を保持しつづける。

国家は、基礎教育に重点を集中し、どのようなコストを払っても、すべてのチリ人がそれにアクセスし、それを効果的に身につけ、そして、良き労働者、良き市民、そして良き愛国者として形成されるようにするという歴史的法的責務を遂行する。

中等教育、そして特に高等教育は、若者にとって例外的な状態をなすものであり、それを享受する者は、努力してそれを勝ち取らねばならない。そして、その費用は、支払い能力のある者はそれを負担し、そうでないものは将来において国家社会に返還すべきものである」[35]。

「教育する国家」の理念の下に、国家主導型で教育の拡充整備を図ってきたチリの伝統からするなら、政府自らがあえて「国家は教育にたいする責任を放棄するものではない」と付言すること自体が、すでに姿勢の大きな転換を意味している。事実、国家の役割は、基礎教育の完全普及を保障することに限定されると明言する。中等教育や高等教育は、例外的な状況であり、それは受益者負担を原則とすべきという内容である。ちなみにこの当時、中等教育は、少数の一部の有償私立学校を除いて無償であり、さらに高等教育は、私立大学も含めて無償制が原則であった。

要するに大統領教育指令は、先に述べた補完原則を教育の分野にも適用することを宣言したものと言えよう[36]。上位の組織（国家）の教育への介入をできるかぎり縮小し、これを中間の組織（県）のレベルに分権化、さらにはより小さな単位への開放（民営化）、という構図である。この意味で、大統領指令の中核となる二つの理念は、分権化と民営化であった。分権化と民営化は同じ原則（国家の教育独占の打破）の中に位置づけられている。

教育に関する大統領指令の公表の直後、独立系の民間の教育研究機関ＣＩＤＥは、その機関誌『教育ノート』において、大統領指令にやや批判的な調子で解説を加えている。次頁の挿絵は、その雑誌に掲載されたものである[37]。

ずらりと並んだ各学校が、それぞれ売り込みの看板を掲げながら、児童生徒の登録受け付けを競い合っている絵柄であり、その解説には「民営化は、しだいに教育というものが、各社会階層がそれぞれの経済力に従って購入できるような商品に変わることを意味している。社会のあらゆる活動と同様に教育も、市場の法則に従属することになる」と記されている。父母のセリフは、「ウィンドー・ショッピングをつづけようか、それともこの場で、この

学校にこの子の登録をしましょうか」と語り合っている。わざわざ英語名の校名を掲げ、顧客にアピールしている学校まであり、後に現実となる姿をみごとに予測していたと言える。

第5節　一九八〇年憲法の制定とその教育条項

教育に関する大統領指令による軍政の教育政策に関する新しい理念は、当時、ほぼ平行する形で草案の作成が進んでいた一九八〇年憲法における教育に関する条項にも、影響を与えるものであったと思われる。一九八〇年憲法において教育に関する条項は、国民の権利と義務を定めた第Ⅲ章において次のように定められた[38]。

「第一九条一〇項」

教育の目的は、生涯のさまざまな段階における個人の全面的な発達である。

父母は、自らの子女を教育する優先的な権利と義務を有する。国家は、この権利の行使に特別の保護を与えることに責任がある。

基礎教育は義務である。全国民が基礎教育にアクセスするのを保障するために、国家はその無償制を確保するための財政支援をしなければならない。

同時に、あらゆるレベルの教育の発展を促進し、科学技術の研究、芸術的創造性、国の文化財の保護と増大を振興する責任は国家に属する。

教育の発展と向上に貢献することは地域社会の責務である。


「第一九条一一項」

教育の自由は、教育施設を開設し、組織し、維持する権利を含む。

教育の自由は、道徳、公序良俗、公共の秩序、国家安全保障に反しないかぎりいかなる制限も受けない。

公的な認証を受けた教育は、政党的および党派的傾向を助長することはできない。

父母は、自らの子弟のための教育施設を選択する権利を有する。

教育に関する憲法構成法は、基礎教育および中等教育の各段階において要求される最低基準を設定し、また、国家がその遂行を監督するために、一般的に適用される客観的な規準を定めるものとなる。同法は、あらゆるレベルの教育施設に公的な認証を与えるための要件を定めるものになる。


一九二五年憲法との比較で見るなら、一九八〇年憲法の教育条項の特色として、次のような点が指摘できると思われる。まず最初に、教育の目的に関する条文が憲法にはじめて設けられたことである。ただしこれは、生涯教育の理念と児童生徒の全面的な発達というきわめて簡潔なものである。伝統的な「教育する国家」像と「教育の自由」の理念の間のバランスという点から見るなら、八〇年憲法では明らかに前者の後退、後者の拡大という方向でその均衡の変化が見られる。一九二五年憲法では、同じように「優先的」(preferente)という用語が使われていたが、二五年憲法では、それは「教育は国家の優先的留意事項」と国家が主体とされていたのにたいして、新憲法では、「子弟を教育する優先的な権利」の主体は父母と明記されており、国家は、その父母の権利に「特別の保護」をする役割を与えられているのみである。国家が、無償制を保障するのは基礎教育のみであることを宣言する。また、教育制度全体の拡充、科学技術や芸術の振興、文化財保護にたいする国家の役割を明示しているものの、その条文では、「国家の仕事に属する」(corresponderá al Estado)と表現されている。スペイン語の法律用語について、筆者の知識は限られており、そのニュアンスの相違はわからないが、国家の役割についてややあいまいな表現であるという印象は残る。これにたいして、次の教育の振興にたいする地域社会の貢献に関しては、明確に「責務」(deber)であるという表現をしている。

一九二五年憲法では、「教育の自由」とただ一語、タイトルのように表記されていたのにたいして、新憲法では、一一項として別項を設けて「教育の自由」の内容に踏み込んでいる。それは、具体的には「教育機関の設立・運営の自由」であるとされた。ここでは、マルクス主義の浸透を警戒してか、政治イデオロギー的教化活動の禁止、公共の秩序や国家安全保障への脅威を排除しているものの、それ以外は「いかなる制限を設けない」ことを強調している。ここでは、「私立」と明示されてはいないが、宗教系、世俗系を問わず私立の教育機関を設立する自由を積極的に宣言していることは明らかである。教育の自由のもう一つの柱は「父母の学校選択の自由」である。チリの場合、わが国の公立学校の通学区制度のように、居住地をベースに、通学する公立学校を行政によって指定されるといったような厳格なシステムはもともと存在していないといわれるので、この場合の学校選択の自由は、私立学校を選択する自由のことを指していることは明らかである。一般に、私立学校の設立を容認する国の法体系の下では、そのコロラリーとして、父母の学校選択権を事実上の権利として認めており、それを教育法の条文として明記することはあまり多くないと思われる。チリの場合、父母の学校選択権が、教育関係法規どころか、さらに上位の憲法の条文に明記された権利として承認されたことになる。ともかく憲法の教育条項において、教育の自由をここまで具体的に明記している事例は、世界的にもあまり例がないように思われる。

また、一九八〇年憲法は、教育分野での憲法構成法（憲法の条文でその制定を約束した基本法）を制定して、教育機関の公的認証のための要件、各学校段階でのカリキュラムの最低水準、国による教育の運営・監督のための規準を設定することを要求していた。

第6節　教育改革の具体化にむけての作業

大統領指令を受けて、政府は一九八〇～八一年にかけて、各種の委員会を設置し、制度改革の具体化、法制化を急ぐ。この過程において、従来の教育改革の策定作業とまったく異なる現象がみられた。それは、教育省の官僚機構や教育学者たちという既存の教育関係者の関与を徹底的に回避するという政治的決定がなされていたことである。「彼らの参加は実質的にゼロであった。彼らは伝統的に左翼のシンパであり、現状維持を望む勢力であるということがその理由とされた」[39]。彼らこそが、従来の教育システムの非効率に責任があると考えられたからである。改革の具体化の作業は、財務省予算局長ファン・カルロス・メンデス（Juan Carlos Méndez）、国家開発計画局長官ミゲル・カスト（Miguel Kast）、教育省次官マリア・テレサ・インファンテ（María Tereza Infante）などシカゴ・ボーイズを中心とした経済学者や行政学者の手に委ねられたのである。「教育省は無視され、回避され、教員や官僚機構の反対は、決定済みのものにたいする反発として表明されるだけであった」[40]という。

政策は、少数の経済テクノクラートグループによって非公開で策定された。事前に制度構想や情報がマスコミや新聞、学界に公表され、自由な論議が展開されることはなかった。当時は国会も解散されており、法案が国会で審議されることもなかった。多くの父母や教育関係者もほとんど知らない間に、フリーハンドでラディカルな制度改革が構想された。また、通常、大規模な制度改革の際に見られるような、先導的な試行や段階的移行措置もほとんどなく、性急に実施に移されることとなった。

また、ピノチェットという絶対的な権力者の指令ながら、制度改革の具体化の過程で、政権を構成する軍部とネオリベラル派との間での、思惑の違いも表面化する。例えば、エスピノラは、教育の分権化をめぐる政権内での軋轢を次のように指摘している。

「軍部と経済チーム（テクノクラート）のメンバーの間では、分権化の必要について強い合意が存在したが、彼らは、まったく異なる理由から分権化を望んでいた。軍部は、この手段を政府権限の再配分の手段と理解したのにたいして、ネオリベラル派は、それを市場を通じて教育を規制するための手段と考えた。ネオリベラル派は、競争が可能となるようにできるだけ多くの学校を民営化し、それらを民間オーナーや関心のある父母グループ、教員の協同組合、企業家団体のような地域社会組織に移管することを望んだ。しかし軍部は、教育にたいする統制を維持することを望んでいた。というのも彼らは民間セクターに不信感を持ち、教育セクターにたいするコントロールを完全に失うことを恐れていたからである。最終的に、ネオリベラル派は、既存の学校の運営を中間レベルの国の機関に移管することに合意しなければならなかった」[41]。

ネオリベラル派の多くは、全面的な教育の民営化を主張していたが、国家安全保障、ジオポリティクスの論理にこだわる軍部は、急激な制度変革に躊躇した。政権内部での両者の交渉の結果は、大統領指令で論及されていた県レベルではなくさらに下の市町村レベルへの分権化ということで、ある種の妥協が成立する。こうしたこともあり、当時の議論においては、しばしば、分権化という言葉は、地方（州、県、市町村）への分権化という意味と民間セクターへの分権化という二つの概念を含んで使用されていた[42]。また、両者の間で、市町村への分権化は、将来の完全民営化にいたるまでの過度的な措置であるという暗黙の合意があったと考えるなら[43]、分権化と民営化は表裏一体のものであったと捉えることもできよう。

憲法で制定を約束した教育に関する憲法構成法は、すぐに制定されることはなかった。後に述べるように、この構成法が制定されたのはこの一〇年後、軍事政権による統治が終了するその前日のことであった。これに代わり国は、軍事政権特有の性急さと合理性によって、政策ごとに即時、機動的な対応ができるように個別的な政令を矢つぎ早に公布することで、短期間のうちに大規模な教育行財政の制度改革に乗り出した。一九七九年一二月に教育、保健のサービスの運営を市町村に移管することを定めた政令法第三〇六三号、八〇年一月に、中等職業技術学校の一部を民間の企業団体に運営を委託することを定めた政令法第三一六六号、六月に国家公務員（教員）の市町村移管・退職手当支給を定めた政令、九月にバウチャー方式による学校への国家助成制度を定めた政令法第三四七六号（国庫助成法）、同じく九月に早期移管を受け入れた市町村への優遇措置を定めた政令法第三四七七号、一二月には大学の再編のために大統領に政令策定権限を認めた政令法第三五四一号などが相次いで公布された。

むすび

チリにおいて一九八〇年という早い時期に、世界に先駆ける形で新自由主義的な教育政策が導入されることになる経緯について見てきた。そこには確かに、この国に特有の歴史的背景があった。新自由主義経済学研究の本拠とも言える米国シカゴ大学経済学部とこの国には歴史的接点があった。それはこの国に、シカゴ・ボーイズと呼ばれる経済テクノクラート人材のストックを生み出していた。一九七三年九月にクーデターによって誕生した軍事政権は、彼らを登用し、チリの経済再建と構造改革をその手に委ねた。軍事政権は、大統領のピノチェット将軍を頂点とし、軍事・治安面を担当する軍部・国家警察と経済・社会面を担当する経済テクノクラートの同盟関係を基盤とするものとなった。教育における国家原理と市場原理という本書の主題に則して要約するなら、チリにおける一六年半に及ぶ軍事政権の時代は、ほぼ一九八〇年を境に、国家原理が支配的であった七〇年代と市場原理が優位になった八〇年代に明確に二分できる。経済・財政の側面に関しては、クーデター後に軍事政権によって登用されたシカゴ・ボーイズの手によって市場原理が大幅に導入され、伝統的な国家主導型の経済運営は急速に姿を消しつつあった。だが教育の側面においては、「教育する国家」像に立脚する国家主導による教育の拡充の思潮に変わりはなかった。むしろ軍部は、国家安全保障のイデオロギー、反マルクス主義の立場から教育への介入と統制を強化した。

しかしながら、シカゴ・ボーイズの経済再建策がある程度奏功して経済が回復基調に乗り、また政権の長期安定化の展望が見えるようになるにつれて、教育政策にも変化が見られた。それは、政権内での発言力を増した経済テクノクラートたちが、自らの信奉する新自由主義的な市場原理を、教育を含む社会政策の分野にも適用することを主張しはじめたからである。一九七九年の大統領教育指令によってその路線は大統領の支持をえることになる。それは軍事政権特有の性急さと合理性によって、短期間のうちに大規模な教育行財政制度改革として実行に移されることになった。

〔注〕

1 深田祐介『革命商人』(上・下、新潮文庫) 新潮社 一九八二年

2 吉田秀穂『チリの民主化問題』 アジア経済研究所 一九九七年 六二頁

3 ピノチェット政権下での人権抑圧状況については、Ensalaco M., *Chile under Pinochet, Recovering the Truth* University of Pennsylvania Press 2000 や Constable P. & Valenzuela A., *A Nation of Enemies: Chile under Pinochet* W.W. Norton & Company 1991 に詳しい。

4 *Declaración de Principios de la Junta de Gobierno* Marzo de 1974

5 *Políticas Educationales del Gobierno de Chile* 1974

6 Nuñez P.I. (ed.), *Las Transformaciones Educacionales bajo el Régimen Militar Vol.1* PIIE 1984 p.163

7 Espínola V., *The Educational Reform of the Military Regime in Chile.* Ph.D. thesis, University of Wales 1993 p.70

8 Nuñez P.I., *op.cit.* 1984 pp.481-482

9 Espínola V., *op.cit.* 1993 pp.71-73

10 Nuñez P.I., "Problemas de Aplicación de la Reforma Educativa en Chile" *Planeación & Desarrollo* Vol.24-3 1993 pp.85-100 p.94

11 Echeverría R., "Política educacional y transformación del sistema de educación en Chile a Partir de 1973" *Revista Mexicana de Sociología* 1982 Num.2 pp.529-557 p.543

12 Nuñez P.I. (ed.), *Las Transformaciones Educacionales bajo el Régimen Militar Vol.2* PIIE 1984 pp.551-552 pp.571-572

13 Gauri V., *School Choice in Chile: Two Decades of Educational Reform* University of Pittsburgh Press 1998 p.76

14 Brunner J.J. et al., *Estado, Mercado y Conocimiento: Políticas y Resultados en la Educación Superior Chilena 1960-1990* FLACSO 1992 p.42

15 Brunner J.J., *Informe sobre la educación superior en Chile* FALCSO 1986 pp.42-43

16 Brunner et al., *op.cit.* 1992 p.43

17 Echeverría R., *op.cit.* 1982 p.539

18 Valdés J.G., *Pinochet's Economists: The Chicago School in Chile* Cambridge University Press 1995 p.115, 安井伸「チリとインドネシアの経済テクノクラート：大学間協定が自由主義経済改革に果たした役割」『ラテンアメリカ論集』Vol.36 二〇〇二年 四七～六一頁

19 Valdés J. G., *ibid.* 1995 p.206

20 De Castro S., *El Ladrillo: Bases de la Política Económica del Gobierno Militar Chileno.* Centro de Estudios Públicos 1992

21 Collier S & Sater W.F., *A History of Chile, 1808-2002* 2nd Edition Cambridge University Press 2004 p.364

22 Edwards S. & Cox A., *Monetarism and Liberalization: The Chilean Experiment* University of Chicago Press 1991 p.94

23 *Declaración de Principios de la Junta de Gobierno* Marzo de 1974

24 ラニー・エーベルシュタイン『最強の経済学者　ミルトン・フリードマン』日経BP社　二〇〇八年　二四三～二四四頁

25 竹内恒理「静かなる革命の担い手たち――チリにおけるシカゴ・ボーイズ」遅野井茂雄他編『ラテンアメリカ世界を生きる』新評論　二〇〇一年　一九三～二〇六頁

26 大阪経済法科大学比較憲法研究会『チリ共和国憲法一九八〇年』一九八〇年

27 De Castro S., *op.cit.* 1992 p.145-150

28 Jofré Geraldo, "El Sistema de Subvenciones en Educación: La Experiencia Chilena" *Revista de Estudios Públicos* No.32 1988 pp.193-237 pp.193-194

29 De Castro S., *op.cit.* 1992 pp.145-146

30 斉藤泰雄「M・フリードマンの『教育バウチャー論』再考」『国立教育政策研究所紀要』第136集　二〇〇七年　一四九～

一六四頁

31 De Castro S., *op.cit.* 1992 pp.1465-147

32 フリードマンの高等教育財政論は、ミルトン・フリードマン『資本主義と自由』(翻訳二〇〇八年)の一九一～二〇五頁、『選択の自由』(翻訳二〇〇二年)の四〇〇～四二五頁に詳しい。

33 De Castro S., *op.cit.* 1992 pp.148-149

34 Directiva Presidencial sobre Educación *El Mercurio* 6 de Marzo de 1979 軍政としてはめずらしく、本指令は新聞を通じて広く国民にも広報された。

35 Carta de S.E. al Ministro de Educación *El Mercurio* 6 de Marzo de 1979

36 Magendzo A. et.al., *La educación Particular y los Esquemas Privatizantes en Educación bajo un Estado Subsidiario (1973-1987)* PIIE 1988 pp.23-25

37 Cuaderno de Educación No. 92 Diciembre 1979 p.312

38 大阪経済法科大学比較憲法研究会『チリ共和国憲法一九八〇年』 一九八〇年。なお訳は一部修正した。

39 Larrañaga, O., The Decentralization of Education in Chile: An Economic Assessment *Revista de Estudios Públicos* No.64 1996 pp. 1-42 p.4

40 Espínola V., *op.cit.* 1993 p.84

41 Espínola V., *Ibid.* 1993 p.92

42 Espínola V., *Decentralización del Sistema Educativo en Chile: Impacto en la Gestión de las Escuelas.* World Bank 1997 p.2

43 Adeo-Richmond R., et al., “Changes in the Chilean Educational System during Eleven Years of Military Government; 1973-1984” in Brock C. and Lawlor H. (eds.), *Education in Latin America* Croom Helm 1985 pp.163-182 p.170; Nuñez P.I., *op.cit.* 1984 p.140

第四章　新自由主義的教育政策の導入

はじめに

一九七九年末から一九八〇年にかけて相次いで公布された一連の政令によって、具体的な形となって現れた教育改革の全体像は次のようなものであった。

(1)教育行政の地方分権化（国立の就学前、基礎教育、中等教育学校の管理・運営をすべて市町村に移管する）
(2)教員の非公務員化（身分を市町村に移管するとともに民間企業の労働法を適用する）
(3)一部の国立中等職業技術系学校の運営を民間の企業家団体・協会に直接委託
(4)バウチャー方式の国庫助成方式の導入（公立・私立をとわずに在籍生徒の数に応じて国庫助成金を配分する）
(5)全国的な学業成績評価システムの導入（父母に学校選択のための資料を提供する）
(6)高等教育制度の全面的な再編（高等教育機関設立の大幅な規制緩和、高等教育の多様化、国立大学の分権化と地方大学への再編、高等教育財政方式の転換）

上記のようにこの教育改革は、それを主導したシカゴ・ボーイズたちの関心のあり方を示すように、明らかに、教育の行政と財政の改革に主眼を置くものであった。これに対して、教育課程の編成や教授学習過程の改善には、ほとんど手が付けられることはなかった[1]。上記の諸政策は、相互に密接に関連するものとして、短期間に相前後して導入された。本章においてはまず、提示された上記の六つの方策について、政策導入の背景と、それぞれの制度的枠組みについて検討する。

第1節　教育の地方分権化＝基礎・中等教育機関の管理運営の自治体への移管

1　分権化政策導入の背景

改革の第一は、教育管理運営の大幅な地方分権化である。一九八〇年までのチリの教育制度は、きわめて中央集権的なものであった。少数の私立学校を除くすべての学校を教育省が直接的に運営し、教員はすべて国家公務員の身分であった。前述のように、六〇年代半ばから七〇年代初頭のフレイ、アジェンデ両政権期の教育の量的拡張政策、とりわけ国立の教育機関の量的拡張により、これを所管する教育省の組織や教職員の数は急拡大していた。一九七〇年代末には教育省の職員数は、全国の教職員数の約五分の一にあたる二万人を超えていた[2]。また、教育省の権限は広範にわたっていた。各種の法令規範を制定し、基礎教育・中等教育の国家カリキュラムを編成し、国立の教育機関を直接に運営し、校舎の建設・補修を行い、さらに、教科書・教材を作成し全国に配布し、全国の教員を雇用し給与を支払い、教員研修事業を企画実施し、さらに給食サービスを提供していた。このように肥大化し官僚制化した教育行政組織が、行政コストの高い組織となり、教育運営の効率性を低下させ、地方の教育要求にたいする迅速な対応を妨げているという批判はますます強くなっていた。

軍政自体、七〇年代には教育省の出先機関である州教育事務所、県教育事務所の機能を拡大して、事務遂行の分散化を図る、いわゆる教育の地方分散化（desconcentración）を遂行してきた。それはいわば、教育省の内部組織の間（本省と出先機関）で事務の再編成を行うという性格のものであった。しかし、新しい分権化構想は、それとは次元を異にするものであった。それは基本的に、教育省の所管する就学前教育、基礎教育、中等教育レベルのすべての学校の管理運営の権限を市町村に移管するというものであった。分権化のアイディアそのものは、当時にあってもめずらしいものではないが、学校の管理・運営の権限を、州や県という従来から教育省の出先の地方事務所が置かれていたところではなく、行政機構の末端の市町村に直接的に移管するというのは異例のものであった。

分権化の表向きの理由は、肥大して官僚制化した教育省の非効率性を排除し、教育を家庭や地域のコントロールに近づけ、市民の参加を拡大し、学校を地域社会のニーズにより効率よく迅速に対応させるというものであった。制度の設計者である新自由主義派のテクノクラートには、教育省そのものを含めて既存の教育界の利害関係者を、学校の管理・運営からできるだけ遠ざけようという意図が明らかであった。前述のように、彼らの希望は、教育の分権化よりも、むしろ民営化（国立学校の民間への売却、あるいは委託）の推進に傾いていた。しかしながら、彼らも国家安全保障やジオポリティクスの観点から、教育への国家管理の権限を喪失することに不安を抱く軍政内の保守派と、ある程度の妥協を図らねばならなかった。地方自治体（市町村）という、これまで教育省の出先組織がまったく存在しておらず、経営単位としても小さく経営効率も良いと考えられた行政単位への移管は、彼らにとっても許容しうるものであった。

軍部にとっても、市町村への教育管理の分権化は容認しうるものであった。クーデター以降、地方自治体の首長「アルカルデ」(Alcalde)は、大統領による直接的任命に切り替えられており(州知事「インテンデンテ」(Intendente)、県知事「ゴベルナドール」(Gobernador)は、従前から大統領の直接任命であった)、当時、その職には、ほとんど軍人か退役軍人が任命されていた。州・県・市町村は、軍政保守派が支配する内務省の管理下にあり、上意下達的な一元的な指揮命令系統の中に位置づけられていた。彼らにとっては、市町村への分権化は、組合を解散させられたとはいえ国家公務員として多くの構成員をもつ教員集団の組織力、発言力を弱体化させるために、これを三〇〇以上の自治体に分散させ、管理を容易にする教員対策があったことは公然の事実であった[3]。軍部は、将来の民営化に関しては、明白な見解を持っていたとは思われないが、教育行政の市町村への分権化は、将来の民営化を展望しての過渡的、中間的な段階であるとするネオリベラル派の主張には、異議を唱えなかった。後になっての関係者へのインタビューによれば、「政府の当局者の間では、民営化において完全な合意が存在していた。違いがあるとするなら、それは、その変革を実行するための、手続き、メカニズム、期間についてであった」という[4]。シカゴ・ボーイズからすれば、教育に関する知識やノウハウを持っているとは考えられない軍人出身の首長による教育運営が、遠からず行き詰まることを想定して、その後の民営化戦略を描いていたと言えるかもしれない。

ちなみに、チリは全部で一三の州からなり、それらが五一の県に分かれ、さらにそれらが三〇〇あまりの地方自治体(市町村)に分かれている。地方自治体はcomunaあるいはmunicipalidadと呼ばれており、そのため「分権化」descentralizaciónは、別名「市町村化」municipalizaciónと呼ばれた。ちなみに、チリの一九八〇年当時の人口は一、一〇〇万人と推定されているので、この時三二五あった自治体の人口は、単純平均して三万四、〇〇〇人規模ということになる。人口の最も多い首都サンティアゴは、行政上は、三二の自治体に分割されている。ここでは、地方自治体、あるいは市町村の名称を使うが、わが国のように自治体がその規模によって市・町・村と区別されることはない。

制度改革が動き出す直前の一九七九年一二月に、「教育に関する大統領指令」の執筆者であり、教育の民営化にむけての漸進的な移行論者といわれたゴンサロ・ビアル教育相が辞任し（軍政の人権侵害に抗議したものと言われている）、教育省次官であったアルフレド・プリエトが教育相に昇格した。プリエトは、ビアル以前の軍人教育相の時代から長らく次官をつとめ教育行政に精通しており、市町村への早期移管推進論者として知られていた。また、そのすこし前の一〇月には、シカゴ・ボーイズの一員であり、国家開発計画庁（ODEPLAN）に属していたマリア・テレサ・インファンテ女史が教育省に移動し、実務のトップである教育総局長に就任していた。証言によれば、一九八〇年一月に、プリエト教育相の私邸で開かれた教育相とその側近たちの会合において、市町村への移管を開始する最終的な決定がなされたとされている[5]。

2　移管のための制度的枠組み

一九七九年一二月二四日に政令法第三〇六三号（Decreto Ley-3063 通称 自治体歳入法）が公布され、教育、保健衛生、保育のサービスを国から自治体（市町村）に移管するための最初の法的枠組みがつくられた。同法の第三八条では、地方税の五〇％は、それぞれの自治体で固有に使用し、残りの五〇％は、全国すべての自治体の間で配分される「自治体共同基金」に組み入れられることなどを規定した後に「市町村は、公的セクターおよび民間セクターに属しているサービスを引き受けることができる。それらのサービスのために、自治体独自の資金を支出することができる」と規定していた。ややあいまいな表現で、国のサービスを引き受けることは自治体の任意であるとも読み取れる規定であるが、この規定により、教育サービスの自治体への移管が事実上、決定されたのである。翌一九八〇年六月一三日付け内務省公布の「法律の効力を持つ政令第一三〇六三号」(Decreto con Fuerza de Ley-13063 通称 市町村移管法)により、市町村への移管に関する手続き、国から移管されるサービス、資産、予算、職員などについての詳細な規定が定められた。同法は、九九年間の期限で、教育省の所持するすべての資産、設備、人員を、無償で市町村に移管することを定めていた。

教育行政に関するすべての権限が市町村に移管されたわけではない。移管されたのは、国立の教育機関(就学前・基礎・中等教育)の校舎と校地の管理権、校長・教員の人事権(雇用、解雇、昇給、昇進、研修)で、個々の教員の給与設定や配給品の購入の決定権限も自治体に移管された。一方、法令規範の制定、国家カリキュラムの制定、技術的な指導助言、全国的な教育評価の実施、さらに教科書の配布や貧困児童への給食プログラム、そして教育財政の権限は教育省(本省、州教育事務所、県教育事務所)に残された。古典的な分類に従うなら、教育の内的事項(教育の目的、内容、方法、評価に直接的に関連する事項)は教育省に残され、外的事項(施設設備管理、教職員人事)が地方自治体に移管された。ただし、チリの場合、一般的に外的事項に分類される教育財政(後に述べるバウチャー方式による資金配分と、その基盤となる児童生徒の出席簿の管理)が教育省の権限として残された点に特色がある。

国の教育サービスの移管手続きは次のように定められた。

(1)首長(市町村長)は、移管されるべき機関を特定して、内務省に申請を出す。
(2)首長は、教育省との間で、双方の権利と義務について合意するための協定を結ぶ。
(3)教育省は、移管のための政令を出す。
(4)各機関に国庫助成金を受け取る権限を認める。

3　民間教育法人による学校管理運営再委託の可能性

さらに、約三か月後に前記の「市町村移管法」に次のような条文が追加された。

第一二条　教育、保健、あるいは保育の分野でのサービスを引き受ける市町村は、その管理と運営のために、民法典の第一巻第XXXIII章の規範に基づいて、上記の各サービスに関心を持つ地域社会の組織とともに、一つあるいは複数の民間法人を設立することができる。あるいは、上記の管理・運営を営利を目的としない民間法人に委託することができる。市町村が設立する民間法人の規則においては、その代表者にはそれぞれの首長が就任し、彼はそれを適当とみなす人物に委託することができ、またその理事の数は五人を超えることができないことが明記されねばならない。

市町村は、上記の各サービスの管理を民間の法人に委託する市町村には、市町村の資産であれ、そのサービスのために使用賃貸契約によって国から移管されたものであれ、サービスに関連する不動産を使用貸借契約で民間法人に引き渡す権限が与えられる。

先の市町村移管法では、移管されるサービスを管理するための組織として、自治体の行政組織の中に、それぞれの担当部局を設けることが想定されていた。教育の場合でいえば、自治体教育行政部（Departamento de Administración de la Educación Municipal, ＤＡＥＭ）である。移管された公立学校の管理運営にあたるこの自治体教育行政部の長は、教員資格を持つ者でなければならないとされた点が、特色といえば特色であった。これに対して追加条項は、自治体が、移管された学校の管理運営を、さらに別の組織（民間法人組織）に委託することを可能にしたのである。この新しい受け皿となる法人組織は、自治体の首長が代表者になるとはいえ、法制上の地位は、民間法人（persona jurídica de derecho privado）とされたのである。したがってこの組織では、職員は自治体の公務員である必要もなかった。理念的には、日本に例えるなら独立行政法人による管理というよりは、むしろ民間法人への管理委託制度に近いものと言えようか。個々の教育施設の管理ではなく、自治体の教育機関全体の管理を、民間法人に委託するというこの方式は、おそらく当時は、世界的にも先例がなかったものと思われる。教育行政の市町村への移管では、軍政内の保守派に譲歩したかたちのネオリベラル派のテクノクラートであったが、将来の民営化を確実なものとする足掛かりとして、このような条項を、後から法令にすべり込ませたものと想定される。自治体の官僚組織よりも規制が少なく、自由裁量の余地の多い民間法人というオールタナティブな組織を認めることで、経営効率性を競い合わせようと意図したものと推定される。地方自治体と民間法人との間の、サービス管理の使用貸借契約の期限は九九年間とされ、事実上、無期限のものとされた。いずれにせよ、教育の管理運営を移管された各自治体は、ＤＡＥＭによってこれらを直接的に運営するか、民間法人組織にそれを再委託するかを選択しうることになったのである。

こうして、一九八〇年八月末までに、教育省の所管する中等教育以下の教育機関の管理運営を市町村に移管するのに必要とされる法令はすべて出そろったのである。

第２節　教員の非公務員化

さらに同政令には、移管される職員の身分に関して、次のような注目される規定（第四条）が含まれていた。

「市町村に移管されるサービスを担当する公共セクターの組織あるいは機関に属する職員は、それぞれの市町村に定められた最大職員定員の中に組み込まれるとは考えられない。

この職員には、一般の労働法典が適用されることになる。社会保障システム、雇用調整システム、および給与システムも、民間セクターに適用される規範によって運営されることになる。

にもかかわらず、現職の職員は、移管日から六か月以内に、社会保障システムおよび給与システムを現行のままつづけるか、新しいものにするかを選択することができる。選択は一回のみ認められ、社会保障と給与システムを分けて選択することはできない。上記の期限の間、職員は、旧来の社会保障システムと給与システムを保持する。上記の期間がすぎたら、選択権を行使しなかった職員は、あらたに配属された機関の社会保障と給与のシステムに転換する意思を持つものとみなされる」。

やや持って回った表現ながら、要するに、各種サービスの国から市町村への移管に伴って、市町村に移管される職員に関しては、従来の公務員法ではなく、民間企業の労働者むけの一般労働法が適用されることになるとされているのである。各地方自治体の職員定員に教員は算入されないものとされた。これに伴い、給与システム、社会保障と年金システム、労働調整システムも民間企業の労働者むけの規定が適用されるようになるという。移管される職員（この場合は教員）の非公務員化である。これは、「教員の雇用市場の弾力化」あるいは「自由化」と呼ばれた。その理由は、同時に推進された公立・私立学校への平等な国庫助成金の配分（バウチャー）の導入による学校間での生徒獲得競争によってもたらされる児童生徒の在籍状況の変化に、雇用調整を含めて柔軟に対処できるようにするためであるとされた。また、公務員としての画一的な給与体系ではなく、雇用主と被雇用者との間の交渉により、教員個々人の業績をベースに、それぞれの待遇や昇進に格差を設けることを可能にすることもその理由とされた。

ただし、上記のように公務員には、移管された後も、従来の公務員としての給与システムと社会保障制度の下にとどまるか（この場合、退職金は支給されない）、それとも、新しい給与体系、民間の運営する社会保障システムに移行するかを決定する六か月間の猶予が与えられた。この間に、移行の意志を表明しない者は、新体系に自動的に移るものとみなされた。政府の意図は、明らかに後者にあり、大多数の教員は、実質的に、後者の選択肢を選ぶことを余儀なくされた。国立の教育機関（就学前・基礎・中等教育）の校舎と校地は、それが所在する地方自治体に譲渡され、校長・教員の雇用と解雇の権限、教員個々人の給与の設定、配給品の購入決定権限も自治体に移管されることとなった。

移管は、それを希望し、準備の整った自治体からの申請を待って開始されるとされた。自治体の首長は、その推進に向けて行動を起こすよう命じられた。「分権化以前には、教員たちは、職業的安定と給与の点で、公行政組織の中で特権的な扱いを享受していた」[6]といわれる教員たちにとって、市町村への移管、それに伴う非公務員化は、きわめて深刻な労働条件の変化であった。しかしながら、軍政初期の一連の教員政策によって、教員組合としての集団的行動力や発言力を奪われていた教員たちは、これに組織的な抵抗や抗議をすることはできなかった。もう一方で政府は、教員の抵抗を緩和し、移管を促進するために、いくつかのインセンティブ策を導入した。

第一は、退職金（賠償金）の支払いである。政府は、国家公務員としての身分を放棄する見返りとして、退職金の支払いを約束した。それは、勤続年数に応じて、一年ごとに一か月分の給与に相当する額を支給するものであり、最大で二五か月分の給与額が上限とされた。これは、政府にとってはかなりの財政負担となる措置であったが、「この退職金は、多くの場合教員にとっては魅力的な額であり、教員の批判を和らげるものであった」[7]と言われる。

第二には、早期移管を実施する市町村への優遇措置である。これは、一九八〇年八月二九日公布の財務省の「政令法第三四七七号」(Decreto Ley-3477)の規定によるものであり、それには次のような規定がもうけられた。「共和国大統領は、財務省の政令を通じて、最終的な形で、教育の分野でのサービスを引き受ける市町村にたいして、一九八〇年の年度中に移管を引き受けたなら、移管されたサービスに関わる給与の年間費用の五%に相当する額を一回だけ特別に交付する。一九八一年度中に引き受ける市町村にたいしては、上記の支出の四%相当を、一九八二年度には三%に相当する額を特別に交付する」(第六条)。移管を早期に実行すればするほど、いわば、移管奨励金を上乗せして自治体に支給するというものである。

第三には、教員給与の額が引き上げられる可能性があるという説得である。第四節で述べる教育バウチャーとも関連するが、政府は、制度発足にあたって、生徒一人当たりの助成金の額を、従前よりもかなり割高に設定していたことである。助成金の主要な部分は、教員給与の原資となるものであり、上記の二点を含めてこれらの措置は、いずれも七〇年代末から八〇年初頭にかけて、チリの経済が好況(一九七五〜一九八一年の国民総生産の年平均増加率は七・二%)であったことから、教育財政の見通しで楽観的な予想が支配的であったことを背景としている。プリエト教育相自身、次のように述べていた。「現在、構想された新しい財政システムは、国の経済がそれを可能にするとするなら、将来、一人当たりの助成を引き上げることを可能にしている。実際にこの改善は、その主要な部分において、教員の給与を改善することに向けられるだろう」[8]。七〇年代末の経済好況は、こうした論議を説得力あるように見せていた。

第3節　中等職業技術学校の民間経営者団体への移管

教育行政の地方分権化政策によって、国立の就学前教育、基礎教育、中等教育レベルの学校の管理運営の権限は、市町村へ移管された。しかし、一部の機関は、その例外とされた。その一部とは、一定数の職業技術系の中等学校であり、それらは市町村にではなく、それぞれの専門分野と関連の深い業界団体、民間の企業家団体に直接委託されることになったのである。先に、市町村移管は、将来の民営化を視野に入れた過渡的な形態であると認識されていたこと、また、選択肢として、民間の法人への管理の委託の道まで開いたことを指摘したが、この職業技術系中等教育の民間企業団体への委託は、まさに民営化そのものに向かって確実な一歩を示すものであった。

クーデター以降、一九七〇年代からすでに国家開発計画庁といくつかの民間の企業団体との間では、中等レベルの職業技術学校と生産セクターとの間で連携・調整を深めようという構想のもとに協議が進められていた。彼らは、中堅レベル技術者の養成を目的とするこれらの技術系中等教育機関での教育の質に問題があり、産業界の求める雇用人材を生み出していないとして批判していたからである。このため、チリ大学経済学部にチリの職業教育の現状診断とその改革の可能性をさぐる調査研究が委託されていた。こうした研究成果を基にして、七〇年代後半から教育省では、民間の業界団体との間で、職業教育についての助言を求める協定の締結や、卒業生の雇用見通し等を協議する活動を開始していた。こうした戦略の一つとして構想されたのが、この種の中等学校の運営に、産業界の知識技能や経営のノウハウを直接に取り入れるというアイディアであった。このために、各種の業界団体に対して、それぞれの分野において、その専門教育の振興・普及に協力することを目的とする法人組織を設立することを要請することになった。このため、まず一九七六年九月に、大規模農業生産者の全国組織である「全国農業協会」(Sociedad Nacional de Agricultura, ＳＮＡ)が、「農村教育の社会的推進法人」(Corporación de Desarrollo Social de Educación Rural, ＣＯＤＥＳＳＥＲ)を創設した。その目的は、農業分野での職業研修と技術教育の振興であるとされた。

政府は、一九七七年一一月に政令法第一九九三号を定めて、共和国大統領に国有財産を、私人あるいは法人に直接的に売却する権限を付与した(第八四条)。また、この規定によって、国立の教育機関を使用貸借契約によって民間に委託することが可能とされた。早速、この規定により、一九七七年一二月に、サン・フェルルナンド農業学校の附属農場での生産のために、上記法人が助言を行うというパイロット事業の協定が締結される。

翌一九七八年には暫定的に、その他の三校の農業学校が上記の農村教育振興法人に委託された。また同年には、「製造業振興協会」の設立した工業教育振興法人に、首都圏の三校の工業学校が委託された。さらに、政府からの強い勧めにより、「チリ建築会議所」「商業会議所」「繊維業協会」「グラフィック印刷業協会」のようなその他の企業団体も相次いで、教育事業を推進することを目的に非営利型の民間法人を設立した[9]。

さきに引用した、一九七九年三月の「教育に関する大統領指令」がすでに、職業技術系学校の民間移管について言及し「職業技術系学校の移管を促進し、完成させ、その運営が民間企業と関連させられる」べきであるとしているのは、すでに開始されていたこうした実験と実績を踏まえての指令であった。大統領指令は、さらに一歩進めて、そのための法制の整備、制度化を指示していた。ちなみに一九八〇年当時、チリ全体で中等職業技術校は三七六校、約一七万人の生徒が在籍していた(これらの中には私立校も含まれていた)。

大統領指令から約一年後、市町村移管法よりもやや早く一九八〇年二月に、「政令法第三一六六号」(Decreto Ley-3166 通称「中等職業技術学校民間委託法」)、同年七月に同法の施行令が定められた[10]。同法はその目的を次のように定めた。

第一条　教育省は、国立の中等職業技術教育機関の管理を、公共セクターの機関、あるいは非営利法人に委託することができる。法人はその主要な目的が、各教育機関の設立によって追求されてきた目標と直接的な関係をもつとみなされねばならない。

上記の目的のために教育省は、上記の機関の運営のために必要とみなされる不動産の使用と施設設備の使用を可能にする契約を締結できる。

施行令によれば、機関の委託の手続きは次のように定められた。

・それぞれの州教育事務所を通じて、教育省に申請を提出する。
・教育省と関係する機関あるいは法人との間で協定を締結する。
・契約の期間は三年以上であり、双方の反対がなければ自動的に更新される。
・教育省は、これらの教育機関の運営のための資金を交付する。その額は一九八〇年時点の運営コストを超えないものとする。この額は、消費者物価指数の変化に従って毎年調整される。
・教育省は、教育方法や教授学習の過程の評価、および交付される国庫資金に関して、委託された施設への統制と指導を保持する。

・これらの機関で二〇年以上勤務した教員は、年金受給資格も持つ。

協定にはこれらの学校が、大統領によって示されるチリの教育の目的にそって教育事業を行い、約束通り職業技術教育の様式を維持すること、これらの学校にたいする教育省の統制と監視は、基本的に、他の私立教育機関に適用されるのと同じ法規に従うこと、承認された教育課程、評価基準と称号を採用することなどが盛り込まれた。また、管理が委託された教育機関は、課外活動の範囲で、通常の授業時間の外で、職業研修を実施できるとされた。ここでも委託される学校の教員は、公務員として身分を保持するか、国家公務員の身分を離れ、なお同校で勤務を継続するかの選択を迫られることになった。協定には、移管されることになる教職員の名簿も添えられた。

この法令の中で、特に注目すべきは、委託される学校に関する財政措置に関する規定である。ここでは、これらの学校の運営に対しては国庫からの直接助成が定められた。これは例外的な措置であり、ある種の特権といえるものであった。なぜなら、次節で見るように、国は市町村に移管される学校、助成を受ける私立学校に対しては、バウチャー方式で在籍数生徒数に応じて国庫から助成金を配分する方法を採用することになるからである。民間委託されるこれらの学校に関しては、バウチャー制度の枠外に置かれ、生徒獲得競争とは無関係に、国庫から安定した一括助成金が配分されたのである。同じような公費民営型の形態でも、助成私立校とは異なるかたちの国家助成方式であった。

第4節　教育バウチャーの導入と学校選択制の推進

周知のように教育バウチャーは、一九五〇年代から一九六〇年代のはじめにかけて、米国シカゴ大学の経済学者ミルトン・フリードマン（Milton Friedman）によって提唱された学校財政システムの革新理論である。それは、画一的・非効率的になりがちな公教育サービスの配給に、選択と競争という市場の特性を取り入れることを主張する。従来のように各学校（供給者）に公的な助成金を配分するのに代わって、学齢児を持つ親・保護者（需要者）に公的な教育経費分に相当するバウチャー（証票、クーポン券）を配る。親はそのバウチャーを使って、子どもを通わせる学校（公立校あるいは私立校）を自由に選択する。バウチャーを受領した学校は、それを管轄の行政機関に提出して換金し、学校運営の経費とするという方式である。親側には学校選択の幅を拡大することで教育への関心や満足度を高め、学校側には、より多くの父母や生徒の支持を獲得するために魅力のある学校づくりに向けての教育改善努力を促すものとして期待された[11]。それはラディカルな教育財政革新の理論の一つとして幅広く知られるようになった。しかし、実際の政策レベルでの採用・実施という点になると、教育バウチャーは、理論発祥の地である米国においても、きわめて限られてきたのが実情であった。一九七〇年代には、カリフォルニア州アラムロックにおいて、対象と期間を限定して試験的に導入されてきたが、宗教系の私立校への公的助成をめぐる憲法論議のみならず、運用をめぐる政治的・技術的な問題をめぐって論争が続いた[12]。教育バウチャーの提唱から二〇年以上をへた一九八〇年前後のこの時代においても、フリードマンは、教育バウチャーにたいする批判や懸念にたいする反論を提示しながら、教育バウチャーにたいする強い信念と期待を表明していた。

フリードマンは、チリのシカゴ・ボーイズが尊敬する共通の師であった。彼らは一九八〇年の改革において、このフリードマン流のバウチャーの理念を大幅に取り入れた学校財政制度を発足させた。これは、米国以外の地、それも開発途上国で教育バウチャー方式が導入されたものとして初めてであっただけでなく、国家的な規模でバウチャーが導入された世界でも最初の事例の一つとなった。

1　軍政による私学への国庫助成促進政策

教育の歴史的発展を概観した第一章で見たように、歴史的にチリにおいては、カトリック教会や修道会を後援者とした私立教育が、量的な面でも、公教育の中にあって、比較的重要な役割を果たしてきた。また、それらの学校にたいする国庫からの助成についても一九世紀以来の伝統があった。前述のように（第一章5節）、一九五一年には、その法制化（法律第九八六四号 Ley-456 通称「私学助成法」）が行われていた。この法律により、営利を目的としない無償制の私立学校にたいしては、生徒数に応じて、国立校での生徒一人当たりの教育コストの五〇％に相当する額が国家から助成された。その翌年には、授業料を徴収する有償私立学校にたいしても、国立校の二五％の助成金が授与されることになった。有償私立校に関しては、後に、アジェンデ政権期の一九七〇年の憲法改正によって助成が廃止されたが、それでも、これらの学校に対しても、特別に国から資金が助成されることもあったという。

しかしながら、こうした私学への国庫助成は、実際の運用では、私学関係者から見れば、さまざまな問題を抱えていた。実際の助成金の支給は、当該年度から一年遅れで支給され、それも、教育省の窓口担当者により時期も一定でなかったため、私学の校長は、陳情のため教育省詣でに追われたという。また彼らには、助成の基準となる国立校での生徒一人当たりの教育コストというものは知らされることはなく、その助成額を算出することが困難であった。また、一年後の支給時には、インフレの影響により、その実際の額は目減りしていたという[13]。

軍事政権は、アジェンデ政権のように私学を白眼視せず、むしろ、それを積極的に振興する姿勢を見せた。クーデターから一年後の一九七四年五月に、上述の私学助成法を廃止し、これに代わる新しい「政令法第四五六号」(Decreto Ley-456 通称「私学国庫助成法」)を公布した[14]。改正の焦点は次のようなものであった。まず、助成額算出の基準を明確にした。これまでの国立校での生徒一人あたりの教育コストというものに代えて、国立校の教員の月額基準俸給ベースに一定比率を乗じたものを助成価格単位として定め、これに生徒数を乗じたものを助成額としたのである。厳密には、生徒数は、登録在籍者数ではなく、各年度の最初の三か月間の生徒の実際の出席数を平均した数値が使われるものとされた。指定された農村地域にある私立校には、それぞれの助成額に二〇%の上乗せが定められた。また、助成は、当該年度分として前払いされるようにされた。受け取った助成金への免税措置が定められた。助成の対象となる私立校は、教育省の設定するカリキュラム要件やインフラ整備の基準に準拠すること、一学級当たりの生徒数の基準を遵守すること、無償で教育を提供することなどを条件に、県教育事務所から「国の教育機能の協力者」(cooperadores de la función educacional de Estado)であるとの承認を受けることが必要とされた。私学側からすれば、助成額の予測可能性と支給の安定化という点ではかなりの改善が見られたと言えるだろう。なお、有償制のエリート私学への国庫助成は復活されることはなく、無償制を私学助成の条件とする原則は維持された[15]。助成額の計算に、在籍生徒数ではなく、実際の出席率を使用することは、これらの学校での生徒の出席管理を厳密にさせ、それによって中途退学や留年の発生を減らすという効果を期待してのことであった。

さらに、一九七八年一二月に、私立校への支援を強化するという理念の下に、再度、私学国庫助成法が改正された(Decreto Ley-2438)。ここでは、助成金算定のベースになる助成単価がより詳細に定められた。すなわち基礎教育、基礎特殊教育、基礎成人教育、普通中等教育、中等職業技術教育(産業、農業、技術、商業の分野別)ごとに、さらに学年別、授業時間帯別（昼間、午後および夜間）に生徒一人当たりの助成単位が明確に金額で示された。上級学年ほど単価が高く、昼間コースは午後や夜間よりも単価が高かった。生徒数として、平均出席率を使用することは変わらないが、助成金の支払いは年間合わせて一括ではなく、二か月に一回の年六回の支給となった。この間の平均出席率の変化は、当然、助成額の変化に反映されることになる。学校に対しては、毎月の出席状況の報告が求められた。虚偽報告にたいしては、制裁金の徴収から助成受給資格の停止まで処罰が規定された。また、国庫助成を受ける私立校は、無償制が原則であることにかわりはないが、中等学校に関しては、月間三〇〇ペソを超えない範囲で、保護者から授業料を徴収することが認められた。

こうした措置による助成金の引き上げにより、無償制の私立校への国庫助成は、国立校に通う生徒一人当たりのコストの九〇％ちかくにまで達していたと言われている[15]。このように、七〇年代末までにすでにチリにおいては、私立学校への国庫助成に関しては、八〇年代のバウチャー制度の下での国庫助成と実態においてはそれほど相違のない制度が準備されていた。

一方、国立校の場合は、国庫助成の基準は必ずしも明確なものではなかった。教員給与は、国家公務員としての統一的な給与表が適用されていたため、ほぼ教員の定数と等級をベースに算出さていたものと推定される。クーデター以前には、全国的な教員組合が教育省と中央レベルで直接的な団体交渉を行って、予算配分に影響力を及ぼすこともあった。各学校への予算配分は、その学校の伝統や前年度の実績、施設設備の規模などを踏まえてかなり大まかに決定されていた。生徒数に増減があったとしても、それが予算配分に直接的に連動されることはなく、変化があるとしても、かなりの時間的なズレがあったという。したがって、国立校での生徒一人当たりの公的助成額は、各学校によってかなりの相違のあるものであった。

ここで、再度確認するが、これまでチリには次の三種類の学校と異なる助成方式が存在していた。すなわち、(1)公立校、一九八〇年の地方分権化以前は国立校であり公費公営型、(2)助成私立校、私立校でありながら国の助成を受ける学校で半公費民営型、(3)有償私立校、高額の授業料を徴収し国庫補助を受けないエリート系独立私立校で民費民営型、の三種類である。助成私立校は、授業料を徴収しない代わりに国からの助成を受ける。これらの学校には、公立校のほぼ半額ほどの助成金が支給された。これらの学校は大部分がカトリック教会や非営利財団等が運営するものであり、運営費用はこれらのスポンサー機関が提供する寄付金等によって補完されていた。在籍児童生徒数の比率で見ると、一九八〇年現在、三者の比率は、ほぼ八〇%、一五%、五%という割合であった。

2　教育バウチャーの制度設計

一九八〇年九月四日、チリの教育バウチャーの制度を規定した「政令法第三四七六号」(Derecto Ley-3476 通称、教育国庫助成法)が公布された[16]。新しい教育国庫助成法の中心となる柱は次の二点であった。第一に、助成私立校への助成の格差を廃止したことである。徐々にその差が縮小されてきたとはいえ、歴史的にみれば常に存在していた国立校と助成私立校との助成格差をなくし、両者をはじめて同等の水準に位置付けたのである。第二の、そして、まさにこの改革の中心と位置付けられたものは、従来、助成私学校にのみ適用されていた国庫助成算定方式を、国立校(公立校)全体にまで、同じ条件で適用することになったことである。従来、助成私立校という少数の機関を対象としてきた国庫助成方式を、多数派である公立校にも適用を拡大することで、国家的規模にスケール・アップしたことである。私学助成政策の枠を超えた大きな政策転換であり、挑戦であったことは明らかである。

こうした政策を採用した政府の意図は、どこにあったのか。この法律の制定の過程において、どのような議論が展開され、どのような制度設計が検討されたかについては、ほとんどわかっていない。この時期相次いで公布された他の教育改革関連の法律と同じように、法律は、少数の経済テクノクラート・グループによって非公開で策定され、自由な論議が展開されることはなかったからである。ちなみに、本法の制定を所管したのは上記の私学助成法の場合では教育省であったが、今回の所管は財務省であった。

財務省の高官として、教育バウチャーの制度設計にあたったシカゴ・ボーイズの一人は、後に証言して、バウチャー導入によって期待した効果を次のように述べている。

「こうした方式を支える基本的な考えは、次のようなものである。より良いサービスを提供する教育機関は、より多くの生徒を獲得することになる。その収入は、獲得した生徒の数に依存するので、その機関は、その質を最大限に良いものにしようとするインセンティブを与えられる。しかし一方で、その機関がその活動を展開するために用いるすべての資金は、入学させた生徒を通じて獲得される。それゆえに、最高の質の探求とコスト低減化との均衡をとらねばならない。その機関が質＝コスト関係を最適化するのに成功すればするほど、最大の余剰が得られることになり、そのために、その活動を拡張する余地が得られることになる。非効率的な教育機関には、逆の結果が生じ、それは消滅の憂き目にあうかもしれない。それゆえに、この方式は、国が教育分野に支出する資金を一定にしたままで、国の教育システム全体のレベルで、教育の質を極大化することを促進する」17。

公立校を含めて、コスト効率の意識が高まることによる教育の効率性の向上、生徒獲得競争の激化が各学校に教育の質の向上への意欲と努力を生み出すことになるといった主張であり、その経済学的表現とともに、やはり、フリードマンの影響をほうふつとさせるものである。

もう一人、当時の教育相であったプリエトは、父母の学校選択権を強調しながら、その効果を次のように述べていた。

「私立校と市町村の管理下にある学校にたいして同じ助成のシステムを適用することは、事実上、ある程度の競争を生み出す。これは、大都市においてより大きく生ずる。もし父母が、ある助成私立校で自分の子弟が受けている教育の質に納得できないなら、年度末にそこを退学し、公立校に転校させることができるし、逆の場合もありうる。いずれの場合も、金銭的な負担はなく、国家が子弟の通う学校に助成金を支払う。すなわち、もし特定の学校がその教育の質を低下させれば、より良い質の教育を提供する他の学校への転校ということによって、その管理者は生徒を失うことになる。国家には余分な費用はかからない、利益を得るのは生徒であり、余分な負担なしにより良質の教育を受けることができる。上記のシステムは、父母がその子弟を教育することに関して持つ優先的な権利と義務を、より現実的なものとすることを可能にする」18。

実際に設計されたチリの教育バウチャー制度は、フリードマンの提唱したモデルとはやや異なる特色を持っていた。第一に、それは、父母・保護者に個別にバウチャーを配り、各学校がそれを集めて現金に換金するというものではなく、入学者を獲得した学校に直接的に国庫から現金(小切手)が振り込まれる方式を採用した。したがってここでは、バウチャーという有価証券そのものは発行されていない。これは、バウチャーが教育以外の目的で市場で取り引きされるリスクを回避するためであったという19。

第二に、一部の学校をバウチャーの対象外としていることである。従来から国家補助を受けていなかった独立私立校は除かれた。また、前節で述べた、民間の企業家団体に直接的に管理を委託した一部の職業技術系の中等学校もこのバウチャーの対象外とされた。これらの企業委託学校は、バウチャーによってではなく、従来からの年次助成金によって運営された。しかしながら、独立私立校に在籍する生徒の比率は、基礎教育および中等教育の児童・生徒全体のわずかに五～六％、企業委託学校在籍者も二％たらずであり、残りの九〇％以上の公立校と助成私立校在籍者はバウチャーの対象とされた。このため、チリのバウチャーは、少なくとも国家的規模のバウチャーであると呼んでも異論はないものと思われる。

第三に、チリの制度は、厳密には、各学校の在籍生徒数によってではなく、実際の出席者数によって計算され、また助成金も年一回一括にではなく毎月ごとに配分されるものとされた。

第四に、フリードマンの主張では、私立学校は、バウチャーを受給するとともに、自助努力として授業料を含む独自の追加収入源を持つことを認められるとされていたのに対して、チリでは、あくまで無償制の原則が打ち立てられた。おそらくこれは、チリにおける私学助成の伝統であり、また、公立校と私立校の間にできるかぎり同じ土俵を設定して、競争をさせるという理念を優先させたためではないかと推測される。父母側に対しては、追加の自己負担なく私立校を選択できることをアピールする狙いがあったと思われる（この助成私立校での無償制の原則が変更され、授業料徴収が認められるのは、制度発足後一三年が経過してからのことであった）。

制度発足当初、児童生徒一人当たりのバウチャーの額（国庫助成水準）は、学校の学年、提供する教育の種類、二部制授業による教育コストの格差を考慮して、それぞれ、**表4-1**のように設定された（第四条）。また、これま

表 4–1　児童・生徒一人当たりの月間助成金の額（換算単位）

学校・学年・時間帯の種類	児童・生徒一人当たりの月間助成額
基礎教育（第 1、第 2 学年）	0. 46 単位
基礎教育（第 3 ～第 5 学年）	0. 52 単位
基礎教育（第 6 ～第 8 学年）	0. 56 単位
基礎教育段階の特殊教育	1. 17 単位
成人基礎教育	0. 16 単位
文理系中等教育（昼間制）	0. 63 単位
（午後および夜間制）	0. 19 単位
職業技術系中等教育（昼間、第 1、第 2 学年）	0. 37 単位
（昼間、第 3 ～ 5 学年）	0. 63 単位
（午後および夜間制）	0. 19 単位

〈資料〉政令法 DL-3476（1980 年 8 月公布）第 4 条の規定
（注）1 単位を何ペソとするかは毎年政令で規定する。

でと同様に、へき地に指定された地域の学校には助成額の割増が規定された（第五条）。国庫助成は、生徒一人当たりの月間助成単位（Unidad Tributaria Mensual, ＵＴＭ）を基準にして定められた。先の政府高官の証言によれば、当初の助成基準は、当時、チリの経済が好調な状態にあったことを背景に、また、ほとんど同時に着手されていた教育の分権化＝市町村への移管をより迅速に進めるために、かなり高めに設定したという。公立校では、従来設定されていた水準をほぼ三〇％上回るよう設定されたというし、助成私立校ではそれが六〇％増になったという[20]。とりわけ私学にとっては、国家助成の条件が格段に改善されたことになる。市町村、助成私立校は、教育省の予算によってカバーすることが継続された教科書や学校給食の費目を除いて、経常経費として最大の費目となる教員給与をはじめ教材費、校舎の維持管理などの費用をバウチャーによる収入でまかなった。公立校に関しては、校舎の建築や修復の費用は公的な「地域開発基金」から提供されるが、新設の私立助成校では、校舎建設のローンの支払いなどもバウチャー収入でまかなうことになる。なお、助成の基準となる助成単位は、インフレ率を考慮した物価スライド制で自動的に調整されるとされていた。

　こうしたことから、少なくともバウチャー制度導入の時点では、政府の側に、この方式の採用によって政府の教育費支出の削減を図るという意図は感じられなかった。各市町村は、基本的に、このバウチャー収入によって公立校の管理運営費をまかなうことになるが、市町村独自の予算から教育支援のための費用を支出し、これに上乗せすることは認められた。

前述のように助成は、各学校の生徒在籍者数によってではなく、毎月の実際の出席者数をチェックして、月ごとに国庫から助成私立校や自治体の口座に振り込まれる（第六条）という厳密なものであった。各学校は、前月の生徒の出席簿を県教育事務所に提出することを要求された。県視学は、抜き打ちで学校を訪問し、提出された出席簿と実際の状況の食い違いを査察した。違反や虚偽申告は、罰金や助成金の減額、さらには助成校資格の取り消しなど処罰の対象とされた（第九条）。法律では、「バウチャー」という言葉は使用されていない。それは、「生徒一人当たりの助成」（subvención por alumno）と表現された。しかしながら、こうした制度が米国のバウチャーをモデルにするものであることが知られてくるにつれて、チリでもこの種の制度について言及する時、外来語である"vouchers"がそのまま使用されるようになっていった。

一九七九年の大統領指令は、すでに「私立学校にたいする行政的要求を最低限のものとし、これらの機関と教育省、州・県教育事務所との関係を脱官僚制化する」ことを命じていた。教育省の姿勢も変化が見られた。プリエト教育相は次のように述べている。「教育当局が要求してきた多量の文書や情報の請求を取りやめる規定が制定されてきた。こうした過大な役所的な請求は、無数の申請書を書き上げるために学校に多くの時間を浪費させるが、それらの多くはだれも読みもしないものであった。これを機に、学校に対してどのような文書が必要とされ、情報を作成し、本当に不可欠である申請書を提出する期限が定められた……私学の創設は、遂行しなければならない要件に関しては、比較的、容易なものである」21。

私学の設置申請手続きの簡素化とともに、助成私学の立場からすれば、以前と較べればはるかに魅力的な水準に引き上げられた国家助成がインセンティブとなり、新たに私学経営に参入するものが相次いだ。従来からの宗教系あるいは非営利型の財団が運営するものに加えて、既存の公立校のあり方に不満を持つ教員グループが退職金などを元手に独立して参入したり、新しいビジネス・チャンスとして営利追求型の助成私学の経営に参入する者が増えたからである。同一経営者が各地に数多くの系列校を展開する教育コングロマリットと呼ばれるものも出現した[22]。一方、父母にとっては、公費民営型のこの種の学校が増加することは、学校選択の幅を広げるものであった。実際に、多くの親がこの新しい学校選択の権利を行使しはじめた。

第5節　全国的学力試験システムの導入

バウチャーによる父母への学校選択の機会の拡大は、その前提条件として、保護者たちに、自分たちの子弟を通わせる学校を選択するための適切かつ充分な情報が提供されることを必要とする。とりわけ、各学校において提供される教育の質＝学業成績についての情報は不可欠とされる。このため政府は、その結果を全国の父母にたいして公表することを主目的に、全国的な児童を対象とした学力試験システムを導入することを決定する。教育省は、その開発と実施をチリ・カトリック大学に委託する。カトリック大学で開発された試験は、「学校成績評価プログラム」(Programa de Evaluación del Rendimiento Escolar, ＰＥＲ)と呼ばれるものであり、基礎学校の第四学年と、最終第八学年のすべての児童を対象に、スペイン語と算数の二科目について、児童の学力試験を行うものであった。一九八一年に、試験的に開始されたのに続いて、翌一九八二年から、実施が困難な少数のへき地の学校を除いて、ほぼ全国を網羅するかたちで、正式に、PER試験が実施されることになった。この種の大規模かつ継続的な全国的な児童の学力評価試験システムは、これまで前例のないものであった。「チリは、学習成果の大規模な測定ということを、他のラテンアメリカ諸国と較べて一五年早く開始していた」[23]と言われている。

九〇年代になってラテンアメリカ各国でも、学力試験にたいする関心が高まり、全国的な評価試験システムを導入する国が増えてきている。こうした評価システムにおいては、児童の学業成績の継続的なモニター、それらのデータをベースにした教育課程の改訂や教科書や教授法の改革、さらには、成績の低い児童グループや低学力校をターゲットとした補償的対策などの導入など、教育政策や教育実践へのフィードバックが学力試験実施の主たる目的と主張されることが多い。これにたいして、チリのシステムにおいては、その主たる動機が、父母の学校選択のための判断材料を提供することとされていたのである。

一方、上記のような既得権益を剥奪されるような急激な制度改革の中に巻き込まれていた教員たちは、こうした共通学力試験の結果が一人歩きして、教員個々人の評価や待遇に結び付けられるようになることに、強い警戒感を抱いた。教員たちは、結果の公表に反対した。

第6節　新自由主義的高等教育政策の導入

1　高等教育改革の基本的方針

前述のように、一九七三年九月一一日の軍事クーデターの後、大学は軍政の厳しい監視下に置かれることになった。軍人が学長に任命され、その下で、大学関係者の「粛清」「純化」が断行された。ある研究者は、七〇年代の軍事政権前半の高等教育政策を「中性子爆弾政策」(a neutron bomb policy)と呼んだ[24]。これは、既存の制度的な枠組みをほとんど破壊することなしに、そこにいる人員にのみダメージを与えたという意味である。また、高等教育関連の予算も削減され、七〇年代初頭まで急速な進展をみせてきた高等教育の量的拡張にも歯止めがかけられた。強圧的な軍事政権の下に、アジェンデ政権末期にみられた慢性的な騒乱状況は統制され秩序を回復するものの、チリの大学は活力を失い、停滞状況に陥った。ここまでは、いわゆる新自由主義的政策は、ほとんど姿をあらわしてはいない。

一九七九年の教育に関する大統領指令を契機にして、軍政の教育政策が新自由主義的路線に大きく方向転換するにつれて、高等教育分野でも、シカゴ・ボーイズが描いた青写真をもとに高等教育の「近代化」が推進されることになる。

一九八〇年一二月に公布された「政令法3541号」(Derecto Ley-3541)は、共和国大統領にたいして「一年以内に、チリ大学を含めて国の大学を再編する」権限を付与し、それは教育省からの一連の政令を通じて実行されるとした[25]。年が明けて一九八一年一月六日、政府は「新しい大学法制に関する内務省宣言」(Declaración del Ministerio del Interior sobre la Nueva Legislación Universitaria)を発表し[26]、高等教育政策の基本方針と制度改革の概要を明らかにする。この大学改革に関する政府宣言が、教育相によってではなく、内務相によって発表された理由は不明である。おそらくこの時期までの大学行政は、上記のような状況に置かれてきたことから、大学は、教育省というよりはむしろ国内治安を担当する内務省ルートによって管轄されてきたことを示しているように思われる。それはともかく、その要点は次のようなものであった。宣言は、まず、「大学の活動を正常化するために努力してきた時期はすぎ、いまやチリの高等教育の将来を安定した形で規定する、全体的な法的規範の制定に向けて前進することが必要不可欠になってきた」と述べ、大学政策の焦点が、緊急の治安対策的なものから、高等教育制度全体の構造的な再編の段階に移ったことを宣言する。先の「教育に関する大統領指令」では、そのために、単一の包括的な「大学法」の制定を命じていた。だが宣言では、「高等教育の分野の重大性、複雑性、規模の大きさ、さらには、それを法制的に定義することの緊急性のゆえに」単一の包括的な大学法制定の方針を断念し、関連する個別的なテーマごとに、別個に一連の政令を公布する方式で、機動的に対応することになったと述べる。このために、軍事評議会から、特例として、向こう一年間を期限に、「法律の効力を持った政令」を公布する権限を与えられたことを明らかにする。

続いて宣言は、既存のチリの大学制度について次のような現状診断と批判的見解を表明する。既存のチリの大学制度は「閉鎖的かつ独占的な性格のものである」とする。なぜなら、「それは、伝統的な八校の大学だけで構成され、それらは、国家からの助成金を独占し、それを相互に分け合い、既得権益を守るために高等教育への新規参入を脅威とみなし、それを阻んでいる」という。「大学自治の伝統と、高等教育向けの資源の効果を評価することが難しかったために、国家は大学向けの交付資金の使用に関して直接的なコントロールを行使することができなかった。さらに、大学間での競争を通じて間接的にコントロールするという手段も欠如していたため、大学は、国家から安定した多額の資金助成を享受しながら、あらゆるコントロールも免れるという国の中でも特権的な機関となってきた」という。

また現在の大学システムは、次のような状況を増進させていると指摘する。

(1)大学間での競争的な努力を回避する傾向。それは、学位や資格を同一化する、相互協定によって学生定員を配分する、国からのより多くの経済的支援を獲得するために共同して圧力をかける、などむしろ逆の方向を追求している。

(2)かならずしも大学の水準であることを要しないコースの拡張。すべての学部、コースは、その活動が到達する水準にかかわらず、活動を財政的に保証されているからである。

(3)その結果として生じた、いくつかの大学の無秩序かつ桁外れの拡張。それは巨大というレベルにまで達し、その効率的かつ良好な運営を事実上不可能にしてきた。

(4)大学の政治的権力獲得のための拠点への転換。質という要求において実質的になんらコントロールを受けることがないので、学術生活を偽装しながら政治活動のための資金を得ることをめざす機関へと成り果てた。

(5)拡張であれ縮小であれ、すべての大学の命運を政治権力の裁量しだいに委ねるという態度。

これにたいし、新しい高等教育体制は、「基本的に、われわれの高等教育の構造を開かれたものとすることを目指す」とする。そのようにして、「教育の自由をより強固なものとし、また、学問的質を向上させるために競争的な要素を導入する」ことが必要であると述べる。そのために、基本的に次の四つの方策が用意されるとする。すなわち、(1)非大学型の高等教育機関の導入、(2)新しい大学の設立、(3)新しい高等教育財政方式の導入、(4)大学の合理化、である。

宣言に続いて、一九八一年一月から四月にかけて、合計二四本の高等教育関連の政令(法律の効力を持った政令)が矢継ぎ早に発せられ、制度改革の具体像が示された[27]。それは全体として「ラテンアメリカ地域の国家的高等教育システムの中において、かつて試みられた中で最もラディカルな改革」[28]と呼ばれるものとなった。

2　導入された制度改革

第一に、高等教育機関の種類の多様化が導入された。これまでは大学が唯一の高等教育の形態であった。この改革により、「大学」(Universidad)の他に、二種類の高等教育機関、「高等専門学校」(Instituto Profesional, ＩＰ)と「技術教育センター」(Centro de Formación Técnica, ＣＦＴ)が新たに承認されることになった。それぞれの役割、性格は次のように規定された。大学は、五〜七年の長期の学士学位(リセンシアトゥーラ)課程を提供するものであり、またこの学位の取得を基礎資格とする一二種類の専門職資格(títulos profesionales)を授与する。また大学のみが大学院コースを提供できる。高等専門学校は、四年制の課程であり、大学でのリセンシアトゥーラ学位の取得を前提としないその他の種類の専門資格コースを提供する。技術教育センターは、二年間の短期職業教育課程であり、「高等技術者」(títulos de técnico de nivel superior)の資格を提供する。就業年限の違いと提供する学位・資格の序列によって区分された、三類型重層構造型の高等教育システムへと転換されることになった。さまざまに異なる人材市場の需要に対して高等教育がより敏速に対応できるようにすることがその理由とされた。増大する高等教育進学需要をこれらの新しい類型の高等教育機関で吸収しながら、大学には伝統的で名声のある専門職資格の授与を独占させることで、エリート養成の機能を維持させている。

大学が提供を独占することが許されたリセンシア学位の取得を前提とする専門職資格は、法律家、建築士、生化学者、歯科医師、農業技師、土木技師、商業技師、林業技師、外科医師、獣医師、心理士、薬剤師の一二種類の専門職資格であった。大学はこの一二種類の専門職資格の取得につながるコースの他にも哲学、歴史、言語、芸術のような多様なコースを開設しうるし、高等専門学校と同じ四年制の専門職資格のコース、さらに二年制の高等技術者資格のコースも提供できるとされた。高等専門学校も、提供するコースと同じ分野で二年制コースを併設できるとされた。しかし、これら三類型の高等教育機関の間での学生の転移は不可能であった。

第二に、これと関連して、高等教育機関、とりわけ私立の機関を設立するための手続き、要件が大幅に簡素化され、「最低限のまったく形式的な」要件を充たすことで高等教育機関を設立することが可能とされた。伝統的八大学による独占体制を打破し、高等教育の市場をより開かれた競争的なものにすることが目的とされた。私立大学を設立しようとするものは、非営利型の民間法人格、高等専門学校と技術教育センターの設置には、(営利追求も可能な)民間法人格が教育省から認可された。ただし、私立大学と私立高等専門学校の設立に際しては、一九八七年までの移行措置として事前に内務省の設立認可を得ることを要求した。これは、「今日は解散されている政治党派的な集団、特にマルキストのグループが高等教育機関を創設してそれを隠れ蓑に活動を行うことを阻止するための措置」と説明された。

法人格の取得、機関設立そのものは容易にされたが、同時に、新設の私立高等教育機関にたいしては、その提供する教育の質を監視するための手続き、方策も定められた。それは、新設私立高等教育機関の「査定システム」(sistema de examinación)と呼ばれた。新設の私学大学と私立高等専門学校は、既存の伝統的大学のいずれかを「査定機関」(査定大学)として契約し、提供する教育課程の承認を受けるとともに、創設から五年の間(高等専門学校では三年間)、その提供するコースごとに、学生の進級試験と学位のための最終試験を査定大学と合同で実施しければならない。その期間、合格率五〇%以上を維持してはじめて、査定大学による保護観察を免れて、完全に自立した機関として独自に学位や資格を提供できるようになる。技術教育センターに関しては、教育省が直接的に査定機関の役目を果たす。

第三に、二つの国立大学（チリ大学と工科大学）の分割と地方大学への再編が行われた。これは「合理化」の名で呼ばれた。首都の本校のみならず全国各地に多くの分校を抱えた二つの大学は、あまりにも巨大化しすぎ、官僚制化が進んで効率的な運営が行われていない、分校を分離して地方大学として独立させることで地域のニーズにより迅速に対応することができる、というのがその理由とされた。しかしながら、ここには、反体制派の学生や教授が多く、全国的なネットワークでその動員力を見せつけてきた両大学の潜在的脅威を削減するという治安対策上の理由もあったと指摘されている[29]。

この時まで、チリ大学には全国に九校、国立工科大学は一二校の地方分校があった。同じ都市に両校の分校がある場合はそれらの統合がなされ、一九八一年一〇月までに合計五校の地方国立大学（バルパライソ大学、ラ・セレーナ大学、ビオビオ大学、ラ・フロンテラ大学、オソルノ大学）と一一校の国立高等専門学校として分離独立した。また、首都とバルパライソ市にあったチリ大学の教育学部は、それぞれ独立して「教育科学高等アカデミー」という名称になったが、それは高等専門学校のカテゴリーの中に組み入れられた。これらの地方国立大学と国立高等専門学校は、伝統的国立大学を母体として誕生したという意味で「派生校」（derivadas）と呼ばれ、伝統校のグループである「学長会議」への加盟を認められ、次に述べる国家からの直接助成、間接助成の対象校とされた。また、首都の本校のみとなった国立工科大学は、その名称をチリ・サンティアゴ大学へと変更した。

第四は、公的な高等教育助成方式の転換である。これは一九八一年一月の公布の「教育省政令第四号」によって規定された。改革のポイントは、①直接的な国庫助成金を削減する、②公的資金の配分に競争的要素を導入する、③国の財政支援を受ける高等教育機関にたいしても、その資金の一部を自己調達することを要求する、④学生向けの学費ローン制度の創設、であった。国庫助成金は、直接助成と間接助成に二分された。直接助成金は、従来型の年次一括助成金である。従来、その助成金は、伝統的な八校の間で配分されていた。その配分比率は、国立、私立という区分よりもむしろ、大学の伝統やその規模を勘案して、ほぼ固定化されていた。国立チリ大学がその分校を含めて全体の四三％、次がチリ・カトリック大学の一四％、国立工科大学の一三％、以下最も少ないフェデリコ・サンタ・マリア工科大学の四％まで傾斜的に配分されていた[30]。新しい直接助成は、その配分比率は変えないものの（国立大学からの派生校には、従来両大学内で各分校に配分されていた分をそのまま回す）、助成の額は、一九八一年には従来の実績の満額を保障するが、一九八二年から徐々に削減され、五年後の一九八五年には、一九八〇年の半額にまで縮小するとされた。

これに代わるのが、競争原理を導入した間接的な国庫助成金であった。これはかなりユニークなものであった。具体的には、毎年行われる統一大学入試である進学適性試験（ＰＡＡ）の合格者のうち成績が上位二万人以内に入った生徒のうち何人を各機関が入学させたかその人数に応じて、学生一人当たりの一定額の助成金を配分するというものであった。いわば優秀学生に付いてくる公的持参金が個別機関の収入源となるのである。ちなみに当時、進学適性試験の合格者（四五〇点以上）は全体で約七万五、〇〇〇人ほどであった。当初は、入学者一人あたりの助成額は、医学部、工学部などでは額が高くなるよう学部、学科によって格差が付けられたが、助成単価が高い学科の学生数が急増するなどの問題が出現したため、後には、優秀学生を五段階の成績グループに分け、それぞれ格差を付けて配分額を決める方式とされた。間接助成は、助成を受ける資格を持つ各機関の間で、これらの成績優秀学生を自校にリクルートするための競争を促し、ひいてはそれが教育・研究上の効率性、卓越性、革新、レリバンスをもたらすことになると説明された。国庫助成を受ける高等教育の間で競争を促進するために一種の「疑似市場」(para-market)、あるいは「人工的な市場」(artificial market)をつくり出すものとみなされた[31]。

この他に、国庫助成を受ける機関も、学生からの授業料の徴収、教育・研究サービスの販売、企業との契約、寄付金の募集、前述した新設私立高等教育への査定契約などを通じて、自己資金調達を拡大することを要求されるようになった。授業料は、各機関、各学部・学科の裁量によって設定されるが、それは決して名目的なものではなく、「学生が受ける授業のコストにほぼ近い額を支払う」という実質的に受益者負担の原則に立つものとされた。これによって、長らくチリ高等教育の伝統であった大学教育の無償制は廃止されることとなった。

また授業料の導入に対応して、新たに貧困学生を対象に、政府支出による「大学ローン」(crédito fiscal universitario, ＣＦＵ)の貸し付け事業が開始された。ローンの管理運営は、各大学に委ねられた。各大学は、ローン希望者を募り、対象者を選抜し、個々人の経済状況によりローンの額を決定した。ローンは所定の就学期間のみ継続され、学生が卒業して二年後から償還の義務が発生する。ローン受給者は、年率一%の利子を上乗せして、それを一〇～一五回の年賦で大学を通じて国庫に返済するものとされた。また、研究の支援に関しても、「国家科学技術研究委員会」(ＣＯＮＩＣＹＴ)の管轄下にある「全国科学技術開発基金」(ＦＯＮＤＥＣＹＴ)に窓口を一本化し、各研究プロジェクトの申請を受け、レフリー制度によりプロジェクトを選択的に採用する競争的な公的資金配分方式が導入された。

表4-2は、政令第四号に定められた高等教育への国家助成の配分方式の転換の年次進行計画である。

ここに示されるように、直接・間接の両方を合わせた助成金の実質額は、一九八〇年に支出された国庫助成と同額を保証し、さらにこれに加えて国庫負担の大学ローンの額を漸増するので、高等教育向けの合計の国庫助成額は、一九八六年には、一九八〇年の実績の一・五倍になると公約していた。これに授業料等各機関による自己

表 4-2　高等教育への国庫助成方式の配分比率転換の当初構想
(1980 年の国庫助成額をベースにした比率)

助成の方式	1980 年	81 年	82 年	83 年	84 年	85 年	86 年
直接助成	100	100	90	75	60	50	50
間接助成	–	–	10	25	40	50	50
大学ローン	–	7	15	23	30	40	50
合　計	100%	107%	115%	123%	130%	140%	150%

〈資料〉1981 年教育省政令第 4 号 (DFL-No.4) 第 2 条

調達資金が上乗せされることになる。少なくとも法令制定時においては、競争的資金獲得方式による大学間での競争意識の喚起、自己資金調達による教育条件の改善を促すことが主たる目的であり、国庫助成全体の額を減らすことは想定されていなかったと言えよう。

一方、直接・間接助成金、大学ローンとも対象となるのは、あくまでも従来から国の助成金を受けてきた伝統的な八校(国立二校、私立六校)と上記の再編成によって二校の国立大学から分離独立して誕生した地方大学、国立高等専門学校に限定され、一九八一年以降に新設される私立の大学、私立高等専門学校、技術教育センターに公的助成は一切なされなかった。これらの機関は、学生からの授業料収入に全面的に依存しなければならなかった。基礎・中等教育レベルでは、教育バウチャーを採用し、公立校・私立校間で同じ条件での自由な生徒獲得競争を促進したことに較べると、高等教育分野での助成は、既存の伝統校の特権、優遇措置を残すものであり、新設の私立高等教育機関への財政的インセンティブはまったく想定されていなかった。

この他に、各大学には、新しい学則の制定とその教育省への提出を命じた。大統領による軍人の学長指名、その超法規的な権限行使はなくなるとされたものの、学長は、大学内に設置される大学統治委員会の提出する候補者名簿から大統領が指名する方式とされ、大学自治の権限はかなり制限されたままであった。

むすび

ここに、一九八〇年前後を境に、世界でも前例がない教育政策のメニューが出そろうことになる。いずれも、既存の教育行財政制度を劇的に転換させ、また、従来の慣行や既得権益に大きく切り込むものであった。軍政以前のチリにおいてなら、当然、強い反対運動や頑強な抵抗を引き起こしていたことは疑いがない。しかしながら、強圧的な軍事政権とシカゴ・ボーイズの組み合わせという当時のチリの特殊な歴史的条件は、こうしたラディカルな教育改革を導入することを可能にしたのである。その青写真を描いたテクノクラートたちは、チリの経済再建の成果に自身を深め、自らの信奉する新自由主義政策を教育分野にも適用することで、その「近代化」を図ろうとしたのである。こうした政策は、次章で述べる曲折を経ながらも、一〇年間にわたって遂行されることとなるのである。

〔注〕

1　一九八〇年から八三年にかけて、政府は基礎教育および中等教育レベルの教育課程に関する政令を公布した。それは、従来の教育課程の履行の弾力化を図るというものであり、実質的には、各学校にたいして、地方の実情、とりわけその経済的資源の状況や施設設備の状況（二部制の採用など）に応じて、授業時間数や学習内容を削減することを承認するものであった。それは、私立校と国立校の間、国立校の間でも地域や社会経済的階層の相違によって、学習する内容に格差が出ることを容認していた。この学習の差別化にたいしてはさすがに批判が強く、政府は一九八四年には弾力化政策を停止し、再び、すべての学校で同じ教育課程内容の必修化を復活させた。

2　Winkler D.R and Rounds T., "Municipal and Private Sector Response to Decentralization and School Choice" *Economics of Education Review* Vol.15 No.4 1996 pp.365-376 p.371

3 Delannoy F., *Education Reform in Chile, 1980-98: A Lesson in Pragmatism* World Bank 2000 p.7

4 Espinoza O. y Eduardo G.L., *La Experiencia del Proceso de Desconcentración y Descentralización Educacional en Chile 1974-1989* PIIE 1993 p.115

5 Espinoza O. y Eduardo G.L., *Ibid.* 1993 p.114.

6 Larrañaga Osvaldo, The Decentralization of Education in Chile: An Economic Assessment *Revista de Estudios Públicos* No.64 1996 pp.1-42 p.5

7 Beyer B.H., "Entre la Autonomía y la Intervención: Las Reformas de la Educación en Chile" en Larraín B.F. y Vergara M.R., *La Transformación Económica de Chile* CEP 2001 pp.643-708 p.659

8 Prieto, B.A., *La Modernización Educacional* Universidad Católica de Chile 1983 p.83

9 Espinoza O. y Eduardo G.L., *op.cit.* 1993 p.114.

10 Decreto Ley-3166

11 Friedman M., "The Role of Government in Education" *Capitalism and Freedom* University of Chicago Press 1962 pp.85-107

12 斉藤泰雄「M・フリードマンの『教育バウチャー論』再考」『国立教育政策研究所紀要』第136集 二〇〇七年 一四九～一六四頁

13 Espinoza O. y Eduardo G.L., *op.cit.* 1993 pp.84-85

14 Decreto Ley-456

15 Beyer B. H., *op.cit.* 2001 p.660

16 Derecto Ley-3476

17 Jofré G., "El Sistema de Subvenciones en Educación: La Experiencia Chilena" *Revista de Estudios Públicos* No.32 1988 pp.193-237 pp.200-201

18 Prieto, B.A., *op.cit.* 1983 p.93

19 Jofré G., *op.cit.* 1988 p.201

20 Jofré G., *Ibid.* 1988 p.217

21 Prieto, B. A., *op.cit.* 1983 pp.89-90

22 Adeo-Richmond R. et.al., "Changes in the Chilean Educational System during Eleven Years of Military Government: 1973-1984" Brock C. and Lawlor H., (ed.) *Education in Latin America* 1985 pp.163-182 p.176

23 Jofré G., *op.cit.* 1988 p.217

24 Levy D.C., *Higher Education and the State in Latin America: Private Challenges to Public Dominance.* University of Chicago Press 1986 p.76

25 Derecto Ley-3541

26 *Declaración del Ministerio del Interior sobre la Nueva Legislación Universitaria* 6 de enero 1981 en Brunner J.J., *Informe sobre la educación superior en Chile* FALCSO 1986 anexo no.1 pp.223-237

27 一九八一年前半に発せられた高等教育関連の政令は以下のものであった。

第1号	大学に関する規範の制定	一九八一年一月三日
2号	大学に関する規範の制定	一九八一年一月七日
3号	チリの大学における給与に関する規範	一九八〇年一二月三一日
4号	大学の財政に関する規範の制定	一九八一年一月二〇日
5号	高等専門学校に関する規範の制定	一九八一年二月一六日
6号	バルパライソ大学の設立	一九八一年二月一二日
7号	サンティアゴ教育科学高等アカデミーの創設	一九八一年二月二四日
8号	サンティアゴ高等専門学校の創設	一九八一年三月二〇日
9号	アリカ高等専門学校の創設	一九八一年三月二〇日
10号	イキケ高等専門学校の創設	一九八一年三月二〇日
11号	アントファガスタ高等専門学校の創設	一九八一年三月二〇日
12号	ラ・セレーナ大学の創設	一九八一年三月二〇日
13号	バルパライソ教育科学高等アカデミーの創設	一九八一年三月二〇日
14号	コピアポ高等専門学校の創設	一九八一年三月二〇日
15号	チジャン高等専門学校の創設	一九八一年三月二〇日

16号　ビオビオ大学の創設　一九八一年三月二〇日
17号　ラ・フロンテラ大学の創設　一九八一年三月二〇日
18号　バルビディア高等専門学校の創設　一九八一年三月二〇日
19号　オソルノ大学の創設　一九八一年三月二〇日
20号　マガリャネス高等専門学校の創設　一九八一年三月二〇日
21号　タルカ高等専門学校の創設　一九八一年三月二〇日
22号　奨学金特別プログラムの創設　一九八一年四月一五日
23号　国立工科大学の名称変更　一九八一年四月一五日
24号　技術教育センターに関する規範の制定　一九八一年四月一六日

28 OECD, *Review of National Policies for Education: Chile.* 2004 p.206

29 Cox C., "Higher Education Policies in Chile in the 90s" *Higher Education Policy* Vol.9 No.1 1996 pp.29-43 p.32

30 Bernasconi R.A., y Rojas F., *Informe sobre la Educación Superior en Chile: 1980-2003* Editorial Universitaria 2004 p.162

31 Brunner J.J., "From state to market coordination: the Chilean case" *Higher Education Policy* Vol.10 No.3/4 1997 pp.225-237 p.231 p.234

第五章　経済危機による混乱と政策の実施過程

はじめに

改革の具体化の構想が発表された時、チリ社会では本章の冒頭で紹介するカトリック教会からの懸念を除いて、反対や異議を唱える声はほとんど聞かれなかった。軍事政権の強権的な体質・政権運営手法が、政策への反対を許さないという雰囲気もあったが、一方で、財務省や国家開発計画庁を拠点とする新自由主義派の経済学者たちは、教育改革を実施するのに必要とされる財源を確保することに、楽観的な見通しを宣言していたからである。通常、この種の制度改革においては、実施されるはずの先導的試行や段階的導入の過程を経ることもなく、政策はただちに断行された。一九七〇年代後半から八〇年代初頭にかけての国の順調な経済成長は、彼らの自信の裏付けとなっていた。たしかに、教育管理の市町村への移管、教育バウチャー制度の導入とも、比較的順調な滑り出しを見せた。しかしながら、一九八二年半ばに発生した深刻な経済危機は、こうした政策の遂行に大きな影響を与えるものとなった。政策の実施過程は混乱し、潜在していた批判も表面化するようになる。政権内部でのパワー・バランスにも変化が生ずる。ピノチェット政権の教育政策を支える二つの陣営、すなわち、教育にたいする政治的・イデオロギー的統制を重視する軍部保守派と市場原理を信奉する新自由主義派の経済テクノクラートの間では、しばしば、その政策の遂行過程をめぐってせめぎ合いも生じた。しかしながら、こうした経過を経ながらも、政策は八〇年代を通じて一〇年間にわたって継続されることになる。本章では、政策の実施過程を追跡するとともに、こうした政策の遂行の結果、チリの教育界に生じた劇的な変化について概観する。

第1節　カトリック教会の教育改革への「懸念」

一連の教育改革構想が発表された時、チリの社会から、こうした動きに公然と異議や反対の意見を表明しうる組織は存在していなかった。この時期、軍政の統治に揺るぎはみられず、反対勢力は無力化され沈黙を余儀なくされていたからである。軍政に対して、批判的な意見を表明することを許されたほとんど唯一の組織はカトリック教会であった。軍政指導部は、カトリックを基盤とするチリの伝統を重視し、基本的に、カトリック教会とは友好な関係を維持していた。しかし軍部によるアジェンデ政権支持者にたいする過剰な弾圧や迫害、人権侵害に関して、カトリック教会は独自の人道主義の立場から、時として、軍事政権の政策に批判的な見解を表明していた。こうした中、「近代化」を旗印とした教育改革の構想が宣言され、その政策メニューが発表されたのである。これを受けて、一九八一年五月二五日、カトリック教会は、司教会議常設委員会の名で、「教育改革に関する教書」(Carta Pastoral del Comité Permanente del Episcopado, La Reforma Educacional)[1]を発表した。教会が教育に関するこの種のコメントを発表するのは、一九七三年のアジェンデ政権末期に「統合国民学校」構想が大きな問題となった時(第二章第3節)に、これに対して批判的な声明を発表して以来のことであった。

教書は、直接的に政府に向けられたものではなく、すべてのカトリック教徒と教育に関心を持つすべてのチリ国民に対して、着手されようとしている教育改革について充分な認識を持つとともに、これらにたいして「建設的かつ批判的」態度で議論を深めることを呼びかけるものとなっている。その議論のために、今次の教育改革の構想に関して、カトリック教会の立場から「懸念と期待」を表明するという形式となっている。教書はまず、「教会は、当然のことながら、これら一連の改革方策の数の多さと重要性のゆえに、それらが法制化される**以前に**、関係者に**知らされ**、議論されたとしたら、より望ましいものとなっていたことを指摘したい」（以下、太字の部分は原文のまま）として、改革案作成のプロセスにおける秘密主義、排外主義を批判した。

教書は、今次の教育改革が提起されるまでの経緯、カトリック教会の保持する基本的な教育哲学・理念について確認した後、特に議論を深めるべきテーマとして、次の四点、すなわち、①政府が掲げる新しい国民のメンタリティ、②市町村移管と民営化、③教員の状況、④宗教教育、を提示する。以下、その記述の要点をすこし詳しく紹介する。なぜなら、この文書は、チリの精神的支柱、文化的伝統の担い手を自負し、また自ら積極的に教育に関わってきたカトリック教会が、強圧的な軍事政権と新自由主義派の経済学者といういずれもカトリック教会にとってもあまり馴染みのないグループが構想した教育改革に対して、どのようなスタンスをとったのかを示すものであったからである。まず教育改革をつらぬく基本的な精神的態度にたいして、教書は次のように述べる。

「国が開始しつつある深甚かつ急速な教育改革は、若者の精神の形成そのものに危機的な影響を与えうるものであり、生み出される新しいメンタリティは、教会によって支持される諸原則や、さらに、チリの最良の伝統を形成するものと両立しなのではないかとわれわれは懸念する」

「進歩を促すための主柱として、**個人的な努力**と**競争**に重点を置くことは、愛と人類の連帯を説くイエスの教えと模範に反する」

「児童生徒の目標として**経済的インセンティブ**を過度に称揚することは、節度と奉仕に関する教会の理念に反しており、固有の文化的な価値を軽視するものである」

「基礎教育の新しい教育課程、特に社会科において『**民主主義**』についての明確な言及が欠けていることは、われわれの歴史的伝統とも、共生と政治の精神と形態とも両立しない。教会はキリスト教的価値と民主主義の調和を擁護しているのである。それは、**批判的意識**についての言及をまったく欠いている。それは、知識のイデオロギー化と大規模な情報の操作がますます増えてくるにつれて、より一層必要とされるようになっているのである」

「**国家安全保障**にたいする過度の関心があり、それは、教育課程を制限し、危険なまでにイデオロギー的統制をもたらし、教育に現実的な関心を持っている人々やグループの教育の過程への参加の可能性を制限している」

「消費主義と**物質主義**の社会が形成されるという危険がわれわれには見てとれる」2

さらに、市町村移管と民営化についても次のように懸念を表明する。

「学校と**地域の機構**とを結び付けるという理念には肯定的である。地域は、児童生徒の直接的な現実をよく知ることができ、通常は、管理の仕事を迅速化することができる。

しかし現実には、チリの新しい世代にたいする政治的統制の危険がある。市町村は大統領に直接的に従属し、市町村の首長は彼によって任命されるからである。国家が、教育の方針、統制、監視を保持しつづけ、そして、今やそれをより身近なところから行うことになると考えるならなおさらである。

「学校、市町村、国のレベルで、教員や父母の自由かつ制度化された参加が、市町村移管の過程がその成果をもたらすための不可欠の要件である」

「同じく市町村は、国から受け取った学校を、今度は第三者の手に**引き渡す**のではないかという可能性をわれわれは心配する。それらはどのような人物だろうか。この疑問にたいする明確な答えがないかぎり、教育が、イデオロギー的関心あるいは経済的関心、さらには、教育や学習者の利益とはかけ離れたその他の理由につき動かされたような、不適切な個々人やグループの手に委ねられることを懸念することは当然である」

「特定の機関に、**職業技術学校**を直接委託することにおいては、これらが形成しようとする労働者のタイプが懸念される。特に、商業主義の側面が過剰に重視されるようなことになるなら。……システムは、経済の必要性を充足することで足りるのではなく、住民の人間的、社会的、精神的ニーズをも充足することが大事なのである。国家は、共有財の保護において、それらが効果的であることを保障するために、遂行すべきかけがえのない役割を持っている」

「教会は常に、**教育の自由**と私立教育の権利を守ってきた。……しかしながら、教育の自由は、学校システムの民営化ならどのような様式であれ受け入れることを意味するものではない。例えば、純粋な経済市場のゲームをベースにするようなものは、実際に、自由な競争に没頭することで、最も恵まれないセクターの犠牲の下に、不均衡な形で学校間に格差を生み出す否定的な結果をもたらすからである」[3]

さらに教書は、教員たちが置かれている困難な状況にたいして強い懸念と同情を表明する。

「教育の変革の深刻さ、その適用において採用された手続きの激しさによって、教員たちにもたらされた極端なまでにデリケートな状況は、**教職全体の危機**と呼べるような地点にまで到達していることをわれわれは心配する」

「教育者の養成が、**大学**の独占する専門職業のリストから除外されたことを懸念する。伝統的に、中等レベルの教員はそこで養成されてきたのであり、政府自体が、教育事業の重要性と複雑さの増大を考慮して、大学に師範学校を編入したはずである」

「現職の教員は、数年前から**雇用不安**に悩まされている。公務員としての権利の保護に関する明確かつ開かれた機構もなしに、その給与を市場によって規制されるようにするという恒常的な脅威とともに。さらに今や、現在の市町村移管のプロセスにおいて、その職務の継続の不安定に悩まされている」

「教員たちは、自らを代表する組織を失い、厳格に教育活動とみなされる役割にのみ限定され、みずからに直接的に影響を与えるものであり、また参加に対して充分な能力を有しているにもかかわらず、教育政策の研究への参加の機会を完全に奪われていると感じている」

「教員たちがその威信およびその職業的展望において被ってきた喪失は、日々われわれが確認するものであり、我々の心を傷めるものである。イデオロギー的および経済的な締めつけによって、教育者たちの中に、萎縮し、受け身で、国の教育的現実にたいする批判的精神を欠いた専門家たちが形成され、そして新しい世代の若者たちを、本物の教師を欠いたままに育てることになるような危険が迫っている。こうして、教職の直面している危機は、すべての社会的集団に深刻なダメージをもたらしかねない」[4]

「懸念と期待」の表明という抑制された形ながら、教書は、発表された教育改革の行方にたいするチリの教育界の潜在的な批判や不安を的確に代弁するものとなっている。当時のチリの時代状況を考えるなら、カトリック教会がこれほどまでに率直かつ良心的な態度で憂慮を表明したことには、いささか感動をおぼえるほどである。教会はこの文書ではじめて、今次の教育改革の主導理念が“privatización”にあることを明言した。これは明らかに批判の意味が込められた用語である。この言葉は、狭い意味では、私立学校の進出促進、民間企業団体への教育機関の運営委託をさし、その意味では「民営化」「私企業化」の意味で使われる場合もある。だがここでは、国家の役割と介入の縮小、競争と選択原理の導入、民間的運営手法や業績評価文化の導入、受益者負担の原則など、より幅の広い理念を内包したものとしてそれを捉え、そうした全体の方向性にたいして批判と懸念の意味を込めてこの言葉が意図的に選択されたものと思われる。文献的に精査した結果ではないが、おそらくチリ教育史上、あるいはラテンアメリカ教育史上でも、教育におけるprivatizaciónが上記のような意味で使用された事例は、これが最初であろうと思われる。教書は、カトリック教会関係者向けの雑誌『Mensaje（メッセージ）』誌に掲載された。このような声明が当時、新聞やマスコミにおいてどの程度取り上げられ、関係者にどのようなインパクトをもたらしたかについては、わからない。ただ一つ明白なことは、こうした教会関係者の懸念をものともせず、政府はまさにこの年を改革元年と位置づけ、全速力で改革の断行に踏み出したことである。

第2節　市町村への移管と教員の非公務員化の進展

1　移管の進展と中断

国立学校の管理運営の市町村への移管とそれに伴う教員の身分の転換は、急速に進展した。政府の構想では、市町村への移管は、新憲法の施行される一九八一年三月一一日に合わせて実施される予定になっていた。だが財務省は、予算の関係でその遂行を急がせた。一九八〇年一二月三一日には早くも、全国の一九の自治体に、教育省所管の教育機関三六二校、合計で三、〇九七人の教員、合計六万七、〇〇〇人の児童生徒が、第一陣として移管された。自治体の首長と教員たちが一体となって移管を申請した自治体が優先されたという。翌一九八一年には、さらに移管ラッシュが続いた。移管は、八二年に入っても進んだ。一八八二年四月の時点では、国の所有していた教育機関全体の八四%にあたる五、七二四の機関、教職員全体のほぼ八〇%にあたる七万二、五三一人の教職員、全部で約二〇〇万人の児童生徒が市町村に移管済みであった。移管された教員の大多数は、退職金を受け取り公務員の身分を喪失した[5]。

しかしながら、一九八二年四月に、市町村移管の過程は突然、凍結されることになった。その理由は、この時期を前後にして、チリの経済状況が急激に悪化するという事態が生じたからである。一九八二年二月にメキシコで表面化した債務危機を契機に、ラテンアメリカ全域に波及した経済危機がチリを直撃したのである。金融や投資資本の自由化によってミニ・バブル状態にあったチリの経済は急激に落ち込み、景気後退の過程に突入しはじめた。チリの国民一人当たりの国内総生産は、一九八二年には、前年と較べて一五%低下していた。翌八三年にも五%の低下が記録された。企業倒産が相次ぎ、失業率も急上昇し、膨らんだ対外債務の支払い問題も表面化した。

不良債権を膨らませた銀行やノンバンクを救済するために、政府は民営化の方針に反して、そのいくつかを再び国の支配下に接収せざるをえなかった。国民の不満も高まり、クーデター以降長らく沈黙を強いられてきた政党活動や市民の抗議デモも復活する気配をみせはじめた。政府内で経済政策を主導していたシカゴ・ボーイズにたいする批判や風当たりも強くなり、彼らの影響力は一時的に後退せざるをえなくなった[6]。

経済危機の影響は、教育分野に特に強い影響を及ぼした。前述したように、新しい教育行財政システムを定着させるために、政府は移管される教職員への退職金の支給、自治体への早期移管奨励金の上乗せ支給、高めのバウチャー価格の設定など、積極的な教育財政政策を遂行してきた。このために、政府の教育分野むけの予算支出は、一九八〇年を一〇〇とすると、一九八一年には、五三％増の一五三、一九八二年でも一三六という水準にまで引き上げられていた[7]。経済危機は、この拡大された教育予算を直撃した。

八二年四月に、市町村への移管を強力に推進してきたプリエトが教育相を辞任（ユネスコ大使への転出が理由とされた）する。後任として再び、軍人（海軍少将）が教育相に任命された。これを機に、国立学校の市町村移管のプロセスが停止された。身分変更に伴う教員への退職金支払いが困難になったということがその理由とされた。この時点で、移管が未完了の自治体は、首都圏を含む四つの州、合わせて一九の自治体であった。このため、この後しばらく、その数（約二〇〇校）は多くないとはいえ、教育省に残された国立学校と自治体に移管された市町村立学校という二系統の公立校が併存する状況が続くことになった。

後に「失われた一〇年間」（Lost Decade）と呼ばれるようになるように、ラテンアメリカの経済危機はほぼ一〇年間続いたが、チリは、他の国と較べれば比較的短期間でその危機状態を脱し、一九八五年頃から経済はいち早く回復基調に向かった。一九八五年以降、チリの経済は、年平均六％の成長率を維持するまでになっていた。それとともに政権内では、一時的に低下していたネオリベラル派の経済学者にたいする信頼感は回復し、彼らは再び影響力のある主要ポストに復帰する。彼らは、経済危機の間、不本意ながら中断あるいは軌道修正せざるをえなかった改革政策を再び本来の趣旨にそって推進しはじめる。国と地方自治体という公立学校管理の二元的システムという不自然な状態を解消するために、自治体への移管の凍結は四年後の一九八六年に解除される。

ネオリベラル派は、移管再開に際して、教育省に残された教育機関を、市町村にではなく民間セクターに直接移管することを目論んでいた。彼らの構想は次のようなものであった。まず、現在勤務している学校を払い下げられることに関心のある教員に呼びかけて法人を設立させる。彼らの公務員としての退職金をその購入費に充てさせる。それがうまくいかない場合には、当該校の教員たちと共同してそれを購入することを希望するものに取得させる。それも成立しない場合には、学校の購入を希望する第三者に譲渡するという案であった。しかし、ピノチェット大統領は、この民営化案を受け入れず、結局、残された学校は従来通り自治体に移管されることが決定された。こうして一九八六年八月には、最後まで残されていた二三校の移管が終了した。これにより、教育省の所管する国立学校はすべて姿を消し、市町村への移管のプロセスが完了したのである[8]。

2　自治体側での教育管理組織の設置動向

自治体側での教育行政の受け皿となる組織として、二つの異なる可能性があることを前述したが、全体の約八〇％にあたる多くの自治体は、自治体教育行政部（ＤＡＥＭ）の設置を選択した。自治体職員を再配置するだけで設置が容易であり、コスト負担も少ないというのがその理由とされた。おそらく、軍の組織と上意下達の指揮命令系統に慣れ親しんだ軍人首長たちにとって、半自治的な民間行政法人による管理という方式は容易に理解しがたいものであったのではないかと推測される。それでも、全体のほぼ二割にあたる自治体では、学校管理運営を目的とした民間法人組織を設置し、そこに学校管理を委託した。これら二つの異なるタイプの組織による学校管理運営において、実際にどのような相違が見られたのか、それぞれの長短はどのようなものであったのかは、きわめて興味深いものである。しかし、この時期の文献を見わたしても、このテーマに関するものを論じたものを見つけることはできなかった。時間的にも、まだその検証は時期尚早であったと言えるかもしれない。

しかしながら、まもなく、民間法人による管理運営の革新に期待をする道は、突然に閉ざされる事態が生じた。というのも一九八八年になって、政府が、これまでの一連の地方制度の改革を集大成した「市町村に関する憲法構成法」の制定に着手した時、法案の違憲審査を担当する憲法裁判所が、国有財産の管理を民間法人に委託することは違憲のおそれがあるとの判断を下したからである。これは、既存の民間法人の廃止にまで踏み込むものではなかったが、これ以降、新たにこの種の民間行政法人を設置することは禁じられることとなったのである[9]。一九九〇年の時点では、全国の三二五の自治体のうち二七一は、自治体教育行政部により学校の管理をしていたのに対して、民間の学校運営法人を設置していた自治体は五四であった。その大多数は、サンティアゴ首都圏に設置されていた[10]。民間の教育行政法人を設立した自治体は、比較的、先進的な自治体であり、また、政府に批判的な勢力は、民間的経営手法による民営化推進の可能性よりもむしろ、この組織を通じて「地域、教員組織、地域の学校コミュニティが、地域の教育活動の計画化、執行、監査になんらかの意味で参加することができる」[11]とみなしてその設置を推進したこともその理由であったかもしれない。

第3節　中等職業技術学校の民間企業家団体への経営委託

中等職業技術学校の民間委託に関しては、一九八六年までに全国で七四校の国立職業技術系の中等学校が、民間の企業家団体の設置した法人に委託されることになった。このうち三四校はサンティアゴ首都圏の学校であった。これ以降、新規に委託された学校はない。すなわち、これ以外の約三〇〇校にのぼる国立の職業技術系の中等学校は、他の学校と同様に、自治体に移管されたのである。統計上これらの学校は、「公立校」「助成私立校」「有償私立校」と並んで第四の「企業委託校」(corporaciones)と分類されている。一九九〇年の統計でみると、これらの企業委託校に在籍する生徒数は、約五万五、八〇〇人で、中等教育全体からみると七・八%ほどである。企業経営者団体は、自ら積極的にこの種の学校の運営受託を要請したというより、政府の要請に義務的に対応したという方が実情に近いものであった。

前述(第四章第4節)したように、政府は、バウチャー制度を導入するに際して、学校の種別、学年、開校時間帯(午前、午後)などにより、バウチャーの基礎単位に格差をつけたが、この際、職業技術系中等学校の生徒一人当たりのバウチャーの単位は、第三学年以降は、普通教育中等学校と同額とされたものの、第一、二学年向けのそれは、普通中等学校よりもかなり低額とされていた。全体としてみると、普通中等学校の場合、バウチャー導入以前と較べるとその予算規模は約八%増加されたのに対して、職業技術系では逆に三〇%削減された額となったという。この理由は公式には説明されていないが、研究者は、当時の政府は、公立の中等職業技術学校をあまり重視していなかったのではないかと推測している[12]。中級の職業技術的訓練は、高等教育の改革の際に述べた、新しい短期高等職業教育機関である「技術教育センター」(すべて私立)に期待をしていたのではないかとも推測される。いずれにせよ、このようなバウチャーの額で、民間企業団体に職業技術系の中等教育機関の運営を委託するのが困難なことを政府自体が認識しており、そのことが、これらの学校への助成は、バウチャー方式ではなく、委託前の予算規模の確保を約束した上での、年次定額助成方式の採用になったものと思われる。

これら民間委託された中等職業技術学校が実際にどのように運営され、実際の教授学習の場面において、市町村に移管されたその他の多くの学校と較べて、どのような相違、どのような特色を持つことになったのか。残念ながら、そうしたことを分析した資料はほとんど見当たらない。おそらく、同じ民間法人といっても、工業、鉱業、商業、農業、水産業などの各分野によって実態はかなり多様なものであったのではないかと推測される。

ただ、これら委託された機関に関しては、制度設計者が予測しなかった一つの事態が生じた。それは、この学校の特殊な財政システムに起因するものであるが、民間法人は、委託されたこれらの学校の生徒入学定員を縮小していったことである。これは、上述のようにこれらの学校が、バウチャー制度の枠外で、在籍する生徒数に関係なく一定額の国庫助成を保障されていたからである。いずれも少数精鋭主義になっていったという。このため、これらの学校での生徒一人当たりの教育コストは、だんだん高いものとなっていった[13]。一方、市町村に移管された中等職業技術教育学校の生徒一人当たりのバウチャー額は、当初は普通中等学校の生徒一人当たりの額よりも低く設定されていただけでなく、経済危機発生以降は、その実質額が切り下げられていた。このため、両者間での生徒一人当たりの国庫助成コストは、最大二倍ちかくまで格差がひろがったという。たしかに、これらの民間委託学校の卒業生は、産業界での評判も良く、就職状況も恵まれていたようであるが、果たしてこれだけ財政条件の異なる中で生み出された成果が、他の一般的な職業技術系教育システムへの「モデル」となりうるか否かについては疑念が生じたという。八〇年代末以降、新規の委託がなされなくなった理由も、おそらくこうした論争が背景にあったのではないだろうか。

一方、民間委託校とバウチャー対象校との間での格差の明白化は、公立の職業技術教育学校関係者の間で、バウチャー価格の設定そのものへの不満を生み出し、その引き上げを求める要求を活性化させたという。実際に、次に述べるように一九八七年末に、バウチャーの価格体系が改正された際に、中等職業技術教育系のバウチャーは、普通教育系と同額まで引き上げられることになった。

第４節　バウチャー制度の浸透とその影響

1　バウチャー制度の混乱と価格低下

バウチャーの導入、助成私立校の増加による学校選択制の拡大も順調にすべり出した。私立学校設立の手続きと認可条件が大きく緩和されたことを受けて、また、助成私立校の立場からすれば、以前と較べればはるかに魅力的な水準に引き上げられた国家助成がインセンティブとなり、新たに私学経営に参入するものが相次いだ。従来からの宗教系あるいは非営利型の財団が運営する学校に加えて、教員グループが国家公務員退職金などを元手に私学を設立したり、新しいビジネス・チャンスとして営利追求型の助成私学の経営に参入する者が増えたからである。わずか数年間で助成私立校は、公立校からの転校生を吸収し、その在籍児童生徒数を大きく伸ばしていた。

しかしながら、経済危機は、教育バウチャー制度にも大きな混乱をもたらした。身分変更に伴う教員への退職金の支払いが困難になったことを理由に、市町村移管のプロセスが凍結されたことは先に述べた。退職金にしても、早期移管のための助成金上乗せの措置にしても、政府にとっては一時的に集中して発生する、いわば臨時の支出である。これにたいしてバウチャーは、経常経費であり、その影響は前者よりもはるかに深刻なものであった。

財政事情が逼迫する中、政府は一九八二年一一月になると、法令で規定していた「バウチャーの助成価格を、物価指数にスライドさせて自動的に調整する」という約束を撤回する。これは、実質的な価格の切り下げを意味していた。これ以降、バウチャー価格は、公務員の給与の上昇率と連動されることとされた。これは、実質的な価格の切り下げを意味していた。生徒一人当たりの助成額は、物価上昇率に追い付かず、その実質価格は低下していった。一九八一年から八五年の間に、助成金の額は実質的に、基礎教育で二六％、中等教育で三〇％低下した[14]。

その影響はただちに現れた。助成私立校への転校による児童生徒数の減少に加えて、基本的に唯一の財源とされたバウチャー価格の低下により、多くの市町村では教育財政の赤字問題が発生するようになる。それはただちに、教員給与の削減に転化された。受け取った助成金のうち、公立学校では九〇％、私立学校では七〇％ぐらいが教員給与に向けられていたので、助成金の減額は教員給与にただちに跳ね返ったのである。このため八〇年代の一〇年間で教員の給与は平均して三分の二に減少したと言われている。分権化による教員の非公務員化政策には、助成私立校への生徒の大量の転出により、余剰の教員を抱えることになる市町村は、これを解雇して支出の調整を行うというメカニズムが想定されていた。しかし、深刻な経済危機の中でこのメカニズムはうまく機能しなかった。というのも、社会全体の失業率が急上昇し社会不安が増す中、政府は市町村に対して、財政上の理由から教員を解雇することを禁止する措置を採らざるをえなかったからである。苦境に陥った市町村の首長たちは、教員給与の補完や教育財政赤字の補填を中央政府に求めることになった。これらの措置はバウチャー制度の枠外であり、法的根拠を欠いたものであった。だが最終的に政府は、政治的リスクを回避するための緊急措置として自治体の財政赤字の補填を受け入れた。一九八五年には、全国三二五の自治体のうち二〇八が赤字の補填を受けていた[15]。

さらに政府は、公立校からの生徒の転出が自治体の財政をさらに悪化させるという理由で、新規の助成私立校の参入を制限する措置にまで踏み込んだ。助成法に、今後私立助成校の承認は、「申請された当該地域に教育供給の過剰が存在していない」ことを県教育事務所が認定することを条件に認可されるという制限条項が追加された。この後、助成私立校の新規参入は、事実上、停止状態となった。バウチャー制度そのものは停止されなかったものの、その運用は制度本来の趣旨を大きく逸脱したものとなったのである。

一九八五年頃からの経済の回復により状況は再び変化する。地方分権化は一九八六年に再開され、同年八月、教育省に残されていたすべての学校の市町村移管が完了した。同時に、自治体への教員給与の補完・赤字補填、教職員の解雇の禁止、新規助成校の参入抑止などの措置も解除される。しかしながら、経済と公共財政の回復にもかかわらず、バウチャー価格の水準が再び引き上げられることはなかった。八〇年代を通じて、バウチャー価格は制度発足当初の額を回復することはなく、実質的に低いレベルのままに据え置かれた。その理由は、「外部資本の制限状況の中で経済成長回復のための資金調達をするために政府財政支出を抑制する政策のため」[16]とされるが、批判的な論者は「政府の開発戦略における教育の位置づけの低さという政策決定の結果であると解釈せざるをえない」という[17]。ちなみに、一九八五年以降一九八九年まで、財務大臣には当時三六歳の若手の官僚エルナン・ビュッヒが任命されていた。彼は、シカゴ・ボーイズたちと同じような米国留学組ではあったが、その留学先はシカゴ大学ではなくコロンビア大学であり、またその専攻も経済学ではなく、MBAのコースであった。彼は、「それ以前の、新自由主義の原理主義者のような解釈に代わって、知的なプラグマティズムを体現していた」[18]と言われている。ビュッヒは、公的教育費の支出に関しては、抑制的な姿勢を貫いていた。国全体の教育分野向け

表 5-1 児童・生徒一人当たりの月間助成金の額

(換算単位) 1987 年改正

学校・学年・時間帯の種類	児童生徒一人当たりの月間助成額
就学前教育 (移行の第 2 レベルの 5 歳児)	0.909 単位 (USE)
基礎教育 (第 1 ～第 6 学年)	1.000
基礎教育 (第 7 ～第 8 学年)	1.107
基礎教育段階の特殊教育	1.000
成人基礎教育	0.316
中等教育 (昼間制)	1.245
(午後および成人夜間制)	0.375

〈資料〉政令法第 18681 号 (1987 年) 第 4 条の規定
(注) 1 単位を何ペソとするかは毎年政令で規定する

の公的支出は、対GDP比で一九八三年の四・三％から一九九〇年には二・四％にまで低下していた[19]。

一九八七年一二月三〇日、国庫助成金法が改正(法第18681号 Ley-18681)され[20]、**表5-1**のように、助成配分の基準の見直しが行われた。ここでは、月間の助成単位が、従来のUTMという単位から、USE (Unidad de Subvención Educacional) という単位に改称された。また、基礎教育における学年による区分が簡素化されたこと、中等教育で普通教育と職業技術教育との間での差別がなくなり同額となったこと、特殊教育への優遇がなくなったことなどが主な改正点であった。最後の点について述べると、当初、特殊教育の助成水準は、一般のそれの約二倍に設定されていたため、特殊教育に参入する学校が予想以上に多く、その対象とすることが適切かどうか疑いのある児童生徒までそこに入学させようとするような事例まで現れたためという[21]。なお、へき地学校への割増に関しては、これらの学校が最寄りの学校から五キロメートル離れていることを条件に、その在籍児童数によって、児童数一一人以下で二倍を上限、児童数八五人の一・〇〇五倍を下限として、人数を基準に細かく割増倍数が規定された。しかしながら、助成法の改正にもかかわらず、全体として助成水準そのものはあまり変化はなく、八〇年代後半を通して、低いままに維持された。

図 5-1　月間バウチャー実質額の推移 1982 ～ 1990 年

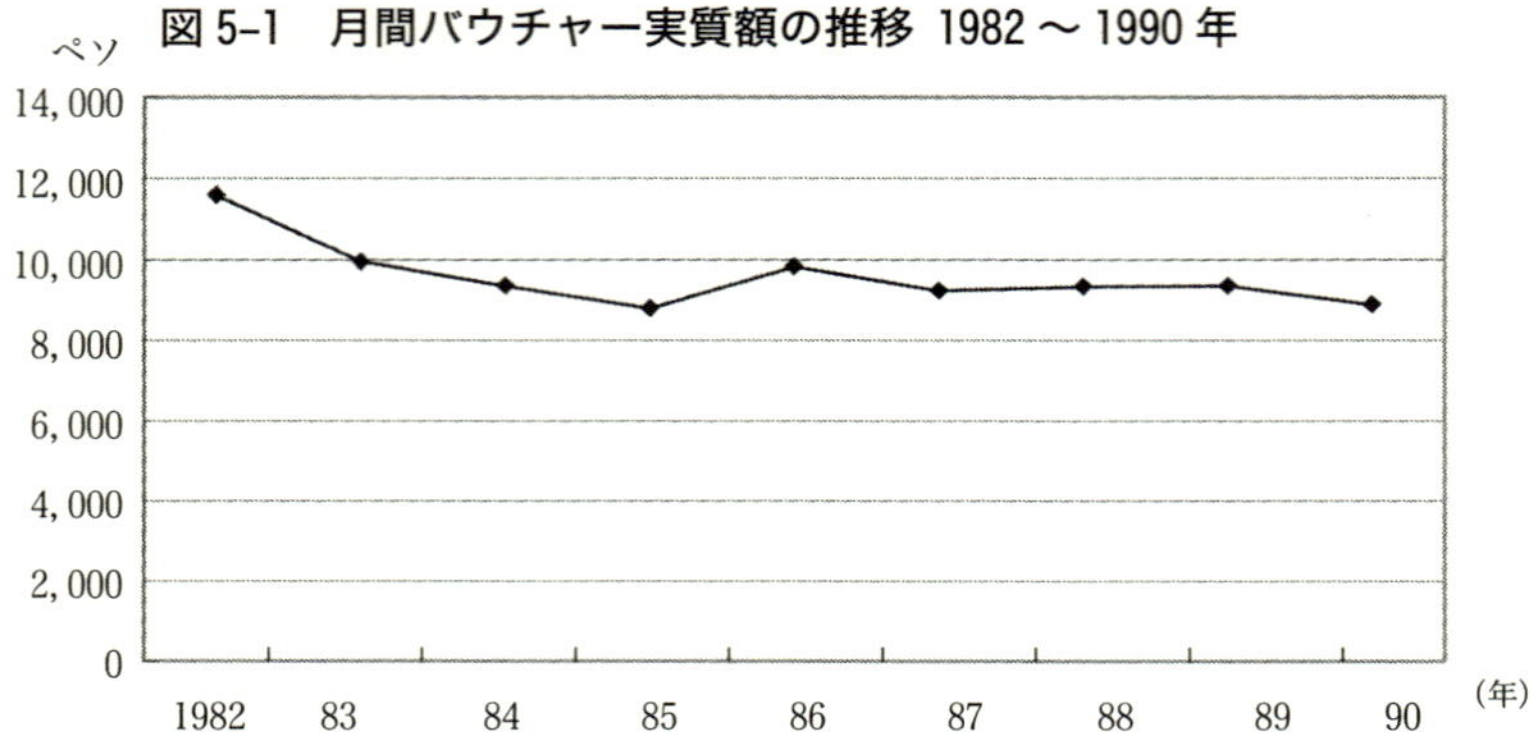

〈資料〉Cox & Lemaitre, "Market and State Principle of Reform in Chilean Education: Policies and Result" 1999 p.155 の資料から作成

図5-1は一九八〇年代の生徒一人当たりの月間バウチャーの金額の変化を示したものである。

2　バウチャーによるチリ教育の変貌

経済危機による混乱もかかわらず、教育バウチャー制度そのものは継続された。バウチャーの導入はチリの教育にどのような変貌をもたらしたのか。政策立案者が想定したように、教育市場は確かに、選択と競争の出現に敏感かつ迅速に反応したと言えよう。それは、助成私立校の急増と公立校からの転校者の増加として現れた。制度が開始された一九八〇年に助成私立校は、全国で一、六二七校であったが、わずか五年間でその数は約一、〇〇〇校増え一九八五年には二、六四三校にまで増加していた。この中には、数はそれほど多くないが、有償の独立私立校であったものがバウチャー導入を機に授業料徴収をやめ助成私立校に転換したものも含まれていた。チリでは、当時すでに基礎教育のレベルではほぼ完全な就学率を達成していた。この分野への新設の助成私立学校の進出は、既存の公立校から児童を奪い取ることによってはじめて可能になる。中等教育でも事情は同じであるが、ここでは、まだ充足されない潜在的な需要

図 5-2　学校類型別の児童生徒在籍比率の推移 1981 ～ 1990 年

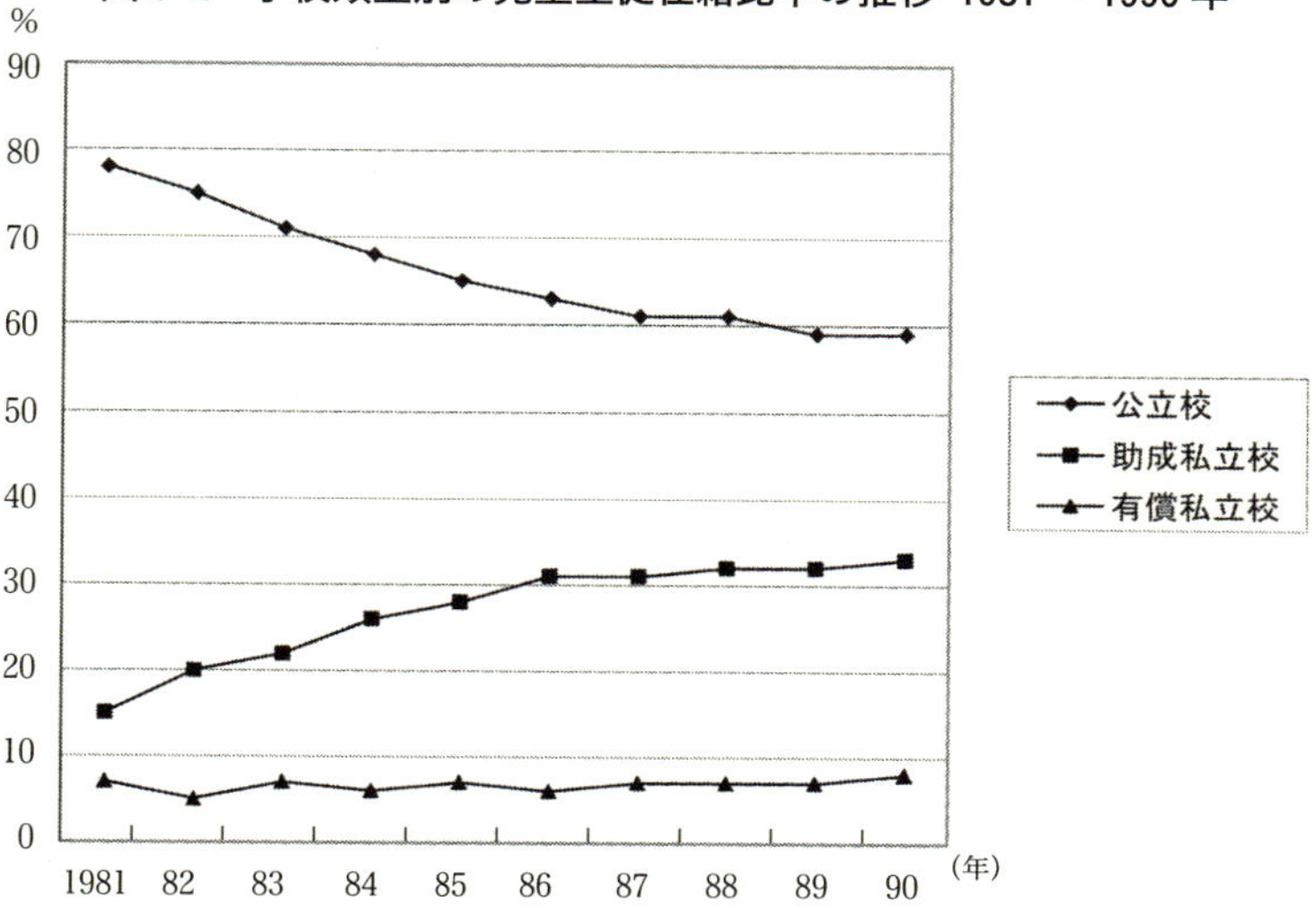

〈資料〉教育省教育統計 各年度版から作成

が存在しており、新設の助成私立校の増加は、基礎教育の完全普及の達成により、新しい課題とされた中等教育拡張への圧力をスムーズに吸収する役割も果たした。**図5-2**は、一九八〇年代の学校類型別の児童生徒在籍の比率の変化をみたものである。

助成私立校在籍者は、一九八一年の一五・一%から、八三年二二・四%、八五年二八・一%、八七年三一・四%、八九年三四・〇%と急速にそのシェアを増大させた。独立私立校のシェアは七%前後であまり変化はみられない。これとは対照的に、公立校の在籍比率は、八一年に七八・〇%を占めていたが、八三年七一・二%、八五年六五・三%、八九年五八・七%と減少している。実数でみると、一九八五年までの数年間だけで、一九八一年に公立校に在籍していた児童生徒数の一三%に相当する約二八万人が助成私立校に流出した計算になる。一方、この間、助成私立校では約四〇万人生徒が増加している。その差の一二万人は、助成私立校による収容キャパシティの拡大による増加と推測される。一九九〇年に公立学校の児童生徒数は、一九八一年と較べて約五〇万人減少していた。助成私立校への転校による在籍者数の減少にもかかわらず、公立校の学校数そのものはほとんど変化していない。児童生徒数の減少から閉校にまで追い込まれた公立校はなかったようである。また、経済危機による社会的不安が増す中で、地方自治体が教員の解雇を躊躇したこともあり、教員数はそれほど減らなかった。そのため、公立学校における生徒／教員比は低下し、地方自治体における教育財政赤字を増やす原因となった。

しかし、八〇年代後半になると一転して、私立助成校の拡張のスピードは減速している。経済危機以降バウチャーの実質価格が切り下げられたため、助成私立校の経営が苦しくなり、新たに私学経営に参入する魅力を低下させたと説明されている。また、前述のように、経済危機のピーク時には、私立校の新設が事実上禁止されていた。この間、新規の助成私立校の増設はほとんどなかった。その在籍シェアも三二％前後で横ばいとなり、固定化する傾向を見せている。

地理的配置を見ると、助成私立校は圧倒的に都市部に集中していた。サンティアゴ首都圏では、独立私立校を合わせて私立学校の数は、公立学校の数を圧倒していた。対照的に、人口希薄な農村部では私立校の進出はまれであった。農村部ではバウチャー価格は割高に設定されてはいたが、安定した経営基盤を確保するに充分な数の児童生徒を集めることが期待できないからである。一九九六年においても、チリの自治体の約四分の一にあたる八一の自治体には一校の私立学校も存在していなかった[22]。

第5節　全国的学力試験の実施と結果公表の制限

教育省とチリ・カトリック大学で共同開発された学力試験であるＰＥＲ試験は、一九八二年から開始され八四年まで三年間継続され、この年に一時停止された。こうした試験の結果は、児童生徒の学業成績が、有償私立校、助成私立校、国立(市町村立)校という学校類型の間で、また、児童生徒の属する社会経済的階層の間で、かなり大きな格差のある事実を明らかにした。しかしながら、最終的に、こうした試験の結果が各学校ごとに表示され、父母に向けて公表されることにはならなかった。これには、教員たちの根強い抵抗があったからである。市町村移管と非公務員化から日も浅く、身分が不安定化した教員たちは、こうした試験の結果が、市町村の首長たちによって恣意的に解釈され、解雇や給与・雇用条件の改悪を正当化する口実に使われることをおそれたからである。実際には、児童生徒間の成績の格差は、児童の社会経済的背景や親の学歴の程度、学校インフラへの投資の不足などが成績に直接的に関連しているにもかかわらず、父母や政治家は、成績の低さを教員のせいにするかもしれないと主張した[23]。教育省の職員自体、学校ごとの詳細な情報を公表することまで踏み込むことには抵抗を見せた。父母や社会は、新聞などを通じて、学校類型ごとの学業成績の格差などを知ることはできたが、自分たちの住む地域の個々の学校について詳細な成績を知らされることはなく、父母の学校選択のための資料を提供するという当初の目的は大きく制限されることになった。一九八五年以降は、試験実施のための予算不足を理由に、ＰＥＲ試験そのものが停止されることになった。

数年のブランクの後、一九八八年、学力試験はやや形を変えて、「教育の質に関する情報と測定システム」(Sistema de Información y Medición de la Calidad de la Educación, ＳＩＭＣＥ)として再開されることになる。この後、基礎教育学校を対象としたＳＩＭＣＥ試験が、偶数年には第四学年、奇数年には第八学年を対象にし、スペイン語と算数の二科目について、児童全員を対象に実施された。ＰＥＲ試験とは異なり、ＳＩＭＣＥ試験では、公表は前提とされていなかった。各教員には、そのクラスの平均点が「密封した」封筒によって送られた。その結果を公表するか否かは、教員に委ねられたという。理論上は、父母や社会全体は、そうした結果にアクセスすることができるとされていたが、「官僚機構のさまざまな障害がそれを遅延させ、最終的には、その公表を阻止した」[24]という。

第6節　高等教育政策の遂行と高等教育制度の変貌

1　高等教育向け予算の削減

高等教育改革も順調にすべり出したかに見えた。国立大学二校の再編は、迅速に進められた。だがこれらの大学の地方分校から分離独立した国立の高等専門学校（ＩＰ）についてはまもなく変化が見られはじめた。それは、地域の事情により大学としての分離独立を達成しえなかったこれらの機関が、大学昇格に向けての運動を開始したからである。チリ大学の教育学部が、高等専門学校として独立しなければならなかった理由は、教員資格が大学の独占する一二種類の専門資格から漏れたからであった。教職関係者は、教育学の大学学位コースへの昇格に向けて活動していた。こうした活動が功を奏したのか、一九八五年までに二校の教育科学高等アカデミーは教育大学へと昇格を果たした。またその他九校の高等専門学校のうち七校は大学へと昇格し、残り二校は他大学に統合された。国立の高等専門学校は存在しなくなり、国立大学の旧分校はすべて大学に転換された。最終的に、二つの国立大学の分校から分離独立した地方国立大学は一四校となった。

しかしながら、間もなく高等教育改革は大きな困難に直面することになる。それは、基礎教育、中等教育の場合と同じように、チリを襲った経済危機が高等教育の改革の進展にも大きな影響を与えたからである。この結果、

表 5-2　高等教育向けの公的資金配分の実績（1980 年を基準にした指数）

助成種目	1980 年	1982 年	1984 年	1986 年	1988 年	1990 年
直接助成金	100.0	86.2	58.7	47.9	41.6	33.4
間接助成金	0.0	11.0	9.4	7.8	7.8	10.8
大学ローン資金	0.0	14.7	22.7	17.7	15.6	9.4
科学研究助成費	0.0	0.3	0.4	1.0	3.0	5.6
施設拡充基金	0.0	0.0	0.0	0.0	4.1	0.0
全体の実績	100.0	112.2	91.3	74.4	72.1	59.1
公約の数値	100.0	115.0	130.0	150.0	150.0	150.0

〈資料〉 Brunner, Estado, Mercado y Conocimiento 1992 p.69 から引用

教育予算も大きく削減された。高等教育についてみれば、前述のように、国庫助成の総額は一九八六年まで漸進的に増加することが約束されていたが、その公約は果たされず、一九八三年以降は一九八〇年の実績さえ下回ることとなった。特に、新しい政策の目玉であった間接助成と大学ローンは、当初の配分計画を大きく下方修正されることになった。**表5-2**は、一九八〇年の実績を一〇〇として、その後一〇年間における高等教育向けの予算の配分比率の推移を示したものである。

経済の回復後も高等教育向けの国庫助成は、増加に転ずることはなかった。とりわけ高等教育は、基礎教育分野の拡充を優先するという政府の方針の下に、低い水準のままに据え置かれた。結局、一九八〇年から九〇年までの一〇年間を通じて、高等教育向けの国庫助成額は、実質で四〇％以上削減されたことになった。

収入の落ち込みをカバーするために、高等教育機関は自己資金調達の努力を一層拡大することを強いられた。このため各機関は、授業料の徴収、教育・研究サービスの販売、銀行借り入れ、寄付金など、国からの助成金に頼らない収入の増加に努力した。例えば、一九八一年に国庫助成を受ける高等教育機関の収入源の構成は、国庫助成金（直接と間接）が六四・九％、授業料（大学ローン活用を含む）収入一五・〇％、その他の固有の収入一九・八％という構成であったが、一九八六年にはそれらの比率は、国庫助成金四二・二％、授業料二五・五％、その他固有の収入二八・七％、借り入れ金三・六％とその比率を大きく変化させていた[25]。一九九〇年には国庫助成

対象大学でも、収入の中に占める国からの助成比率は三四％にまで縮小し、二二・五％を授業料から、残りはその他の収入源からのものとなっていた[26]。

また間接助成に関しては、手直しが行われた。当初は、入学者一人当たりの助成額は、医学部、工学部などでは額が高くなるよう、学部、学科によって格差が付けられたが、助成単価が高い学科の学生数が急増するなどの問題が出現したため、後には、優秀学生を五段階の成績グループに分け、それぞれ格差を付けて配分額を決める方式とされた。この優秀学生の数は、後に二万人から二万七、五〇〇人に拡大され、成績順にそれぞれ五、五〇〇人ごとに五段階に分けられ、第一群（最低点）の間接助成単位を一とし、第二群三倍、第三群六倍、第四群九倍、最高点の第五群には一二倍の助成金を授与した。この時期の末期の一九八九年には、旧制八大学とそれから派生した高等教育機関に限定されていた間接助成の受給資格が、ついに新設の私立高等教育にまで拡大されることになった。新設私立大学、私立高等専門学校、技術教育センターにも、優秀学生を入学させれば、間接助成金が配分されることになった。しかし実質的には、一部の有力私学を除いてその恩恵にあずかれる新設私立高等教機関はかぎられていた。

景気の後退は、新設の私立高等教育機関の創設にも影響を及ぼした。二年制の私立技術教育センター（ＣＦＴ）の創設は、八五年までに一〇〇校を超えたが、これと較べて施設設備や教授スタッフの整備にコストがかかる私立高等専門学校や私立大学に関しては、その設立の出足はかなり低調なものであった。特に、私立大学の新設ペースは予測を裏切るものであり、一九八五年までに創設された私立大学は、ガブリエラ・ミストラル大学、ディエゴ・ポルタレス大学、セントラル大学のわずかに三校にとどまった。また、これには別の理由も指摘された。前述したように、新設の私立大学、高等専門学校の設立には、治安上の理由から、事前に内務省の認可を受ける必要があるという暫定条件が付されていた。新自由主義派経済学者たちの支配する経済関係官庁とは異なり、軍政の保守派の拠点とされていた内務省は、高等教育機関の新設にそれほど熱意を示さなかった。特に経済危機の影響残る一九八三年から八七年頃には、治安・イデオロギー的に問題がないようなケースでも、設立申請を手元にとどめて棚ざらしにするような傾向があったという[27]。

逆説的であるが、軍事政権のネオリベラル派が意図した私立高等教育機関の急速な増加は、軍事政権の終焉の直前になって集中的に生じた。そこには、経済事情の好転に加えて次の事情があった。一つには、上記の内務省の事前承認という暫定条件が一九八七年末で終了し、八八年からは教育省への届け出のみで設立が認可されるようになったことである。もう一つは、軍事政権そのものの終焉が現実のものとなってきたことであった。次章で述べることになるが、一九八八年に行われたピノチェットの大統領再選の可否をめぐる国民投票で、「否」が過半数に達し、民主化運動を展開していた中道・左派の政党と軍政との間で政権委譲に向けて交渉がはじめられた。こうした中、民主的な文民政権が誕生すれば、軍政時代の教育政策が見直され、特に、高等教育に関しては、その「ゆきすぎた」規制緩和措置が見直され、再びより厳格な設置基準に戻されるのではないかという予測や風説が流布したという。ここにいたって、駆け込みの私立高等教育設立の申請が相次ぐことになる。一九八八年から八九年の間に、大学一七校、高等専門学校三四校が設立されている。さらに、一九九〇年一月から軍事政権が終了した三月一〇日までのわずか数か月間に、一八校の私立大学と二三校の高等専門学校が設立を認可されている[28]。

2　一九八〇年代におけるチリ高等教育の変貌

このような曲折をたどるものの、一〇年間に及ぶ新自由主義的政策をベースにした高等教育政策の遂行によ

表 5-3　高等教育機関数の増加と多様化（1980 ～ 1990 年）

高等教育機関	1980 年	1983 年	1985 年	1988 年	1990 年
・大学	8	20	21	26	60
公的助成校	8	17	18	20	20
新設私立助成なし	–	3	3	6	40
・高等専門学校	–	24	25	30	82
公的助成校（※）	–	7	6	4	2
新設私立助成なし	–	17	19	26	80
・技術教育センター	–	86	102	123	168
新設私立助成なし	–	86	102	123	168
総　計	8 校	130 校	148 校	179 校	310 校

※教育科学高等アカデミーを含む。
〈資料〉教育省高等教育局発表資料等から作成

り、チリの高等教育制度はその様相を劇的に転換させることになる。**表5-3**は、一九八〇年以降の高等教育の変化を示したものである。ここでは、通常の高等教育の分類で使用される国立、公立、私立というような機関類型が使われてはいない。前述のように、高等教育分野では、国家から助成を受けられるか否かの基準は、国立の機関か私立の機関かという類型でも、大学か非大学型の高等教育機関かでもなく（国立の高等専門学校には助成があった）、その機関が（分校としての存在した時期も含めて）一九八一年までに設立されていた機関か、それ以降に設立された機関かという、設立時期を唯一の基準にするものであるからである。このためもあり、国庫助成を受ける高等教育機関（伝統的私立大学六校と二校の国立大学とそこから分離独立した派生校）のグループを、一つの共通のカテゴリー、名称で呼ぶことは難しい。それらは、ややあいまいに「伝統大学」「公的助成大学」「学長会議加盟大学」などの名で呼ばれ、新設の非助成型私立高等教育機関と区分されることになる。

いずれにせよ、高等教育の機関の多様化が大きく進展していることが明らかである。まず大学であるが、一九八〇年には八校のみであったものが、国立大学から分離独立した地方大学を含めて助成校が二〇校に増え、さらに私立大学が四〇校新設され、合計六〇校へ急増した。四年制

表 5-4　高等教育機関類型別の在籍者数の変化（1980 ～ 1990 年）

高等教育機関	1980 年	1983 年	1985 年	1988 年	1990 年
・大学	118, 978	108, 049	118, 079	125, 529	131, 702
公的助成校	118, 978	105, 341	113, 128	116, 283	112, 193
新設私立助成なし	−	2, 708	4, 951	9, 246	19, 509
・高等専門学校	−	25, 244	32, 636	33, 787	40, 006
公的助成校（※）	−	17, 720	18, 071	9, 951	6, 472
新設私立助成なし	−	7, 524	14, 565	23, 836	33, 534
・技術教育センター	−	39, 702	50, 425	73, 832	77, 774
新設私立助成なし	−	39, 702	50, 425	73, 832	77, 774
総　計	118, 978	172, 995	201, 140	233, 148	249, 482

※教育科学高等アカデミーを含む。
〈資料〉教育省高等教育局発表資料等から作成

の高等専門学校（IP）もこの一〇年間で八二校設置されている。これらは、国立大学から分離独立した数校を除いて圧倒的に私立である。また短期の技術教育センター（CFT）も一六八校設立されている。これらはすべて私立の機関であった。高等教育の多様化が進むとともに、わずか一〇年間で、高等教育機関の数は八校から三二〇校へと爆発的に増加した。ちなみにこれは、人口四万四、〇〇〇人当たり一つの高等教育機関があるという計算になり、チリは、人口規模と較べて世界で最も高等教育機関の密度が高い国の一つとなったという[29]。

表5-4は、各機関類型ごとに在籍学生数の変化の推移を示している。総在籍者数は、一九八〇年から一九八五年までの五年間で一一万八、〇〇〇人からほぼ倍増の二〇万人へと増加し、一九九〇年までにさらに約五万人の増加をみた。一九九〇年には、当該年齢層に占める就学率もほぼ一五％を超えている。八〇年代が経済危機の時代であったことを考えるなら、この高等教育在籍学生数の急増は、確かに驚くべきことと言えるだろう。類型別に見ると、公的助成大学では一九九〇年までの間に、在籍者はほとんど変化していない。大学部門の在籍者の増加は、私立大学の学生数の増加によっていたが、その増加率はそれほど顕著なものではない。これにたいして、非大学部門の高等専門

学校と技術教育センターが在籍者を急増させている。一九九〇年にはこれらを合わせると大学部門とほぼ同数の一一万八、〇〇〇人の学生が在籍している。一九九〇年の在籍者を公的助成校と非助成校の比率でみると、前者は四七・五％であり、いまや私立の非助成校に在籍する学生が過半数となっている。新入学生だけの数でみると、一九九〇年に、技術教育センターの入学生は、高等教育入学者総数の約半数を占めるまでになっている。

公的資金助成校にも、直接助成金を削減し、競争的な間接助成の枠を拡大し、また同時に、授業料徴収や教育・研究サービスの販売などで独自の資金調達を求めることで、資金調達源の多元化を図る政策は進展した。競争的に配分される資金の比率は着実に増加した。前述のように、当初は、多元化しても政府の支出する公的助成の額自体は削減されないと約束されていたにもかかわらず、一九八二年に経済危機が表面化して以降、国の高等教育向け予算の実質額は大きく削減された。

このような変化は、公的助成を受ける高等教育機関の運営と組織文化に根本的な変化をもたらしたという。すなわち、サービス販売や民間寄付の獲得のために外部世界に開かれた姿勢をとらせ、公共・民間の双方との契約で優位に立つため内部組織を再編成し、優秀学生にアピールするようにプログラムを広報し、財政的観点でものを判断し、自らの活動についてコスト意識を高めるようになったという[30]。

しかしながら一方で、大幅な規制緩和による私立校の急速な拡大には問題も伴っていた。質の低下、高額の授業料、過当競争などである。私立高等教育機関を設立するために要求される物的・人的な投資要件はきわめて低い水準に設定された。賃貸の校舎、パートタイム制の教授スタッフ、貧弱な設備で高等教育の経営に参入するケースが続出したという[31]。新設の私立大学は、大学が提供できる専門職資格の中でも、比較的設備投資額が少なくて済む法学、心理学、ジャーナリズム、経済学のような特定の専攻領域に集中する傾向があった。一方、実践的教育、技術教育を売りものとするはずの高等専門学校（ＩＰ）や技術教育センター（ＣＦＴ）においては、産業界との連絡調整の欠如、作業場や実験施設などの実践的訓練のための施設設備が不充分であるという批判も聞かれた[32]。また短期間に激増した私立高等教育機関は、潜在的な高等教育進学需要を超えて供給過剰となり、ほとんどの私立高等機関は充分な学生を集められず、定員割れの状態であった。自由放任ともいえる規制緩和の下で、利益優先主義で、高等教育機関としての水準や理念を欠いた脆弱な機関も数多く粗製濫造されたことは否定できなかった。

一九九〇年においても、高等専門学校のうち実際に学生が在学していた六二校のうち、一〇校は学生数が一、〇〇〇人を超えていたが、一方では学生数が二〇〇人以下といううきわめて脆弱な機関も二八校含まれていた[33]。同様に、技術教育センターでも、すでに学生が在籍する一四六校のうち、この種のものとしては規模の大きい、学生数が一、〇〇〇人を超えるものも一八校あるが、もう一方では、設立間もないものも含めて学生数が一〇〇人以下のものも六六校あった[34]。

前述のように、軍政末期に、駆け込みのように私立高等教育機関の設立が相次いだ。こうした状況は、これらの機関の教育の質を監視するために設定された「査定システム」を困難にした。査定機関としての資格を持つ既存の伝統的大学は、多数の新設高等教育機関のさまざまなコースの検査を同時に引き受けざるをえなくなり、その作業の負担にあえいでいた。査定基準は緩められ、その検査の信頼性にも疑問が生じはじめていた。一方、検査を受ける私立高等教育機関にとっては、査定契約において伝統校に支払わねばならない費用の負担は大きなものであったという[35]。

確かに、八〇年代を通じて、チリの高等教育はその容貌を一変させた。序章で紹介したように、世界銀行の発表した『高等教育』政策報告書（一九九四年）が八〇年代のチリの高等教育改革に言及し、「多くの途上国が直面している厳しい財政的圧力にもかかわらず、高等教育改革の分野で大きな進展をとげてきた国はほとんどない。だが、チリのようないくつかの国の経験は、学生一人当たりの公的支出削減の中にあっても、多様化し、健全に機能し、成長をつづける高等教育システムを実現することが可能であることを示している」36として高く評価する理由も根拠のないものではない。

むすび

一九八一年に、新自由主義派のエコノミストたちは、大胆な教育行財政改革を打ち出した。それは、当時のチリ経済回復の好調さを背景に、教育予算の配分ではかなり積極的な姿勢を示すものであった。彼らは、教育費用の合理的な配分、効率的な運用を主張するものの、その主張の中には、行財政改革によって教育予算の削減を図るという意図を読み取ることはできなかった。地方移管の推進（教員の退職金、移管促進奨励金）、バウチャーの採用（バウチャー単位価格の高めの設定、物価スライド・システム）、また高等教育の資金調達源の多元化（大学ローン制度の創設）といった政策には、むしろ教育予算の拡大が必要であることを認識し、その増加を公約していたのである。このため、改革は、当初は迅速に遂行されていった。しかしながら、一九八二年に発生した経済危機は、状況を一変させた。教育予算は一転して削減され、改革は軌道修正を迫られた。一九八五年頃には、経済危機を脱して、回復基調に向かうことになるが、いったん削減された教育予算が、危機勃発以前の水準にまで回復されることはなかった。八〇年代後半のチリでは、一時的に中断されていた新自由主義的教育改革が、縮小された教育予算の規模の中で再び動き出したのである。こうしてともかく一〇年間にわたって遂行されたチリの新自由主義的教育改革は、チリの教育界、高等教育界の様相を激変させることになった。

〔注〕

1 El comite Permanente de la Conferencia Episcopal, "La Reforma Educational" 25 de mayo de 1981 *Mensaje* No.300 Julio 1981 pp.303-372
2 El comite Permanente de la Conferencia Episcopal, *op.cit.* 1981 p.370
3 El comite Permanente de la Conferencia Episcopal, *op.cit.* 1981 pp.370-371
4 El comite Permanente de la Conferencia Episcopal, *op.cit.* 1981 pp.371-372
5 Espinoza O. y Eduardo G.I., *La Experiencia del Proceso de Desconcentración y Decentralización Educacional en Chile 1974-1989* PIIE 1993 p.120
6 Collier S. & Sater W.F., *A History of Chile, 1808-2002* 2nd Edition Cambridge University Press 2004 pp.370-371
7 Larrañaga O., "The Decentralization of Education in Chile: An Economic Assessment" *Revista de Estudios Públicos* No.64 1996 pp.1-42 p.7
8 Espinoza O. y Eduardo G.I., *op.cit.*, 1993 p.136
9 Gauri V., *School Choice in Chile: Two Decades of Educational Reform* University of Pittsburgh Press 1998 p.128, Beyer B.H., "Entre la Autonomía y la Intervención: Las Reformas de la Educación en Chile" Larraín B.F. y Vergara M.R., *La Transformación Económica de Chile* CEP 2001 pp.643-708 p.659
10 Parry T.R., "Achieving Balance in Decentralization: A Case Study of Education Decentralization in Chile" in *World Development* 1997 Vol.25 No.2 pp.211-225 p.216
11 Nuñez P.I. (ed.), *Las Transformaciones Educacionales bajo el Régimen Militar* PIIE 1984 p.143
12 Beyer B. H., *op.cit.* 2001 p.665
13 Jofré G., "El Sistema de Subvenciones en Educación: La Experiencia Chilena" *Revista de Estudios Públicos* No.32 1988 pp.193-

237 pp.224-225

14 Larrañaga O., *op.cit.* 1996 p.7

15 Jofré G., *op.cit.* 1988 p.219

16 Larrañaga O., *op.cit.* 1996 p.8

17 Cox C. and y Lemaitre M J., "Market and State Principles of Reform in Chilean Education: Policies and Results" in Guillermo Perry & Danny M. Leipziger, *Chile: Recent Policy Lessons and Emerging Challenges* World Bank 1999 pp.149-188 p.155

18 Collier S. & Sater W. F., *op.cit.* 2004 p.371

19 Larrañaga O., "Competencia y Participación Privada: La Experiencia Chilena en Educación" *Revista de Estudios Públicos* No.96 2004 pp.107-144 p.140

20 Ley-18681 30 de diciembre de 1987

21 Jofré G., *op.cit.* 1988 p.225

22 Carnoy M. and McEwan P.J., "Privatization Through Vouchers in Developing Countries: The Case of Chile and Colombia" in Levin H.M. (ed.) *Privatizing Education* Westview 2001 pp.151-177 p.159

23 Gauri V., *op.cit.* 1998 p.47

24 Espinoza O. y Eduardo G.L., *op.cit.* 1993 p.161

25 Brunner J.J. et al., *Estado, Mercado y Conocimiento: Políticas y Resultados en la Educación Superior Chilena 1960-1990* FLACSO 1992 p.71

26 OECD, *Review of National Policies for Education: Chile* OECD 2004 p.207

27 Cox C., "Genesis y Evolución de los Institutos Profesionales" Brunner J.J. et al. *Estado, Mercado y Conocimiento: Políticas y Resultados en la Educación Superior Chilena 1960-1990* FLACSO 1992 pp.125-174 p.135

28 Muga A. y Brunner J.J., "Chile: Políticas de Educación Superoior 1990-1995" *Revista Paraguaya de Sociología* No.97 1996 pp.137-17 p.139

29 Muga A.y Brunner J.J., *op.cit.* 1996 p.138

30 Cox C. "Higher education policies in Chile in the 90s" *Higher Education Policy* Vol.9 No.1 1996 pp.29-43 p.35

31 Espinoza O., "Higher Education and the Emerging Markets: The Case of Chile" in McMullen M.S. et al. (eds.) *The Emerging Markets and Higher Education* Routledge 2000 pp.171-198 p.180

32 Courard H., "Los Centros de Formación Técnica" in Brunner J.J. et al., *Estado, Mercado y Conocimiento: Políticas y Resultados en la Educación Superior Chilena 1960-1990* FLACSO 1992 pp.175-220 p.202

33 Cox C., *op.cit.* 1996 p.153

34 Courard H., *op.cit.* 1992 p.196

35 Bernasconi R.A. y Rojas F., *Informe sobre la Educación Superior en Chile: 1980-2003* Editorial Universitaria 2004 p.33

36 World Bank, *Higher Education: The Lessons of Experience* World Bank 1994 p.25

第六章　軍政の終焉と教育改革の見直し

はじめに

一九八〇年代の末にいたると、一九七三年のクーデター以来一六年以上に及んだ軍事政権もようやく終焉の時をむかえることになる。一九八八年に実施された国民投票において、チリの民主化に向けて運動を展開してきた勢力は、ピノチェットによる大統領職の継続に、明確に「否」の回答をつき付けた。これ以降、軍政の終焉、民政への移管が具体的な政治日程にのぼるにつれて、チリ教育界では、長期に及んだ軍事政権による教育政策、とりわけ、一九八〇年以降の新自由主義的な教育の近代化政策のもたらした結果を、包括的かつ批判的に総括しようとする気運が生じてくる。来るべき文民政権の教育政策の方針を模索する動きもこれに加わる。一方、軍政の側では、その政権に残されたわずかの時間を利用して、自らの推進してきた政策をできるかぎり制度化して残そうとすることを企てた。軍政は、まさに政権移管の前日というきわどいタイミングで、自らの手で「教育に関する憲法構成法」を制定する。本章では、こうした政権移行期のチリ教育の動きについて述べる。

第1節　軍政の終焉とその教育政策の評価の試み

1　一九八八年国民投票と八九年大統領選挙

一九八二年の経済危機を契機とする国政の混乱の中で、七三年のクーデター以降ほぼ一〇年にわたって沈黙を強いられてきた反軍政勢力は次第に息を吹き返し、市民運動や労働運動も再び見られるようになった。キリスト教民主党を中心とした中道勢力の結集する「民主同盟」、非合法化された共産党や社会党などの左派を中心とした「人民民主運動」が政党活動を復活させ、民主制への早期移行、軍政の制定した一九八〇年憲法に代わる新しい憲法の制定、国外追放者や亡命者の帰国許可などを求めて、政府に対話を迫った。デモや街頭活動も活発となり、また、インフレや食料不足に抗議して、夜間の一定の時間に家庭の主婦が一斉に空鍋の底を叩いて抗議の意志を示すなどの戦術も採用された。しかし、こうした抗議活動にたいして、軍政はふたたび戒厳令を発するなど強権を発動し、そうした活動を押さえ込もうとした。反対勢力は再び、多くの逮捕者、負傷者を出すにいたった。軍政は、強硬姿勢をつらぬき、妥協する態度を示さなかった。軍政と反軍政との間の攻防が繰り返されたが、事態の展望が開けないままに、しばらく膠着状態に陥った[1]。

軍政の弾圧によって再三、多数の犠牲者をだす中、反軍政勢力は直接対決型の戦術を見直し、より現実的・政治的な戦略を模索しはじめる。それは、それまで正統性を認めず批判してきた一九八〇年憲法をひとまず受け入れ、その体制の枠内で、改めて政権獲得の方策を見いだそうとするものであった。この時、彼らが目を付けたのは、八〇年憲法の「経過条項」の中に規定されていた大統領選出に関連する条文であった。八〇年憲法は、大統領の任期を一期八年間、再選は不可能と定めていた。しかし、経過規定は、この条項は正式には一九八九年から施行されるのであり、現大統領であるピノチェットにはこの再選禁止条項は適用されないとしていた。すなわち憲法は、その制定時に、今後、最長一六年間のピノチェットの大統領就任を想定していたのである。こうした軍政に圧倒的に有利な条項にたいする批判を受けて、軍政は一つの小さな譲歩を行った。それは、一九八九年から発足する任期八年の次期大統領については、自由な投票を行わない代わりに、軍事評議会が選出する一人の候補者(ピノチェト将軍自身)について国民的な信任投票を行うことを受け入れたのである。その「国民投票」は、一九八八年一〇月に設定されていた。ピノチェットは信任に絶対的な自信を持っていたと言われる[2]。これにたいして、経済危機の表面化以降、反軍政の立場からチリの「民主化」運動を展開していた中道・左派の諸政党(キリスト教民主党、社会党、急進党、その他)や労働組合組織は、幅広い連携組織を立ち上げ、国民投票で「否」の投票を集めるための国民的な運動を展開した。注目された国民投票の結果は、支持四三%、反対五四%でピノチェットが敗北するという大波乱であった。軍政もその結果を受け入れざるをえなかった。

これを受けて、軍事政権はもう一年継続するものの、一九八九年一二月に新たな大統領選挙と議会を再開するための上下両院の国会議員選挙が行われることになった。反軍政各派は、キリスト教民主党、社会党右派、民主化党、急進党をはじめとする主要政党や政治運動組織など一五をこえる組織を結集して「民主主義を求める政党連合」(Concertación de Partidos por la Democracia, 民政連)を結成し、キリスト教民主党党首エィルウィン(Patricio Aylwin)を統一の大統領候補者とした。これにたいして軍政路線の継承を唱導する保守派(独立民主同盟UDI、国民革新RNなど)は、「民主主義と進歩の同盟」(Pacto Democracia y Progreso, 民進同)を結成し、八〇年代後半に財務相として経済運営に手腕を発揮したビュッヒ(Hernan Büchi)を候補者に立てた。選挙では、国民投票勝利の余勢を駆ってエィルウィンが五三・八%の得票率で勝利した。こうして、軍事クーデター以降、一六年半ぶりにチリに文民政権が復活することになった。

国民投票の勝利から、新政権発足までの一年間あまり、民政連を中心とする勢力は、軍事政権時代の諸政策を評価し、見直しを行う作業を開始した。また、残された政権期間に軍政の諸施策の制度化・法制化を急ぎ、その影響力を残そうとする軍政側と憲法改正案を含めて厳しい交渉を開始した。こうした流れの中で、軍政が導入した市場化・民営化を柱にした新自由主義的な教育政策にたいしても、批判的な観点からの見直しが進められた。

2　軍政下での教育改革の評価の試み

文民政権における新しい教育政策構想の樹立に向けて、主導的な役割を果たすことになるのは、軍部の強権とシカゴ・ボーイズの専断の下で、身を潜めるようにしながら、教育学研究の灯火を受け継いできた一群の教育学研究者たちであった。それは、カナダ人研究者のファーレル（Joseph P. Farrell）が“Counter academy”[3]と名付けた、一群の民間の研究機関を活動拠点とする研究者たちのグループであった。軍事クーデター後の介入により大学の社会科学関係の学科が閉鎖されたり、あるいは、そのイデオロギー的傾向を理由に大学を追放されたり、あるいは、学問の自由を侵害するような大学の雰囲気に嫌気がさして自ら大学を辞職したような研究者たちが数多くいた。彼らの中には、メキシコなど他のラテンアメリカ諸国の大学に職を求めて出国するものも多くいた。チリに残ったものの中には、カトリック教会や外国の財団等の財政支援を得ながら、NGOとして研究機関を組織し、独自の研究活動を展開するものもいた。一九八〇年代初頭にこうした独立の研究センターの数は、人文・社会科学系を中心に三〇をこえていた。これらの研究センターは、困難な状況の中で、独自の調査研究活動や社会啓発活動などを行っていた[4]。特に教育研究の分野では、「教育研究学際プログラム」（Programa Interdisciplinario de

Investigaciones en Educación, ＰＩＩＥ)と「教育研究開発センター」(Centro de Investigación y Desarrollo de la Educación, ＣＩＤＥ)という二つの民間の教育研究機関の活動が注目された。ＰＩＩＥもＣＩＤＥも軍事政権の誕生以前に、前者はイエズス会系の教育団体、後者は、チリ・カトリック大学の系列機関として設立されていた事情もあり、軍政下でも政府の直接的な介入を受けることが比較的少なかった。

ただ今回、関連資料を分析して、初めて明らかになったことは、軍政の教育政策にたいする批判的検討は、国民投票の勝利を待って開始されたのではなく、経済危機の勃発直後からすでに開始されていたという事実である。序章で述べたように、本研究への着手以前から著者が入手していた、ほとんど唯一の文献である『軍事体制の下での教育の変革』[5]は、一九八四年五月の発行である。これは、国民投票の四年前であり、軍政が継続していた時代である。この著作を出版したのはＰＩＩＥである。すでにＰＩＩＥは一九八〇年末から、軍政により導入された教育改革を批判的に検討するセミナーを準備していたという。米国のフォード財団は、この研究プロジェクトに資金援助をしていた。推測するに彼らは、経済危機が勃発し、軍政の締め付けが束の間緩んだこの時期を千載一遇の機会として最大限利用して、研究活動を進めたのであろう。編集代表者はかつてアジェンデ政権時に、教育省高官として著名であったヌニェス(Ivan Nuñez)であり、堂々と『軍事体制の下での』という批判的なタイトルを冠した著作が出版されたこと自体が驚きである。著作は、一四人の研究者の共同研究で、チリ教育のさまざまな側面を対象に、軍政の教育政策の進捗状況と影響を批判的な観点から分析するというものであった。

同じく一九八四年末に、ＣＩＤＥも、かつてチリの教育政策の形成にかかわった経験を持つ主要な教育学者、教育政策関係者を招集して、軍政の下で進行中の教育政策を診断、評価するための大規模なセミナーを六回にわたって連続的に開催した。その成果は翌一九八五年、ＣＩＤＥより『教育政策における合意形成に向けて：討議の記録』

(Hacia la elaboración de consensos en política educacional: actas de una discusión)[6]として出版されている。これらの機関は、特に軍政末期の八〇年代後半に入ると研究セミナーを開催したり、民政への復帰を展望して独自の政策提言活動を行うなど活動を活発化させていった[7]。

第2節　市町村への移管の評価をめぐって

1　自治体での運営の混乱

国立の就学前教育、基礎教育、中等教育機関の地方自治体(市町村)への移管は、経済危機による凍結、中断をはさみながら一九八六年までには完了していた。九〇年までに、自治体は、最長で一〇年間、最短でも四年間の学校管理を経験していたことになる。教育行政の地方分権化の目的は、肥大化し官僚制化した教育省の非効率性を排除し、教育を家庭や地域のコントロールに近づけ、市民の参加を拡大し、学校を地域社会のニーズにより効率よく迅速に対応させるというものであった。自治体移管は、こうした当初の目的をどれほど達成できたのか。

いくつかの資料から、移管された自治体での管理運営の実情の一端を窺うことができる。移管が一時凍結された一九八三年九月には、政府は、これまでの移管された自治体での移管のプロセスについて評価調査を行うことを宣言した。そのために内務省と教育省とで構成される合同委員会が設置された。この委員会の調査の結果は、市町村移管に関連して、次のような問題があることを指摘していた[8]。

(1)　教員の恣意的な解雇

(2) 市町村当局と教員との間のぎくしゃくした関係
(3) 教員によって基本的なものであると考えられる、一連の専門的な分野に取り組むための一般的基準の欠如
(4) 教員たちが既得権益とみなしてきた恩典の喪失（三年ごとの昇給、異動、事務処理日、研修、休暇等）
(5) 多岐煩多な行政的規則
(6) 専門的な事項にたいする市町村当局の過度の介入
(7) 教育資金の不適切な使用
(8) 教員のそれと比較して高給で多数の職員を抱えた行政機構
(9) 性急な方策や市町村当局担当者の異動による教員の不安定感
(10) 教育省から移管された教員定員の過剰。後に、助成金の単位の調整システムが変わった時、赤字の出現をますます増加させることにつながった
(11) 適宜是正されない構造的な問題を抱えた自治体
(12) 国庫助成法の欠陥

また一九八四年五月には、政府の公認する教員団体「教師会」(Colegio de Profesores)も独自に市町村移管についての評価を試みた。ここでは、その肯定的側面と否定的側面として次のような報告がなされている。[9]

［積極的側面］
(1) 多数の教育機関の改修

(2)　農村学校のための部局の創設
(3)　衛生、調理、食堂、調度、多目的広場の建設と修繕
(4)　いくつかの自治体での給食の改善
(5)　自治体教育部あるいは教員センターでの研修コースの実施

[否定的側面]

(1)　職員採用の増加。彼らは多くの場合、学歴や準備教育を欠いたまま、運転手、学校菜園管理者、社会訪問員などとして良い待遇で契約された
(2)　教育予算を流用しての他のサービス分野のための職員の採用
(3)　教育予算によって、ビデオ、インターホン、テレビなど高価な備品の購入
(4)　花瓶、ガラス灰皿、ランプ、絨毯、ニッケル家具、オフィス機器のような奢侈な備品の購入
(5)　市町村教育部で、仕事量を上回る過剰な数の職員の採用
(6)　教育予算での目的外使用の車両の購入
(7)　教員の無差別の配置転換
(8)　以下の目的により勤続年数の長い教員に任意の退職をせまる違法な圧力
①教員人件費の削減、②給与の低い新任教員の採用、③通常よりも安い給与の教員との契約
(9)　コスト効率を理由とした夜間校の閉鎖
(10)　解雇あるいは配置転換されないために、さまざまな状況に服従することを強いられる教員への悪意と脅し

(11) 病気休暇の違法な削減
(12) 教育に関係のない仕事への教員の配置
(13) いくつかの自治体での不明瞭な教育資金の運営
(14) 産休代理教員の不補充
(15) 産休教員への二～三か月の給与の停止

これまで、まったく経験や知識の蓄積がないまま、突然、公立学校の管理運営を引き受けることになった自治体での混乱ぶりと、職権濫用が垣間見えるような内容である。

また、自治体の中には、自治体独自の予算から教育を支援するために資金を計上し、バウチャーによる収入を補完するという積極的な動きも見られた。平均すれば、それはバウチャー収入の一割ほどの額になったという。しかしながら、自治体間にはその人口規模や財政力により、大きな格差があり、この自治体による教育助成もその規模はきわめて多様であった。

2 住民参加と民主化の限界

市町村への管理権限の移管は、もう一つの、地域住民の教育への参加や発言権を拡大するという点で、どれほどの変化をもたらしたのか。この点に関して、多くの論者の間では、八〇年代に推進された地方分権化の改革は、教育への参加への拡大をもたらすものではなかったという評価でほぼ合意がえられている[10]。その理由は次のようなものであった。

市町村の統治機構そのものが民主的とは言えないものであった。すべに述べたように、首長は、大統領による直接的任命であり、同じく大統領によって任命された県知事、州知事を通じて、大統領に直接的責任を負っていた。「彼らの責務は、それぞれの管轄地区において大統領の声を代表することであり、彼らも時として誤解しやすいが、地域社会の声を中央政府に伝えることではない」[11]とさえ言われていた。市町村には、地方議会にあたるものとして、自治体開発審議会が設置されたが、その委員（八～二〇人）は公選ではなく、事実上、首長の指名であった。その役割も「市町村長を補佐する」ものとされていた。

教育分野にかぎって見ても、かつてアジェンデ政権期の「民主化令」の下で、各学校、地域社会、自治体レベルにまで設置が要求されたような教育審議会のような参加組織が導入されることはなかった。全国的な教育組合を解散させられ、さらに、各自治体へと分割され細分化された教員たちの発言力は、極端に弱められていた。人事の権限は首長が握っており、左翼的な言動のみならず反抗的な態度は、しばしば解雇の理由とされた。七〇年代の軍政初期に定められた学生組織や父母会の活動を規制する措置が緩和されることもなかった。「軍事政権は、参加および実質的な『発言権』を持ついかなる機構にたいしても不信感をもっていた」[12]と言われるように、強権的な軍事政権の体質の下では、分権化はありえても、それにより民主化が促進されるということには限界があった。

前述のように、ネオリベラル派の理論には、教育への官僚支配を排除するために、父母や地域社会の教育への参加を歓迎する主張が含まれていた。しかしながら、上記のような軍部の体質と妥協する中で、最終的に、彼らの参加理論は、次のようなものへと変質していった。すなわち、住民や父母の教育にたいする意志表明は、教育の過程への参加や「発言権」（voice）という形ではなく、「離脱」（exit）という形で表明される[13]とされた。それは、憲法にも規定された父母の学校選択権の行使である。バウチャー制度の導入によって、父母には公立校間のみでなく、費用の自己負担なしに公立校から助成私立校へと子弟を転校させることが可能とされた。父母にとっては、自治体の公立学校のシステム、あるいは個々の学校の運営にたいして口を差しはさんだり、不満をもらすことはできないが、その代わり、子弟の転校という形でそれらを忌避し、より自らの希望に近い学校を選択しうるとされたのである。離脱は確かにある意味では、明確な態度の表明、究極の意志表明の形態といえるかもしれないが、言うなれば無言の退出は、その管理運営者に改革に向けてなんらかのメッセージを発して、それをフィードバックするというメカニズムを欠いているという限界を持つことは否定できない。地方分権化は、かならずしも、教員、父母、地域社会の参加や発言力の増大や拡大を伴うものではなかった。

3 教育省の復権と二元的教育行政

教育省側の立場、特に、政治任命の幹部職員を除いた一般の職員の視点から見れば、教育の地方分権化=学校管理の市町村移管は、けっして自ら望んだものではなかった。それは、教育省の解体とまでは言わないまでも、職員の大幅縮小を伴う機能的再編であった。事実、移管が進展するにつれて、一九八〇年のピーク時には二万人を超えていた教育省職員の数は、半数以下の八、〇〇〇人台にまで縮小されていた[14]。当初は、財務省や国家開発計画庁のテクノクラートの攻勢に抵抗するすべもなく押されっぱなしであった彼らも、経済危機の影響で移管が凍結され、また市町村の教育財政状況の悪化が表面化するにつれて、次第に、中央官庁としての失われた権威と権限を回復すべくひそかな努力を開始した。特に、一九八五年以降は、新自由主義的政策の推進にそれほど執心しない教育相の就任が続いたこともあり、教育省は、教育政策の決定でより積極的な役割を獲得していた。

一般的に、教育の内的事項と外的事項との区分は、多分に理念的なものであり、現実の行政の場面では、それを厳密に区分することは難しいと言われている。チリにおいても、市町村に移管された「管理的機能」と教育省に残されることになった「技術的・専門的機能」に関しては「実際に、両者の機能の境界を明確に区分することは困難である」[15]と認識されていた。教育省は、この「技術的・専門的」側面に関する権限を最大限に解釈して、主として、県教育省事務所に所属させたスーパーバイザーによる視察、州教育事務所にたいする各種の学校運営に関する文書の報告義務を通じて、市町村に移管した学校、国家助成金を受ける私立学校にたいする統制を保持しようとした。市町村移管に際して教育省は、新たに県教育事務所に一、六五〇人のスーパーバイザーを配置した。一、〇〇〇人は主として、教授学習過程に関する査察にあたり、六五〇人は行政・管理的な側面の査察にあたるとされていた。後者にとって大きな役割は、各学校での毎月の生徒の出席状況をチェックすることであった。スーパーバイザーたちは、「管轄下の学校を事前通告なしに訪問し、学校の物理的状況、必要な文書類の保存、教育省の規則の履行、生徒の出席状況をチェックした」[16]。この出席率に関する虚偽報告や不正行為は、厳しい処罰の対象とされた。改革前まで「教育当局と国の教育機関との間との関係は、特に農村部においてはわずかなものであった。……スーパービジョンは、この五〇年間で、教育機関の数が増すにつれて、ますます、ほど遠いものとなっていった。教育省の職員が訪問することはまれであった」[17]と言われていた。分権化は、むしろ中央による地方学校へのコントロールを事実上強化したという側面もある。

組織的には、市町村は内務省の系列の下に置かれ、首長は内務相に直接責任を負っていた。自治体教育行政部も含めて、市町村の管理する事務は、内務省の指揮監督に属している。事実、首長は、特に教員を解雇する場合、事前に内務省の許可を取り付けていた。市町村教育行政部（あるいは、前述の民間教育行政法人）、はその日常業務を遂行する際に、取り扱う事務の種類によって、内務省系と教育省系という二元的な指揮命令あるいは指導助言を受けることになったのである。こうした「二重の従属」の体制は、市町村側での経験の不足もあり、市町村での学校管理運営に、しばしば混乱をもたらすものであったという[18]。

市町村に移管された学校管理運営に関する権限は、端的に言うなら、市町村の首長個人に一極的に集中されたのである。自治体への分権化が、教育の民主化につながらない実態に批判的な人々は、こうした分権化を、「市町村への移管」(municipalización)ではなく、「首長(アルカルデ)への移管」(alcaldización)であると呼んでいた[19]。

4　教職の職業的不安定化と地位低下

ともかく、市町村移管と非公務員化の政策により、一九八〇年から八七年の間に、国全体の教員のうち八・五%が解雇されたという[20]。また、別の推計によれば、一九八一年から八九年の間に、国の公立学校、助成私立校の約一〇万人の教員のうち、約五人に一人が、少なくとも一度は解雇を経験したと言われている[21]。この間、教員給与も実質的に大幅に低下していた。やはり、教員の市町村移管と教員の非公務員化は、教職の職業的安定性を損い、勤務条件の低下をもたらしたことは明らかであった。八八年の国民投票、八九年の大統領選挙でも、教員たちの多くは、反軍政の立場から積極的な活動を展開していた。前述のように、一九八一年にカトリック教会の発表した教育改革に関する声明は、すでに「教員たちにもたらされたきわめてデリケートな状況」について、重大な懸念を表明していたが、不幸にもこの予測は一〇年後に、まぎれもなく的中していたことは明白であった。教員は、新自由主義的教育改革の最大の被害者であったとみなされた。「教職ほど、市場の論理と教育の理念が劇的に衝突する舞台は他にはなかった」「事実、教育システムの分権化と民営化は、教職の専門職性に多大な影響を及ぼした」[22]と言われた。

5　民間の教育行政法人と中等職業技術学校の民間委託について

前述のように、民間教育行政法人による公立学校の管理の方式は、一九八八年の会計検査院による違憲判断を受けて新規の法人設立が停止されていた。また、中等職業技術学校の民間の経営者団体への管理委託についても、一九八六年以降は、この委託を申請する民間法人はなく、新規委託はこの年をもって停止していた。結局、量的な面では、企業委託学校は全体で七〇校ほど、中等教育在籍者の七％前後、基礎教育を含めれば児童生徒全体の一・九％というレベルにとどまった。いずれも八〇年代末には、すでに軍事政権において教育政策のメニューからはずされており、新規に拡大する可能性はなくなっていた。そのためか、これらの組織の評価をめぐる論議はあまりみられなかった。量的な拡張という点からは、民間委託の成否を評価することは困難である。しかし、これらの政策がもたらした結果にたいする評価はかならずしも否定的なものではなかったように思われる。企業委託学校の目的が、市町村に移管する他の多くの公立の職業技術学校のモデルとなるような先進的なイノベーションを生み出すことにあったとするなら、その目論見は、ある程度成功したと言えるかもしれない。例えばコックスは、彼としてはめずらしく、こうした政策に対して次のような評価を下しているからである。「いくつかの主要な業界団体は、カリキュラムのレリバンスや委託機関の卒業生の雇用確保に積極的かつ直接的なインパクトをもたらした。しかしそれ以上に、民間委託は一九九〇年代において、この種の中等教育のカリキュラム改革にたいして広範な理解を形成するための基盤の一つを確立した」[23]。活動を継続している既存の民間の教育行政法人についても、あえてその廃止を主張する議論は聞かれなかった。

第3節　教育バウチャーをめぐる評価

結局、教育バウチャーの功罪、効果をめぐる評価が最大の関心となった。バウチャーは、チリの教育全体にどのようなインパクトを与えたのか。その効果と限界はどのようなものか。バウチャーの効果と限界をめぐる研究と議論は、チリ内外を含めて一九九〇年代になって活発化する。八〇年代末の時点では、まだバウチャーの効果を厳密に検証するための資料の蓄積や学術的な分析活動はまだそれほど多くはみられなかった。だが、出現しつつある現象や学校の観察から彼らのたどり着いた評価はほぼ次のようなものであった。

一九九〇年、エスピノラは、軍政の導入したバウチャー制度の本質を、次のように見ていた。

「改革が開始した（需要への助成という）教育財政システムは、自由市場という経済モデルを教育分野において再現するものであり、組織における効率を生み出すために競争というものに最大限の長所を見いだすものであり、経済システムの規制における選択の自由に根本的な役割を賦与するものである。獲得した児童生徒数と国の助成とを結び付ける助成システム、民間参入を通じた教育提供の多様化、父母による学校選択の自由、の三点が新しいモデルの基本的なコンポーネントである。生徒を獲得するための学校間での競争と学校の選択への需要者（保護者）の参加は、学校システムにおける質のレベルを規定するのに貢献すると期待された」[24]。

彼らは、教育の運営の効率性、教育の質の向上、教育における社会的公正という三点から、バウチャー制度採

表 6-1　公立（国立・市町村立）学校での教員／生徒比の変化（1980 ～ 1990 年）

年	教員数（千人）	児童生徒数（千人）	教員／生徒比
1980	87.4	2,287.9	26.2
1985	81.2	2,091.9	25.6
1990	78.0	1,746.8	22.4

〈出典〉Larrañaga, Decentralización of Education 1996 p.17 から引用

用の功罪を見きわめようと試みた。第一に、教育の効率性に関しては、確かにある程度の成果を確認することができた。バウチャーが学校在籍者数ではなく、出席者数をベースにして、しかも月ごとにそれをチェックするという方式にしたことは、児童生徒の出席率を向上させた。そのためもあり、基礎教育の児童の留年率は、八〇年の八・一％から八九年の六・一％に低下した。また、特に就学前教育と中等教育において、助成私立校の増加は、増大する進学需要を比較的スムーズに吸収する役割を果たした。私立校が少ないコストで公立校と同等、あるいはより良い学業成績をあげたことは、助成私立校のコスト効率の良さを実証するものであるとする主張もあった。校舎や設備を国から無償で移管された公立校とちがい、私立校はインフラ建設によって生じた借入金を抱え、収入のかなりの部分をその支払いに充てねばならなかった。そのため、平均して、助成私立校の教員給与は、公立校のそれよりも三九％も低く抑えられていた25。助成私立校は、教員給与のコストを抑えるために、若手教員を採用したり、二部制授業を行う公立校の教員を、勤務と重ならない時間帯に（安い給与で）助成私立校教員として採用するなどの工夫を行った。

表6-1は、この一〇年間での公立校における、教員数、児童生徒数、教員一人当たりの生徒数の推移を示したものである。

私立の攻勢の前に、公立校は児童生徒を減少させていた。この表からは、この間約五四万人が減少していたことが読み取れる。しかし、さまざまな理由から教員数の調整

は遅れ、このため公立校での教員一人当たりの生徒数はますますすくなくなり、コスト効率の点ではむしろ悪化していた。たしかに、助成私立校の効率性の良さは認められたとしても、それは一方では、公立校での過剰教員の抱え込み、他方では、助成私立校側での教員給与のコスト・カットという犠牲の下に実現されたものであるとするなら、助成私立校の効率性の高さには限界があることも否定できなかった。また助成私立校は、事実上、生徒の入学の選抜を行っており、教育コストのかかる「できの悪い、手のかかる」子どもを排除しているから効率性が良いのだという指摘もみられた。正式に入学試験を行うことは禁止されていたが、助成私立校の中には、独自に知能検査を行ったり、父母の面接を行って望まない生徒に対して他校への進学を「勧奨」したりするケースがあると指摘されていた。父母の学校選択権は確かに拡大したが、それは、助成私立校側による児童生徒の選抜を事実上、容認するものであった。

一方、教育の質への効果はどうか。軍政は、全国的な学力調査試験システムを導入していた。教育の質の問題はこの学業試験の成績をベースに議論された。全国的な学業成績試験によれば、児童生徒の成績の平均は、有償独立私立校、助成私立校、公立校の順で相互にかなりの格差が見られることが確認された。しかしながら、助成私立校と公立校での成績の差の原因をめぐっては大きな論争が生じた。助成私立校の相対的な成績の良さは、公立校生徒のうち成績の良い者がこれら学校に転校したことの結果や、逆に公立校に残った生徒のモチベーションが低下した結果であり、助成私立校独自の教育努力の成果ではないのではないかという議論があったからである。農村部には公立校以外になく、これらの地域での児童生徒の学力の低さが公立校の成績を下げているという反論も見られた。

この一〇年間を通してみた成績の変化はどうか。全国共通学力試験が、八〇年代初期の八二～八四年に実施され、中断をはさんで八八年に再開されたので、この間での成績のデータが検討された。これらの試験は、同一の問題群を使用していないなどの技術的な問題から、各年度間の成績の変化を厳密に比較検討することは不可能であった。また、初期のものは、農村地区の学校（成績が低い傾向がある）を含まず、後期のものには、これがかなりの数含まれるという調査対象の相違も見られた。しかしながら、こうした点を考慮したとしても、「学業成績はこの一〇年間では改善されず、おそらく低下したのではないかというのが控えめな仮説であるように思われる」[26]、「測定がなされた年をみるかぎり学習成果の全体的な平均は、想定されていた水準の六〇％を超えておらず、実質的な改善もみられなかった」[27]という。

学業成績全体の水準が予測されたものよりもずっと低かったということが明らかになった。教育費が削減される中で、量的拡張を達成しながら学業成績をそれなりに維持したことは、成果であったと言うこともできるかもしれない。しかしながら、競争の導入が、学校関係者に緊張感を与え、それが教育の質の向上をもたらし、チリ全体を通じて生徒の成績が底上げされるという当初の目論見が達成されたこと示す資料は得られない、というのが彼らの結論であった。教育の質の向上にたいするバウチャーの効果については、見解は分かれ、あいまいさが残されたままであった。

経済危機以降、バウチャー価格が切り下げられると、新設の助成私立校の生徒獲得戦略は、教育の質の向上という時間とコストのかかるものよりも、英語の人名や地名を冠した学校名の採用（公立校は没個性的な番号で表示されていた）、洗練された制服（校章、ネクタイ）・カバンの採用、中産階級の趣味を意識した校歌や学校行事の導入、愛校心、第二言語としての英語の強調、学校の美観向上・清掃など、中産階級の趣味をくすぐるようなマーケティングに走る傾向が見られたという[28]。民間の参入による提供される教育の多種多様化という期待は、提供する教

表 6-2　学校類型別に見た在籍児童生徒の社会経済的階層（1990 年調査）

所得水準	公立校	助成私立校	有償独立私立校
I	41.9%	25.8%	4.0%
II	27.6	22.5	5.8
III	15.8	22.4	8.0
IV	9.8	17.9	15.2
V	4.9	11.3	67.0
合　計	100.0	100.0	100.0

〈出典〉Ministry of Planning CASEN Survey 1990

育の質という本質的な部分というよりは、こうした表装的な部分にとどまる傾向があった。ちなみに当初は、助成私立校の攻勢に押されっぱなしで児童生徒の流出に手をこまねいていた公立校も助成私立校のマーケティング戦略を模倣するようになり、助成私立校と公立校の差別化は、次第に不鮮明なものになっていったという。

一方、バウチャー制度によって、父母の学校選択権の幅は大きくなったが、実際の学校選択行動は、父母の社会経済的階層によって大きく影響されることが明らかとなった。一九九〇年に行われた国民社会経済動向調査（CASEN）では、学校選択と社会階層との関係において次のようなことが明らかとなった[29]。**表6-2**は、学校類型別に、在籍する児童生徒の家庭の所得水準を分類したものである。ここでは、各家庭を、家計収入をベースに、最貧層（I）〜中間層（III）〜最富裕層（V）の五段階に区分している。

学校類型ごとの在籍比率の相違を見ると、公立校では全体のほぼ七〇%が貧困層出身の子弟（Iが四一・九%、IIが二七・六%）であるのにたいして、助成私立校のそれはほぼ四八%（Iが二五・八%、IIが二二・五%）であり、独立私立校にいたっては貧困層の子弟は一〇%未満である。

助成私立校は生徒獲得競争をしかけ、特に、公立学校の生徒の中でも比較的家庭環境の良い成績の優秀な生徒をターゲットにして自校にリクルートする戦略を展開した。その一方で、学習不振児や家庭環境に問題のある生徒の入学を事実上拒絶することができた。公立校生徒の中の比較的社会経済階層の高い家庭の出身者が、率先して助成私立校に転校したように、選択と競争の導入は、社会階層間で学校選びに相違を生み出した。父母は、自己負担なしに助成私立校に子どもを転校させることも可能になったが、都市の貧困層の間では、助成私立校が近隣に存在していたとしても、就学関連の経費負担の困難（通学のための交通費、私学の高価な制服代）や補助的サービスの便益（公立学校では学校給食や衣服を提供される可能性が大きい）などの理由から助成私学への転校をためらう傾向がみられたという30。また、一般的に低学歴の親たちは、階級意識に伴う気後れから高学歴の親たちが多い学校を選択するのを回避する傾向が見られると指摘する声もあった。農村部やへき地においては、私立校の進出がなく、公立校以外の選択肢は存在していなかった。選択と競争の導入は、社会階層間での学校選択ルートの差別化をもたらした。学校類型間、社会経済階層間での学業成績のバラツキ、格差の存在を顕在化させることになった。教育における公正の観点から、バウチャーの影響はむしろ否定的とみなされた。

第４節　高等教育に関する評価

公的な財政負担の増加を伴うことなく、高等教育の量的拡張を図るというシカゴ・ボーイズたちの目標は、ある意味で実現されたと言えるだろう。新しい制度の発足当初は、確かに公的財政支援の増加（五年間で一・五倍に）することを公約していたが、経済危機を口実にその履行を反故にし、さらに景気が回復基調に向かった後も、その回復を実行することはなかった。結局、一〇年間で、高等教育向けの公的財政負担を四〇％も削減させることになった。しかしこの間にも、高等教育はその在籍者を減らすどころか、国全体の高等教育在籍者数は、二・一倍に増加したのである。この量的拡張の大部分は、新設の私立高等教育機関によって担われた。これらの機関にたいする国からの助成は、まったくと言っていいほど行われなかった。ようやく一九八九年になって、優秀学生の獲得による間接助成と競争的研究資金への応募が私立高等教育機関にも認められるようになっただけである。

新設私立高等教育機関の学生は、大学ローンの対象ともされず、彼らは私立校の要求する高い授業料を負担しなければならなかった。また、八〇年代半ばまでは経済状況も悪かった。こうした中で、私立高等教育機関の在籍者が急増した事実は、チリにおいて高等教育進学を求める潜在的需要がいかに大きなものであったかを示している。蓄積された潜在的進学需要は、新設の私立高等教育機関という出口を得て噴出した。一方、供給側も迅速に反応した。それは、政府が規制を大幅に緩和し、高等教育機関設立の認可の要件、手続きを最低限というレベルにまで簡素化したことによる。民間の供給側では、インフラ整備や教授スタッフの準備に時間とコストがかからない短期の技術教育センターがまず出現した。五年間で一〇〇校というペースであった。高等専門学校と私立大学は、最初はやや出足が鈍かったが、八〇年代半ば、特に、軍政最後の二年間に集中的な駆け込み参入が相次いだ。

おそらくこうした現象は、制度設計にあったシカゴ・ボーイズの予測を超えた動きであったと思われる。なぜなら、潜在的な高等教育進学需要を予測することはある程度可能でも、チリのような非助成型の私立高等教育機関の伝統を欠いていた国において、新たに私学高等教育機関の経営に参入することを望む個人や団体がどの程度存在するかを予測することは、彼らにしても困難なことであったと思われるからである。それにしても、私立大学や高等専門学校の設立申請が、規制緩和が行われた直後ではなく、軍政の終焉が現実のスケジュールにのり、次の文民政権による設置基準の厳格化の方向での見直しの予測が出てきた途端に集中的に出現したのは、なんとも皮肉なことであった。この短期間での集中的な供給者の市場参入は、需給のバランスを崩し、供給過剰、過当競争を生み出すことになったからである。軍政末期に、駆け込みのように私立高等教育機関の設立が相次いだ。こうした状況は、これらの機関の教育の質を監視するために設定された「査定システム」を困難にした。コックスによれば、一九八〇年代末には、「一九八一年の政令によって導入された大学設立の査定のプロセスにたいする批判は、実際に、いたるところに見られ、また、高等教育システムを調整する機構の必要性について広範な意見の共有がみられた」[31]という。文民政権の下で、規制緩和の見直し、国による高等教育の再調整に向けて、なんらかの措置が必要であるという点では、関係者の認識はほぼ一致していたように思われる。

第5節　各政党、団体による軍政の教育改革への評価と提案

民政への移行が目前にせまるにつれて、各政党、教育関係団体などからも軍政の推進してきた教育政策にたいする異議申し立てや方針転換を呼びかける提案が出されてくることになる。一九八九年、当時、独立系の教育研究組織ＣＩＤＥの研究員をしていたコックスは、文民政権への移管が現実的な視野に入ってきたことを受けて、こうした一連の教育政策に関する声明や提案を整理して分析する作業を行った[32]。教育政策に関心と影響力を持つアクターとしてコックスが分析の対象としたものは、反軍政の政治勢力（キリスト教民主党、急進党、社会党、共産党、教会、フリーメーソン組織）、二つの教員団体（最大の「教師会」Colegio de Profesores）と左派分派の「チリ教育者同業者組合協会」（ＡＧＥＣＨ）、右派と左派の代表的な知識人たちであった。コックスによれば提案には、今後の教育政

策のあるべき姿をめぐって、関係者の間でほぼ合意のみられる課題と、意見の分かれる課題があったという。要点を紹介しよう。

［合意のみられた課題］

第一は、参加組織の構築の必要性という点であった。「『学校』レベルであれ、『システム』のレベルであれ、現在は欠けている教員・父母・地域社会を動員する参加のメカニズムを構築する必要がある」ことで提案は一致を見ているという。

第二の合意事項は、公的な教育費支出を軍政が設定した水準よりも増加させる必要があるということであった。「提案の大多数は、左派右派という政治的立場をこえて、資源レベルの深刻な低下を認識し、歴史的な水準の回復であれ、新しい様式であれ、教育セクターに資金を流入させることを提案している」という。

第三は、教員の雇用条件の悪化への批判ということでも合意が見られた。「それをどのような方式で達成するかについては意見が分かれるが、最近の教員たちの物質的および専門職能的な地位の低下を指摘し、この点に関する方策を早急に遂行することを主張しない提案は見られない」という。

最後に、次の二点に関しても関係者の間に合意が見られることは注目すべきことであると指摘する。すなわち「教育の提供における国家の中心的な役割について、いずれのアクターも疑問を呈していない」ことであり、もう一つは、「政治と教育の舞台での『常識』となる支柱は、機会均等の原則であり、それは、教育の制度的組織化と教育の分配において、指導的な基準として作用する」と認識されている点である。

［対立の見られる主題］

意見の相違がみられる主題は、教育制度の「構造的改革」と呼ばれるものであり、教育の制度と機能を外部から規制するものとして、政治システムと国家に頼るか、これに代えて市場関係あるいは市民社会を対置しようとすることに関するものであるという。

「中央集権的な『教育する国家』への回帰を主張して、市町村移管も、助成私立校セクターの発展も、元の状態に逆戻りさせることを提案するアクターがいる。それは急進党であり、すこし控えめながら、共産党とチリ教育者同業者協会もそうである。キリスト教民主党と教師会という有力なアクターの立場は、この点に関して揺れ動いてきた。一九八六年までは、双方とも、改革導入以前の状態への復旧に賛成していたが、それ以降は、キリスト教民主党は、「地域社会の行政」セクターの維持を可能と考えるようになり、教師会は、その立場を表明しなくなった。市町村を通じての分権化に、さらにはより小さい単位をも含めて明確に賛成する提案は、社会党のそれであり、左派も右派も知識人はそれを支持している。

分権化に関しては、この一〇年間で、教育に関する政策の対立の構図に大きな変化が生じてきた。歴史的にそうした構図は、中道と左派による「集権的な国家的組織」体制と右派による「民間・分権的組織」体制とに明確に分岐していた。今日、そうした秩序は、左派・中道・右派という政治的な位置とは関係なく、中央集権派と地方分権派が対立するという構図に変わってきた。例えば、ビアル（元教育相）によって代表される右派が、教育の分権化、民間の活力、市場の役割を高く評価し、明らかに、社会党などによって代表される左派の政治的立場と同じ立場に立っている。社会党もまた、分権化を高く評価し、教育の規制において「市民社会」が中心的役割を果たすことを提起している。こうした二つの立場において、その相違は、それをどのような様式とするか、参加のための組織をどのようにするかに関する小さなものである。両者は、左派の共産党および中道の急進党とキリスト教民主党の「中央集権主義」的立場に立つ、伝統的な集権化された形態を批判するという点では一致している。前述のように、キリスト教民主党は、分権化の形態を評価する方向にむけて、その態度を変化させてきたが。

さらにコックスは、意見の相違が見られる事項に関しても、次のような注目すべき観察を行っている。「上記の事柄は、意見の相違のある議題の中心部においても、昨日まで思いもよらなかった歩み寄りと妥協を目指す過程が進行中であり、軍事体制によって導入された改革の軸を逆転させることをめぐる葛藤をかなりの程度抑制できるかもしれず、さらに、そうした論争の結果から、現在のそれよりもより明確な形で、『集権主義者と分権主義者』『国家派と市場派』『国家と市民社会』のそれぞれの原則を混合するような制度的形態が生まれることになるかもしれないことを示唆している」33。

こうした分析をベースとするなら、次のような状況を推測することは可能であると思われる。軍政の教育政策は、その導入・遂行過程において、強引で権威主義的なものであったことは否定できないが、ともかく一〇年間にわたって遂行されてきた。こうした時間的な経過と経験の積み重ねの中で、反軍政派の政治勢力の間でも、その教育政策の評価に関して、意見の相違が生まれてきていた。おそらく従来は、その政治的原則の立場から、軍政の教育政策を批判することでは彼らの意見は一致していたのであろう。しかし、政権交代が現実のものとして展望されるようになるにつれて、彼らの中でも、次期政権の中核となりそうな政党（キリスト教民主党、社会党）や教員組織の多数派の間には、軍政の教育政策を全面的に否定し、改革の導入以前の状態にまで後戻りさせるのは現実的ではなく、むしろ、個々の政策の実際的なメリットとデメリットを慎重に検討しようとする姿勢が生み出されていた。また彼らの間には、「昨日までは、思いも寄らなかった歩み寄りと妥協が進行中」であり、「国家原理と市場原理を混合する可能性」をさぐる柔軟な態度も生み出されていた。ちなみに、この分析を行ったコックスは、文民政権の誕生とともに、教育省の高官としてリクルートされ、その教育政策を主導するスタッフの一人となった。

もう一つ踏み込んだ推測が許されるとするなら、八二年以降の経済危機の到来は、制度の設計者たち自身まったく想定していないものであったと思われる。そのため、彼らは、その改革路線の一時的な凍結や軌道修正を余儀なくされた。経済が回復基調にのった一九八六年以降、改革路線は、再度復活するものの、ビュッヒ財務相の政府支出抑制方針の下に、教育財政の面では、公的な教育費支出の水準は低いままに留め置かれた。バウチャーにせよ、高等教育への国庫助成にせよ、政策の実際の遂行は、当初構想されたものよりもかなり低い水準の教育予算の下で継続されたのである。もし、教育財政が経済危機以前の当初の水準で維持されていたとするなら、教育改革の成果は、これとは別の様相を呈していたかもしれないという推測は可能である。問題は、制度の本質的な性格から由来するものなのか、それとも、経済危機による運営の混乱という状況的な要因に起因したものであったのか、彼らにも、その判断の見きわめをつけることが難しかったのでないかと推測されるのである。

また、市町村移管に伴って生じた問題も、前述のような評価は、八〇年代前半の移管から比較的日の浅い時点での評価であり、構造的な問題というよりも、首長による職権の濫用あるいは逸脱、教育向け資金の乱脈な管理（教員にとっては教員給与からの流用となる）などに関心が集中している。これらは、会計検査院等による監査を厳しくすれば改善が可能な点も多かったように思われる。文民政権の誕生に合わせて、分権化の受け皿である地方自治制度そのものを改革（首長の公選制復活や住民参加組織の拡大など）するなら、市町村による学校の管理運営にも、軍政下とは別の様相が現れるのではないかと期待することも可能であったと思われる。

上記のように、この一〇年間ですでにチリの教育制度の様相は、劇的な変貌をとげていた。つごう一六年半の長期に及んだ軍政期の時間を逆戻りさせ、フレイ、アジェンデ時代の「教育する国家」理念に立つ集権的な国家主導型の教育制度に回帰させることは、おそらく彼らにとっても、事実上不可能であることは認識できたであろう。軍政期の遺産をすべて負の遺産として否定し去ることはできなかった。以上述べてきた状況や情報を総合するなら、八〇年代末の政権移行期において、新しい体制の下で教育政策の担い手となることを期待される人々にとって、現実的に選択しうる道は限られていた。それは、来るべき民主主義体制の中で、軍政期の遺産をいかにして軌道修正しながら活用してゆくか、その可能性を模索するという道であったと推定されるのである。

第6節　軍政の置き土産——教育に関する憲法構成法の制定

一方、一九九〇年三月と決められた文民政府への政権委譲を前に、軍事政権は、自らが推進してきた教育改革の理念と制度を存続し、影響力を残そうと企てた。またそのためには、その政策の中でも特に抵抗や批判の強いものに関しては、残された政権任期の間に自らの手で見直し、若干の軌道修正を加えることも拒まなかった。そのために彼らが採った手段は、「教育に関する憲法構成法」(Ley Orgánica Constitucional de Enseñanza, ＬＯＣＥ)を制定することであった。先に一九八〇年憲法の制定過程において述べたように、この法律は、憲法がその制定を義務付けていた教育に関する基本となる法律である。憲法の公布以来、一〇年ちかくその制定に着手しなかった軍政は、政権委譲のわずか数日前に、突然、「教育に関する憲法構成法」を制定したのである。その官報告示は、新政権発足前日の三月一〇日というきわどいものであった[34]。それは基本的に、軍事政権の導入した一連の教育改革を改めて成文化し法律の形にしたものであった。しかも、本法は憲法構成法と呼ばれる上位の法律であり、その改正には議会両院で七分の四以上の賛成票を必要とした。新文民政権の与党勢力は、上下両院でそれだけの議席を確保できていなかった。

「教育に関する憲法構成法」は、全八八条からなる包括的な法律で、その法律の趣旨は、「基礎教育と中等教育の各段階で達成しなければならない最低基準を定め、同時に、その遂行を監視する国家の責務を規定する。さらに、すべての段階の教育機関の公的認証のプロセスを定める」(第一条)ことにあるとされている。以下法律は、教育の権利、教育の自由、親の学校選択権、教育の発展への地域社会の貢献義務、党派的教育活動の禁止など、憲法で規定した基本原則を個別の条文として確認しているほか、基礎教育や中等教育の目的、それぞれの最低限の達成要件、教育課程の編成の権限、授業日数や年間計画の作成、私立の基礎・中等教育機関への国家の公的承認の手続き等について定めている。ただし本法律では、基礎・中等教育の管理運営の市町村への移管やバウチャー制度に関してはふれられてはいない。しかしながら、「その子弟を教育する権利と義務は優先的に家庭の親たちにある。この権利の行使に特別の保護を与える義務は国家にある」(第二条)、「国は教育の自由を特に保護する責務を持つ」(第三条)のような条項は、私学の振興と学校選択権の存続を強く示唆するものであると解釈された。

構成法の特色は、むしろ、全体の約三分の二の条文が、高等教育に関する規定に充てられており、具体的な手続き等に関する規定もかなり詳細に書き込んであることである。その包括的な法律名にもかかわらず、本法は実質的には、「チリ高等教育法」と呼んでもいいような高等教育中心の法律となっている。

高等教育に関する規定を定めた第Ⅲ章は、「高等教育機関への国家による公的認証」(Reconocimiento Oficial del Estado a las Instituciones de Educación Superior)にあてられており、次のような構成とされている。

第一段　一般的規定（第二九条〜三一条）
第二段　「教育に関する高等審議会」と認定システム（第三二〜四三条）
第三段　大学の公的承認について（第四四〜五五条）
第四段　高等専門学校の公的認証について（第五六〜六三条）
第五段　技術教育センターの公的認証について（第六四〜七〇条）
第六段　国防省に属する高等教育機関の授与する資格と学位の公的承認について（第七一〜七四条）
最終の第Ⅳ章もそのほとんどが高等教育に関連する条項である。

第三段〜五段は、一九八一年の一連の「法律の効力を持つ政令」によって導入された新設私立大学、高等専門学校、技術教育センターの三種類の高等教育類型について、改めてその組織と特色、機能等を法律の条文として書き込んだものである。文民政権の誕生以降も、こうした高等教育多様化の制度的枠組みを維持せよという軍政からのメッセージとして読むことができる。ただ大学に関する条項では、大学だけが授与できるとされた一二種類の専門職資格に、新しく三種類の教員資格（基礎教育、中等教育、特殊教育）が追加され一五種類となった。先の一九八一年の教会による声明でも表明されたように、大学のみが授与できる専門職資格から教育学が外されたことは、教職の専門的地位に影響を与え、事実、教員志望者の数や成績水準は低下する傾向をみせていた。教育学関係者は、その改善に向けてさまざまな運動を展開していた。一九八五年までに、チリ大学から分離独立した教員養成系の国立高等専門学校が教育大学に昇格を果たしたことは、事実上、大学における教員養成が復活したことを示していた。憲法構成法は、それを条文として明記したものといえる。ちなみにこの直後に、さらに幼稚園教育教員資格とジャーナリスト資格が加えられ、最終的に、大学の独占する専門職資格は一七種類となった。

第六段は、教育省以外の省庁が所管するいわば第四の高等教育カテゴリーに属する機関に関する規定である。具体的には、陸・海・空三軍と国家警察隊が設立し、運営管理する高等教育機関である。これらの機関は、国防省の所管する設置法によって創設されたものであるが、従来の法令においては、法的位置付けがあいまいであった。軍部は、政権を去るにあたって、本法律によって、自らが直接管理する高等教育機関を国の高等教育全体の枠組みの中に正式に位置付けようとしたのである。法律は、はじめてこれらの機関の授与する学位や専門資格を、一般の高等教育のそれと同格であり、同じ法的効力を持つと明記した（第七一条）。こうした機関には、「国家政治・戦略研究アカデミー」「戦術とポリテク・アカデミー」「兵科学校」「軍特殊学校」「民間航空局航空技術学校」「軍士官学校」「国家警察科学アカデミー」「国家警察学校」「チリ上級捜査学院」等が含まれる。

このように、軍政の置き土産である教育に関する憲法構成法は、基本的には、八〇年代に軍事政権が導入したさまざまな教育改革の枠組みの存続を図るために、それに憲法構成法という強力な法制的な網をかぶせることによって、新政権による制度の変更を困難にすることを意図したものであった。しかしながら同時に、この法律には、八〇年代の政策を自ら是正するような条項も含まれていることは注目される。上記の教員養成の大学への復帰も、その一つであった。是正の中心となったものは、第二段に示された新設の高等教育機関への認定システムの導入による公的認証の導入であった（第三二～四三条）。このための組織として新たに半官半民的な自治的な法人組織として「教育に関する高等審議会」（Consejo Superior de Educación, ＣＳＥ）が設置されることになった。この審議会の役割は、一つには基礎・中等教育レベルのための国家カリキュラムを事前に承認することとされたが、それ以外の主要な役割は、新しい手続きによって新設の私立大学と高等専門学校に公的認証を与えることと規定された。

公的認証を求める私立機関は、審議会に、設立趣意書、学則、当該機関の将来の拡充整備計画を提出し、その承認を得なければならない。審議会は、提出された拡充計画を審査し、九〇日以内に承認するか、異議の意見表明をして再提出を求める。この審査の承認を待って各機関は教育活動を開始する。ただしこの認可は、仮認可とも言えるものであり、各機関はそれから最低六年間、先に提出した機関整備拡充計画の進捗状況について詳細な年次報告書を提出するとともに、審議会の派遣する外部専門家による評価や試験による学生の成績のモニター・チェックを受ける。この手続きを経て承認を得た機関が完全な自治権を持った機関として公式に認定される。承認されなかった機関は、認定の期間をさらに五年間延長される。また、この段階で重大な欠陥を持つとみなされた機関は、新規学生の募集の停止を命じられる。各機関はこの五年間の追加審査の後、完全自治を認められるかそうでない場合には、最高教育審議会は教育省にたいして、これらの機関の公的認証の取り消しと法人格の廃止を勧告することになる。一方、技術教育センターに関しては、この審議会ではなく教育省が直接に公的認証と認定を監督するものとされた。この新方式は、従来の方式が「査定」(examinación)システムと称されていたのにたいして、「認定」(acreditación)システムと呼ばれた。

「教育に関する高等審議会」(CSE)は、教育相を会長とし、高等教育関係者、学術界、最高裁判所指名の委員、統合参謀本部指名の委員など九名の委員で構成された。審議会は事務局を持ち、各機関から提出される拡充計画プロジェクトの審査、提供される各コースの分析、拡充計画の年次進行状況、学生への学力試験の実施など認定過程に関する実務を遂行する。また、それらの事務の遂行に関して、各申請機関から所定の手数料を徴集することができる。

従来の査定システムが、主に提供する各コースの教育課程と学生の教育水準について審査を受ければ良かったのにたいして、新しい認定システムでは、その審査項目は、各機関の教授陣、教授法、教育計画・課程、施設設備、さらにそれらの裏付けとなる財務・資産の側面も含めてかなり広範で厳格なものとされた。また査定では、契約を結んだ査定大学＝伝統的大学の中の一校から審査(同僚による審査)を受ければ良かったのにたいして、新制度では、教育相を会長とし国の高等教育全体を代表する委員で構成される審議会による認定となり、認定の重みは格段に増している。また、査定あるいは審査継続による保護観察の期間も、旧方式では、大学五年間、高等専門学校三年間(技術教育センターに関しては明確な規定なし)であったのにたいして、新方式では、大学、高等専門学校、技術教育センターとも等しく六年間(さらに五年間の延長あり)へと延ばされた。事実上、国家による認定という性格が強くなったことは明らかである。

すでに査定システムの下で審査を受けている高等教育機関、さらに一九九二年までに設立を申請する高等教育機関は、査定システムの下での審査を継続するか、それとも、新しい認定システムに切り替えるかを選択することができるとされた。ともかく、高等教育の規制緩和の見直しは、文民政権の成立も待たず、軍政みずからの手で行われたのである。コックスは、こうした動きを「改革の改革」(reform of reform)と呼び「このような高等教育認定機関が、ネオリベラル政策の脈絡の中において、軍事政権の最後の法律によって設立されたことは、歴史におけるアイロニーである」[35]と述べている。

憲法構成法におけるこうした新認定方式の導入は、高等教育機関の新設に関してほぼ自由放任政策を取り、もっぱら市場による統制・淘汰にまかせる方針をとっていた軍政の高等教育政策からすれば大きな方針の転換であった。新自由主義的政策をベースにした高等教育改革の一〇年の経験は、その最終段階において、市場原理を維持しながらも、高等教育の全体的なシステムの統合と調整、とりわけその質の維持向上において、国家の果たす役割を再び積極的に見直す動きを生み出したのである。

むすび

一九八〇年代末、政権の移行を想定し、軍政の教育政策を評価と見直しに着手した教育研究者たちは、軍政の教育政策の本質を次のように分析していた。

「軍政によって設定された開発モデルは、教育政策の中心的要素として補完性の理念を導入している。教育の分野において国家に与えられてきた役割に関して、さらにこの新しいコンテクストにおいて民間セクターが担うことを期待される役割に関して、明確に変化を気づかせた。何十年もの間、チリの教育システムにおいて『教育する国家』の理念が支配的であったことを考慮するなら、この変化はなおさら重要である。教育分野で国家が果たしてきた積極的かつ主導的な役割は、一九三〇年代以降この国で推進されてきた民主化のプロセスを教育分野で示すものとして認識されていたのである。……一九七九年以降、明確かつ強固となった政府による新しい政策は、教育の分野において国家に補完的な役割を与えている」[36]。

民政復帰が目前となったこの時期、この一九八〇年代の教育改革の結果を批判的に検討する作業により導き出されてきた結論は、ほぼ次のように要約できるように思われる。

⑴市町村への移管は比較的スムーズに進行した。しかし、軍政により任命された首長の下での分権化は、教

育の民主化、住民参加、学校自治の拡大を促進するものではなかった。

(2)私立校の増加は、生徒獲得競争を通じて潜在的教育需要を掘り起こし、特に就学前教育、中等教育の量的拡張をもたらした。生徒の出席率を向上させた。

(3)私立助成校の生徒の成績は公立校と比較してやや良好であるが、この成績の格差が何に由来するのかをめぐっては論争があり、決着がついていない。

(4)学校の種別ごとの相対的比較を別にして、国全体として見る時、一〇年間を通じて、児童の学業成績の水準はかなり低いままで推移し、ほとんど変化が見られなかった。

(5)学校の選択は、家庭の社会経済的階層の相違によって影響される度合いが大きく、社会階層による学校選択ルートの差別化の傾向が見られる。

(6)一九八二年の経済危機の顕在化以降、教育予算が削減され国家助成金の実額が減少した結果、教員給与も実質で三分の二ほどに低下した。法的地位の変化により、多くの教員が解雇を経験し、教職の職業的安定性と待遇は大きく損われていた。

(7)高等教育の多様化、量的拡張は急速に進みつつあるが、自由放任にもちかい規制緩和策、市場メカニズムによる調整には限界も見られている。

新自由主義的教育政策が遂行された一〇年間でチリの教育制度の様相は、すでに劇的な変貌をとげていた。これを逆戻りさせ、フレイ、アジェンデ時代の「教育する国家」理念に立つ集権的な国家主導型の教育制度に回帰することは、事実上不可能であった。軍政期の遺産を、すべて負の遺産として否定し消しさることはできなかった。一九八〇年代末の時点において、新しい体制の下で教育政策の担い手となることを期待される人々にとって、現実的に選択しうる道は限られていた。それは、来るべき民主主義体制の中で、軍政期の遺産をいかにして軌道修正しながら活用してゆくか、その可能性を模索するという道であった。

〔注〕

1 八〇年代後半の反軍政民主化運動とその困難については、伊藤千尋『燃える中南米――特派員報告』岩波新書 一九八八年やガルシア・マルケス『戒厳令下チリ潜入記』岩波新書 一九八六年などがリアルな姿を伝えている。

2 吉田秀穂『チリの民主化問題』アジア経済研究所 一九九七年 一一〇頁

3 Farrell J.P., "Chile" Kurian G.T. (ed.) *World Education Encyclopedia* 1988 pp.196-211 p.207

4 Brunner J.J. *Informe sobre la educación superior en Chile* FALCSO 1986 pp.205-206

5 Nuñez P.I. (ed.), *Las Transformaciones Educacionales bajo el Régimen Militar* PIIE 1984

6 Cox C., (ed.) *Hacia la elaboración de conesnsos en política educacional: actas de una discussión* CIDE 1985

7 政権移行期における、軍政下でのチリ教育政策の評価的な研究としては、以下のようなものがある。

Cox C., *Education under Military Rule in Chile: Authoritarian and Laissez Fair Strategies of Cultural Control* CIDE 1987

Espínola V., *Evaluación del sistema de mercado como estrategía para majorar la calidad de la enseñanza básica subvencionada* CIDE 1990

Espínola V., *Decentralization of the education system and the introduction of market rules in the regulation of Schooling: The Chilean case.* CIDE 1992

8 Espinoza O. y Eduardo G.L., *La Experiencia del Proceso de Desconcentración y Descentralización Educacional en Chile 1974-1989* PIIE 1993 p.122

9 Espinoza O. y Eduardo G.L., *Ibid.* 1993 p.153

10 Gauri V., *School Choice in Chile: Two Decades of Educational Reform* University of Pittsburgh Press 1998 p.45

Cox, C., "Las políticas educacionales de Chile en las últimas dos décadas del siglo 20" en Cox C. (ed.), *Políticas Educacionales en el Cambio de Siglo* Editorial Univrersitaria 2003 pp.19-113 p.25

Nuñez P.I. (ed.), *op.cit.* 1984 p.137

11 Espínola V., *The Educational Reform of the Military Regime in Chile.* Ph.D. thesis University of Wales 1993 p.73

12 Cox C., *op.cit* 2003 p.24

13 チリでの論議においても、しばしば引用されている「離脱」「発言」「忠誠」という概念は、米国の社会科学者ハーシュマンの提示した理論枠に準拠している。Ａ・Ｏ・ハーシュマン・矢野修一訳『離脱・発言・忠誠』ミネルヴァ書房　二〇〇五年

14 Winkler D.R and Rounds T., "Municipal and Private Sector Response to Decentralization and School Choice" *Economics of Education Review* Vol.15 No.4 1996 pp.365-376 p.371

15 Nuñez P.I. (ed.), *op.cit.* 1984 p.142

16 Gauri V., *op.cit.* 1998 p.27

17 Prieto, B.A., *La Modernización Educacional* Universidad Católica de Chile 1983 p.78

18 Nuñez P.I. (ed.), *op.cit.* 1984 p.143

19 Espinoza O. y Eduardo G.L., *op.cit.* 1993 p.125
Pinkney Pastrana J., "Legacy Against Possibility: Twenty-Five Years of Neoliberal Policy in Chile" Hill D. & Rosskman E., (eds.) *The Developing World and State Education* Routledge 2009 pp.90-108 p.96

20 Espínola V., *Decentralización del Sistema Educativo en Chile: Impacto en la Gestión de las Escuelas* World Bank 1997 p.4

21 Gauri V., *op.cit.* 1998 p.36

22 Pinkney Pastrana J., *op.cit.* 2009 p.95

23 Cox C., *op.cit.* 2003 p.30

24 Espínola V., *Evaluación del sistema de mercado como estrategia para majorar la calidad de la enseñanza básica subvencionada* CIDE 1990 pp.8-9

25 Larrañaga, O., "The Decentralization of Education in Chile: An Economic Assessment" *Revista de Estudios Públicos* No.64 1996 pp.1-42 p.12

26 Cox, C. and Lemaitre, M.J., "Market and State Principles of Reform in Chilean Education: Policies and Results" in Guillermo Perry & Danny M. Leipziger, *Chile: Recent Policy Lessons and Emerging Challenges* World Bank 1999 pp.149-188 p.160

27 Nuñez, P.I., "Problemas de Aplicación de la Reforma Educativa en Chile" *Planeación & Desarrollo* Vol. 24-3 1993 pp.85-100 p.91

28 Espínola V., *op.cit.* 1990 p.26

29 Espínola V., *Decentralization of the education system and the introduction of market rules in the regulation of Schooling: The Chilean case.* CIDE 1992 p.68

30 Espínola V., *op.cit.* 1990 p.31, p.36

31 Cox C., "Genesis y Evolución de los Institutos Profesionales" Brunner J.J. et al. *Estado, Mercado y Conocimiento: Políticas y Resultados en la Educación Superior Chilena 1960-1990* FLACSO 1992 pp.125-174 p.137

32 Cox C., "Sistema Político y Educación en los '80: Medidas propuestas y silencios en Garcia-Huidobro J.E. (eds.), *Escuela, Calidad e Igualidad* CIDE 1989 pp.7-39

33 Cox C., *ibid.* 1989 pp.31-32

34 Ley-18962 Ley Orgánica Constitucional de Enseñanza 10 de Marzo de 1990

35 Cox C. "Higher education policies in Chile in the 90s" *Higher Education Policy* Vol.9 No.1 1996 pp.29-43 p.39

36 Magendzo A. et al., *La Educación Particular y los Esquemas Privatizantes en Educación bajo un Estado Subsidiario (1973-1987)* PIIE 1988 p.23

第七章　文民政権の教育政策——継続と変革

はじめに

一九九〇年三月、チリで一六年ぶりに民政移管が実現し、キリスト教民主党党首パトリシオ・エイルウィン（Patricio Aylwin）を首班とする文民連合政権が発足する。ちなみにこの政権は、大統領選挙前の交渉において、政権移行期の特例として任期を四年間に短縮することが決められていた。新政権の教育相には、国民投票に向けての反軍政運動で頭角を現した社会党出身の有力政治家リカルド・ラゴス（Ricardo Lagos 後に二〇〇〇～二〇〇六年に大統領となる）が就任する。教育省の人事としては、アジェンデ政権時代に教育総局長をつとめ「統合国民学校」（ＥＮＵ）問題では批判の矢面に立ち、軍政期にはＰＩＩＥ教育研究所で研究活動をつづけていたヌニェスが教育省顧問として復帰した。また、ＣＩＤＥで教育研究に従事していたコックスやガルシア＝ウイドブロらが教育省高官としてリクルートされた。新しい文民政権の教育政策の行方が注目された。結論から言えば、エイルウィン政権の教育政策は、分権化とバウチャー方式助成制度に代表される軍事政権の教育政策を廃棄するものではなく、その基本的枠組みを継承するものとなった。しかし同時に彼らは、前政権の下では重視されてこなかった「教育の質の向上」と「教育における公正の確保」に重点を置きながら前政権から継承した政策を軌道修正してゆくことをめざした。世界に先駆けて新自由主義的教育政策を採用し、これを一〇年間にわたって断行するという経験を持ったチリは、他のラテンアメリカ諸国がようやく新自由主義的政策の採用に踏み出す一九九〇年代前半には、すでに新自由主義的教育政策の見直し、ポスト新自由主義政策の模索にもいち早く取り組むことになったのである。本章では、この継続と変革をキーワードとする、九〇年代前半の第一次文民政権の教育政策について分析を行う。

第1節　エイルウィン政権の成立とその課題

大統領選挙と同時に、同じく一六年ぶりに議会を再開するための上院と下院の国会議員選挙が行われた。結果は次のようなものであった。下院（定数一二〇人）では、与党勢力は、七二議席（キリスト教民主党三九、民主化党［旧社会党右派］一六、社会党七、急進党五など）と過半数を占めたものの、上院（定数四七人）では、多数を占めるにはいたらなかった[1]。これは、選挙方法の問題も起因していた。国民投票での敗北の後、軍政は反軍政派の政権が誕生することを想定して、急遽、選挙制度を変更して、議員選挙が自派に有利に働くようなしかけを選挙制度に組み入れていたからである[2]。与党各派は、一九八〇年憲法の非民主的な条項を改正するために必要とされる三分の二以上の議席を確保できなかった。通常の法案においても、特に上院では、ピノチェット自身を含む終身上院議員九人を含めて過半数を占める旧軍政派の野党勢力と、やっかいな交渉や説得工作を行うことを余儀なくされた。

文民政権の直面する課題は、大きく三つあった。第一は、一六年ぶりに回復された民主体制をより強固なものとして定着させることであった。特に、文民統制を確実なものとするために軍と民との関係をいかに安定したものにしていくかが課題とされた。第二には、新政権には、軍政時代に非合法かつ秘密裡に行われた弾圧や人権侵害の実態と真相を明らかにし、いまだ多数にのぼる「行方不明者」の捜査や責任者の解明、訴追を行うという仕事が期待されていた。エイルウィン政権は、「真実と和解のための委員会」(Comisión Nacional de Verdad y Reconcilación)を設置して、軍政下での人権侵害の実態を解明する努力を重ねた。これらはいずれも、デリケートな対処と処理が必要とされる問題であった。政権を委譲し下野したとはいえ、ピノチェット将軍は、陸軍最高司令官としての地位を手放すことはなかった。一九八〇年憲法の規定の下では、大統領といえどもその職を解任することはできないとされていたからである(事実、ピノチェットは一九九八年まで陸軍司令官の地位にあった)。軍への文民統制はいまだにあやういものがあった。彼は、「大砲の側で情勢を見守る」として、時には、軍事的な威嚇的行動をちらつかせて文民政権を牽制していた。軍部の非協力や隠蔽工作により、人権侵害に関係したものの訴追、裁判は遅々として進まなかった。第三に、経済的には、新政権は八〇年代後半からのチリの経済成長を持続するとともに、同時にそれによって生み出された経済格差や社会的不平等に対処することをめざした。政権は、その戦略を「公正を伴った成長」(desarrollo con equidad)というスローガンで表明していた[3]。

文民政権は、軍事政権によって推進された市場経済を現実のものとして受け入れた。新政権の財務相には、かつては新自由主義経済学への批判者として国際的にも知られていたフォクスレイ(Alejandro Foxley)が就任するが、その経済運営は、通貨供給を抑制し法人税や消費税を上げるなど若干の修正を行うものの、軍政期のそれを基本的に継承するものであった。輸出主導の経済振興を促進することをめざして、EUとの自由貿易協定を締結し、また、「北米自由貿易協定」(NAFTA)や「南部南米共同市場」(MERCOSUR)への接近を図るなど、積極的な国際進出政策を展開する。しかしながら、「エイルウィン政権は、経済成長それ自体を目標とみなすことはなかった。それは、ゆっくりながら(ある者にとってはそれはあまりにも緩慢すぎたが)、ピノチェット政権から引き継いだ『社会的債務』(social debt)に対処することに取り組みはじめた」[4]とされる。彼らの言うところの社会的債務とは、新自由主義的経済政策の恩恵にあずかることなく、むしろ、それから取り残された経済的貧困層の苦境をさしており、それへの対処とは、荒廃したセイフティ・ネットを再構築することを意味した。政権は、あらたに「連帯と社会的投資のための基金」(Fondo de Solidariedad e Inversión Social, FOSIS)を設立し、貧困層のための支援を強化する。文民政権の下で、保健衛生、教育、住宅、年金、社会保障等の社会政策関連の予算配分は軍政期と較べて大きく改善されることになった。

第2節　「継続と変革」の教育政策

新文民政権の教育政策のスポークスマン的な存在となったコックスによれば、「民主主義への移行政権は、市町村移管の過程も、一九八一年に導入された財政のメカニズムも逆戻りさせることはないという戦略的な決定を行った。この選択は、(軍政以前の状態に戻すという)教員たちの期待に反するにもかかわらず、また、これらの改革はその導入と遂行過程が権威主義的であったにもかかわらず、採用された」[5]という。新しい文民政権は、軍政期の教育政策を真っ向から拒絶することなく、その基本的骨格を継承することを宣言したのである。ヌニェスは、それを「継続と変革」(continuidad y cambio)の戦略と呼んでいる[6]。その理由については、コックス自身は詳しく述べていないが、こうした「戦略的な決定」が行われる背景には次のような理由があったと推測される。

第一は、法律の枠組みの問題である。前章でのべたように、政権委譲の前日に施行された「教育に関する憲法構成法」(Ley Orgánica Constitucional de Enseñanza)があった。この法律には、厳密に見れば、高等教育に関連する規定が多く、教育行政の市町村移管や国庫助成制度について具体的に規定する条文は欠けているが、その構造全体は、軍政期に導入された一連の教育政策を法制化することで存続させることを意図したものであることは明らかであった。この法律は、憲法構成法というカテゴリーの上位法であり、その修正には、両院で七分の四の議員の賛成を必要とした。上述したように、与党勢力は、議会でこれに必要とされる議席を確保できていなかった。新政権は、軍政の置き土産であるこの法律をベースにするという枠をはめられたのである。

第二は、新政権は、文民への移行政権として、特例として任期を短縮して四年間とされたことである。「大規模な改革は準備を必要とし、この四年間で達成することは困難である」という認識があったという。

第三に、最も重要なことだが、非民主的な手続きで導入された改革とはいえ、これらがすでに一〇年間の実績があり、既成事実化していたことである。もし、バウチャーを廃止したとするなら、この間に出現した一、〇〇〇校をこえる新しい助成私立校のほとんどは、その存続が危機に立たされることになろう。すでにこれらの学校に在籍している児童生徒の数は全体の三五％ちかくにも達していた。政府の政策誘導によって出現し、すでに多くの設備投資を行い、多数の教員を雇用する助成私立校を再び政府の政策変更によって廃止に追い込むことは政治的、社会的に影響がきわめて大きい。軍事クーデターの前に、アジェンデ政権は、私立校の資産の接収、国立校への移管をほのめかし、保守派ばかりか中立的立場を守っていたカトリック教会の反発さえ引き起こすという政治的失態をおかしていた。私立校の規模はすでに当時とは比較にならないほどに拡大し、既成事実化していた。もしも政策転換によって経営危機に陥いることになった助成私立校が、政府に損害賠償を求める訴訟をおこすような事態にでもなったら、政府はそれに対応できなかったであろう。また多くの父母はそれを行使するか否かにかかわらず、与えられた学校選択権を歓迎していた。一〇年間の年月を経て、すでに一定の規模の市場に成長していた私立教育セクターに政府が再び大規模に介入することは、もはや不可能になっていた。

一方、地方分権化に関しては、文民政権は、市町村首長、地方議員の公選制の復活を求めて野党との交渉を重ねていた。民主化された新しい地方自治制の下での教育の分権的運営に期待をかけるところもあった。州と県の知事、地方自治体の首長を大統領が直接指名する旧来の方式では、これらのポストがすべてこれまでとは逆に与党派によって占められることを恐れた保守派は、市町村首長・議員の公選制、州議会議員を公選制に戻す選挙制度の改正に合意した。一九九二年に、軍事クーデター以来、はじめて地方選挙が実施された[7]。教育の地方分権化も、制度本来の民意の反映と住民参加の実現が可能な体制になりうるのではないかと期待された。

しかしながら、新政権は、こうした政策の連続性を約束する一方で、政権独自の新しい機軸を掲げて、教育政策の軌道修正にも着手する。彼らがめざした、前政権の政策との「断絶」あるいは「変革」とはどのようなものだったのか。再び、コックスの発言を聞こう。すこし長い引用になるが、ここには新政権の教育にかける期待の大きさ、政策の優先課題、教育における国家の役割に関する考え方などが集約的に表現されているからである。

「こうした大きな連続性という軸と並んで、新政権は、これまでの政策とは相違し、断絶するいくつかの軸を導入する。第一に、それは、中期的な視点での国家の開発やより公正な社会の実現をめざすプロジェクトにおいて果たす教育の役割を根本的に見直すことである。国家的プロジェクトにおける教育の戦略的な機能を無視することはできない。そのことはまずなにより、九〇年代を通じて、国民総生産の伸びを上回る形で、教育向けの公的支出を持続的に拡大することに表明される。第二に、教職の地位を大胆に見直すことである。それは、教員たちに再び、公的に保護された地位を与えることである。教員組織を通じて、全国的規模で集権化された形で国家と交渉を持つことができるようにさせる。第三に、この政権の政策の包括的な目標として、公的助成を受ける学校の教育の質と公正を大幅に向上させることを掲げることである。それは、教育分野における国家の役割を見直すことを意味する。それは、生徒獲得競争が一定水準の学業成績と社会的配分のパターンを生み出すように教育機関を監視するという『補完的』(subsidario) 役割から、『促進者かつ責任者』(promotor y responsible) としての役割への転換である。国家は、教育システム全体の質の向上と公正の確保という目標に向けて、より積極的な役割を果たさねばならない。後者の役割を果たすために一九九〇年代の一連の政策を通じて二つの方策が採用される。一つは、学習の質を改善するためのシステム全体を対象にした総合的な介入プログラムであり、もう一つは、公正の改善のための貧困地域の学校に焦点をしぼった補償プログラムである」[8]。

回復したばかりの民主制的政治体制をいかにして定着させてゆくか、あるいは、経済のグローバル化の進展、国際競争の激化に対処するためにますます必要とされる国民の学歴水準や知識・技能の水準をいかにして高めるか、拡大する社会的格差を是正しながら、いかにしてより公正な社会をつくり上げるか。こうした困難な課題に直面した九〇年代初頭のチリでは、国の発展において教育の果たす役割にたいする期待は、これまでにない高まりを見せていた。政権は、教育の振興をその政策全体の中でも最優先課題の一つとして位置付けるという政治的な意志を明確に宣言したのである。新政権は、その証拠として、教育分野向けの公共支出予算を軍政時代と較べて大きく引き上げることを約束した。

第二に、彼らは、教育を最前線で担う教員の地位を不安定なものとし、その活力と意欲を損わせることになった軍政の教育政策の矛盾を強く認識していた。また、チリには、ある時期に犠牲を強いられるか、あるいは忘れられていた利益集団は、それを回復する権利を有するという「復権」(reivindicación)という政治的伝統があるという。民主制が回復したいま、軍政期教育改革の最大の被害者ともいえる教員たちは、復権を果たす資格を持つとみなされており、教員たちも地位の回復を熱望していた。政権は、教職の威信と職業的安定性の回復を約束した。

第三には、これこそ新政権の教育政策の「軸」とされるものであったが、教育の質の向上と教育における公正の確保という二つの政策目標を優先課題として掲げたことである。バウチャー制度導入の効果についての評価に見られたように、選択と競争の市場原理に基づく教育の規制と調整は、確かに教育の効率性や量的拡張という面では、一定の効果ももたらしたが、それは、同時に、限界を持つものであった。競争が教育機関に緊張感をもたらし、教育の質の向上へのインセンティブとなるという予想と期待に対して、その効果は、あいまいなものであった。競争は確かに生じたが、それは教育の質向上のための努力の競争よりも、むしろ成績の良い児童生徒のリクルート合戦、逆に言えば、成績の悪い児童生徒、すなわち彼らを教育するためにはより高いコストが必要とされる児童生徒の押し付け合い、あるいは、学校宣伝のためのマーケティング技能の優劣を競い合うという、やや安易な競争を生み出した。また、農村部などでは市場原理、競争原理そのものが作用しなかった。また、選択と競争は、社会経済的階層間で学校選択ルートの差別化を生み出し、学校間での学習成果の格差を拡大させたという意味で、教育の公正の面ではむしろ逆に作用した。こうした評価から、彼らが到達した認識は、教育の質の向上と公正の確保という課題から見る時、これを市場原理による調整のみに委ねることには限界があり、この課題の解決のためには、国家がもっと積極的な役割を果たす必要があるということであった。

チリの教育システム総体の質を全体として底上げするという課題、さらに、市場的競争における弱者、あるいは競争そのものから取り残された学校や階層への配慮は、やはり国家の手に委ねられねばならない。国家の役割は、軍政期に宣言されたように、民間や地方の手でできないことを補完する、あるいは市場がうまく機能するように調整するという「補完的な役割」にとどまるのではなく、上述した新しい政策の目標の達成に向けて自ら指導性を発揮し、必要に応じてより積極的な介入を行うものに転換されねばならない、と彼らは主張した。競争を強調しながらも、その敗者や弱者に対してなんらの対策を講じなかった軍政時代とは異なり、必要に応じて、格差是正のために積極的な差別化（アファーマティブ・アクション）政策を採用することを表明していることに最大の特色を見いだすことができよう。

第３節　九〇年代前半文民政権の教育政策プログラム

こうした方針に基づき新政権は、リカルド・ラゴス教育相の主導の下、軍政時代とは一線を画す政策を相次いで導入した。全国の学力底辺校にターゲットをしぼった補償教育プログラムの導入、世界銀行の資金支援を受けた「基礎教育の質と公正の改善のためのプログラム」の発足、また、教員の身分保証を回復する新しい「教職法」の制定、などがそれである。

１　「P‐900」補償教育プログラム

これは、特に貧困地域に集中する学力底辺校をターゲットにして、その学力向上を図ろうとする補償プログラムである。児童の学力試験の成績が全国で最下位一〇%に属する基礎教育学校をターゲットにして、その学校の低学年（第一〜第四学年）の教員や児童を対象に学力向上のための特別プログラムを提供するという一種のアファーマティブ・アクションである。一九九〇年に導入され、当初、全国で約九〇〇校が対象とされたことから「九〇〇校プログラム」（略称P-900）と呼ばれた。まずは、これらの学校のインフラ整備、教科書・教材の集中的配布、学級文庫の設置、複写機や謄写版の供与などが行われた。同時に当該校の教員の教育実践を改善することを目的にした特別研修が実施された。これは、教員の勤務時間内に設定され、毎週、あるいは二週間ごとに行われた。この他に、第三、第四学年の学習不振児童を対象に、地域の中等教育程度の学歴を持つ若者をチューターとして採用して直接的な学習補助を行う「学習ワークショップ」の実施などの措置を導入した。学習ワークショップのモニターとなる若者には、教育省から奨学金が授与され、また、準備のための研修が行われた。P-900プログラムの対象となった学校は、最低三年間、このプログラムに属することになる。こうした活動の結果、児童の学業成績が向上し、全国でボトム一〇%という順位を脱した学校は、このプログラムを「卒業」し、別の低学力校がそれと入れ代わる仕組みとなっている[9]。P-900プログラムは当初、スイスとデンマーク政府からの資金援助を受けて開始されたが、その効果が著しいとして、一九九二年以降は教育省の予算項目として組み入れられ、継続的なプログラムとして存続することになった。

表7-1は、P-900プログラムの展開を示したものである。

一九九〇年から一九九七年の間に、一回、ないしは数回にわたってこのプログラムの対象となった学校は、累計で二、三〇〇校にのぼる。

また**表7-2**は、P-900プログラム対象校と、それ以外の国庫助成校（公立、私立助成）の第四学年児童の学業

表 7-1　P-900 プログラムの展開（1990 ～ 1997 年）

	1990 年	1991 年	1992 年	1993 年	1994 年	1995 年	1996 年	1997 年
学校数	969	1, 278	1, 123	1, 097	1, 060	988	900	862
教員数	5, 237	7, 129	6, 494	5, 406	5, 626	5, 145	4, 806	4, 414
児童数	160, 182	219, 594	191, 451	170, 214	165, 758	152, 326	141, 316	137, 689
助手数	2, 086	2, 800	2, 500	2, 350	2, 300	2, 186	1, 802	1, 745
被補助児童数	34, 000	50, 000	40, 000	38, 000	35, 000	32, 900	28, 000	26, 000

〈出典〉教育省統計から

表 7-2　P-900 対象校と一般校との成績格差の変化

	1990 年	1992 年	1994 年	1996 年	90 － 96 年差
一般助成校	58. 98	66. 37	67. 74	67. 93	8. 95
P-900 対象校	52. 11	60. 91	61. 62	64. 34	12. 23
相違（格差）	－ 6. 87	－ 5. 46	－ 6. 12	－ 3. 59	3. 28

〈出典〉注 10　82 頁

成績格差の変化を見たものである[10]。

制度の開始された一九九〇年に、一般の助成校（P-900対象校を除く）と、成績が下位一〇％であったP-900対象校とのSIMCE試験の成績の差は、六・八七点あった。九〇～九六年の間に、一般校の成績が八・九五点伸びたのに対して、P-900対象校での成績の伸びは一二・二三点とこれを上回っていた。この結果、九六年での両者の成績の差は、三・五九点となり、その格差は半分ほどにまで縮小している。最底辺校とそれ以外の学校との学力格差は、着実に縮小しているといえよう。

2　「基礎教育の質と公正の改善プログラム」（MECE-Básica）

これは、正式名「基礎教育の質と公正の改善プログラム」（Programa de Mejoramiento de la Calidad y Equidad de la Educación Básica, MECE-Básica）と呼ばれるものであり、教育分野ではじめて、世界銀行から一億七、〇〇〇万ドルの資金融資を受けて、さらにチリ政府の資金を合わせて、総額二億七〇〇〇万ドルの予算で一九九二年から五年間にわたって取り組まれた基礎教育改善のための総合的プログラムである。このプログラムの下での年平均予算は、四、〇〇〇万米ドルであり、それは当時の、基礎教育向けの公共支出全体の五％に相当する額であった。追加投入資金としてはかなりの額になる。ここでは、P－900でも実施され、その効果が指摘されていた、①学校インフラの整備、②教科書・教材の配布、③学校図書館・学級文庫の拡充の他に、④農村学校への複式学級用特別教科書の配布と周辺校の教員を集めた定期的な集団的研修の実施、⑤「学校改善プロジェクト」の公募と資金支援、⑥学校間のコンピュータ・ネットワーク化、など多彩なコンポーネントが組み込まれていた11。プログラムの対象となるのは、全国すべての公立校と国庫助成を受ける私立校であり、ターゲットを絞ったP－900プログラムとは異なり、総合的な介入プログラムであった。

各コンポーネントについてすこし補足しよう。学校インフラの整備はすでにP－900プログラムでも実施されていたが、ここではさらに規模を拡大し、全国約二、三〇〇校の学校の改修・修繕を行っている。教科書の配布に関しては、従来から国の責務とされてきたが、教育省は、一九九二年から本プログラムの資金を利用して、基礎学校の第一から第四学年までのすべての児童に、それぞれ三冊の教科書（国語、算数、理科・社会の統合教科書）、第五～第八年の児童に四冊（理科と社会が別冊に）を配布するようになった。それはすべての児童を対象に年間約六〇〇万冊の教科書の配布を行うものであり、教科書関連の予算は八〇年代の平均のほぼ三倍になった。また、児童に読書の習慣を身に付けさせることを目的に、第一～第六学年まですべての教室に学級文庫（三五～六〇冊）を設置し、また幼稚園から第四学年までのすべての教室に学習補助教材を提供した。

農村部の学校を対象としたコンポーネントは、特にMECE-Ruralと呼ばれ、特段の配慮がなされた。チリには教員数一～三人の小規模な農村学校が三、〇〇〇校以上ある。都市部と農村部での教育条件や児童の学業成績の格差は著しいものがあった。MECE-Ruralは、これらの学校にターゲットをしぼり、その教育の質の向上をめざ

表 7-3　農村学校の学業成績の改善

	1992 年	1996 年	変　化
全国平均	67.7	71.5	＋3.8
農村学校	34.2	60.5	＋26.3
格　差	33.8	11.0	－22.8

〈出典〉注 12　174 頁

すものであった。農村地域の特色を取り入れた教育課程の編成や特別の複式学級用教科書の作成と配布、補助教材の開発、複式授業を想定した教育方法の改善などがめざされた。また地理的条件により孤立しがちな、これらの小規模学校教員の相互交流と現職研修を支援するために、マイクロ・センターと呼ばれる拠点を設けて、月に一度、周辺部七～八校の教員が定期的に一堂に会して交流や共同作業を行う機会を保障することとした。従来、チリでは、全国一律のナショナル・カリキュラムを実施することが強調され、農村学校に特別の配慮をすることを欠いており、こうした取り組みは注目されるものであった。

農村プログラムの効果は、きわめて高いとみなされた。**表7-3**は、農村学校での第四学年のSIMCE試験成績（算数と言語の平均）を全国平均値と比較したものである[12]。

プログラムが開始された一九九二年に、農村学校での学業成績は、全国平均点の半分近くと大きな格差がみられたが、四年後の一九九六年に、農村学校の成績の伸びは著しく、全国平均点との学業成績の格差は、三三・八点から一一・〇点へと大きく改善されている。また、農村学校での留年率や中退率も改善されていた。「このプログラムによって、教員数三人以下の農村学校は、国の教育界にはじめて組み入れられたと言ってもけっして過言ではない」[13]という高い評価の声まで聞かれている。

「教育改善プロジェクト」（Proyectos de Mejoramiento Educativo, PME）とは、各学校が自ら企画する学校改善プロジェクトを公募し、審査に合格したものに、それを実施するための資金とテレビ・ビデオ・顕微鏡などの補助教材パッケージを提供するというものである。プロジェクトは二〜三年間の短期的なものとされた。各学校は、自校の現状診断に基づいて、解決策を模索し、それぞれ独自の改善プロジェクトを企画し、提出する。教育省の県事務所は、それらを、学習効果へのインパクト、実施体制、費用対効果などの観点から評価し、採否を決定する。例えば、一九九二年から一九九五年の間に、五回の公募が行われ、合計七、五四〇件のPMEプロジェクトが提出され、このうち三、六五五件が採択され、教育省からの資金支援を獲得した。資金支援額は、在籍児童数にもよるが、各プロジェクト平均して年六、〇〇〇米ドルほどであった。各学校では、教員たちが協同で専門的能力を動員して独自のプロジェクトを構想することを期待された。各学校の教員陣によるチーム・アプローチを想定した教育改善プロジェクトは、担当教科や学年を超えた教員間のコミュニケーションを促進し、学校全体としての一体感を生み出す効果があったと言われている。また、学校のPMEプロジェクトが採用された時、父母や地域社会全体が、その実行のために追加的資金を提供するようなケースも少なくなかったという14。

MECEの中の教育情報プログラムは、コンピュータによって各学校間での連絡通信のネットワークを樹立することを目的にするものであった。当初は、パイロット・プログラムとして全国で一〇〇校ほどの学校を通信網で結び付けることを目標に開始された。一校当たり三〜九台の最新のコンピュータ・セットを配備し、インターネットを通じて各学校や大学と結び付け、情報や参考データへのアクセスを促進するものであった。スペイン語で「つながり」を意味する"ENLACE"プログラムと名付けられた。一九九四年には、パイロット事業としての段階を脱し、本格的な事業として位置付けられ、規模を拡大していった。コンピュータ・ネットワークは、児童の学習のみならず、教員の研修にも活用され、各種のソフトウェアの開発も促進されてきた。学校のコンピュータ・ネットワーク化への試みは、他のラテンアメリカ諸国でも徐々に進展するが、チリにおける体系的取り組みはおそらく、この地域において最も早い時期に属するものであったと言える。

また、MECEには学校保健プログラムも含まれていた。この保健コンポーネントは、第一～四学年の全児童の身体検査を実施し、視覚、聴覚、耳鼻、咽喉、心身障害などの専門家の支援を得て、学習に障害をかかえる児童を特定し、眼鏡や聴覚補助器具の貸与なども含めたさまざまな治療・矯正サービスを提供するものである。このプログラムにより、約三二万人の児童が診断を受け、二三万人に必要とされる措置が講じられたという15。

ここまでみたように、文民政権の教育政策は、基本的な部分では軍政時代の政策を継承するものとなったが、教育の運営を地方や市場メカニズムにまかせきりにするのではなく、必要に応じて、国（教育省）が再び主導権を発揮し、直接的に介入する方針を打ち出したところに特色がある。制度的には decentralization が維持されるが、機能的には、部分的な re-centralization が志向されたと言えよう。

P－900や MECE-Rural は、いわば「負け組」への再チャレンジを支援するアファーマティブな政策であり、またMECEは、教育の質や公正の改善のために必要とされる教育インフラへの投資や条件整備は国家が責任を持って主導することを明確に示した政策である。いずれも、競争とインセンティブによって教員や学校の「やる気」を喚起しさえすれば、それで問題が解決できるという安易なものではなく、やはり問題の解決には、国家の積極的な介入が必要であるという姿勢を示すものであった。

第4節　教職法の制定

軍政下での教育改革の最大の被害者ともいえる教員たちは、失われた職業的地位の回復と待遇改善を求めて新政権に大いに期待を寄せていた。教員たちは、教職を民間企業の労使関係を規定する労働法の対象から外し、教員の雇用条件、給与体系、研修・経験年数・勤務困難度などによる加俸制、身分保障に関して全国的な統一的基準を設定する独立した教職法の制定を切望していた。これは、各地方自治体が、生徒数の減少＝バウチャー助成金の減少に合わせて教員構成を調整（解雇あるいは異動）することを事実上不可能にすることを意味していた。こうした措置は、教員の労働市場の規制緩和措置を逆転させるものであり、保守派を中心に強い抵抗もあり、政権の内部でも意見が割れた。議会での法案審議も紛糾するが、ラゴス教育相は、影響力の大きい教員組合からの政治的支持を獲得するために、最終的に、大統領の支持を取り付けて教職法の制定を押し切った16。「教職法」（Estatuto de los profesionales de la educación　法律一九〇七〇号）は一九九一年六月に成立した17。この法律により教員は、民間の一般労働者に適用される「労働法」の対象から外され、その雇用の諸条件（勤務時間、最大勤務時間、休暇制度、共通の給与体系、研修・経験年数・困難地域での勤務等による加俸、身分の安定）が一元的に規定されることになった。ただし私立学校の教員には、この新しい教職法は適用されず、彼らの雇用関係は、そのまま一般の労働法で規定されることになった。教職法制定により教員の身分は、事実上、公務員としての地位を回復することになったが、教育の地方分権化は維持されたので、彼らがふたたび国家公務員に戻ることにはならなかった。教員たちは教職法を歓迎し、そのため、政府が推進する上記のような一連の教育政策にたいする教員たちからの反対論はきわめて少なく、また教員のストライキにより授業日数が失われることなども激減したという。政府は教職法により、教員たちの支持をつなぎ止めることには成功した。しかしながら、バウチャー制度という競争原理を維持しつつ、教員の身分や待遇は保障する（解雇・異動の事実上の禁止）という矛盾が残り、また、給与や待遇の標準化が行われる中で、個々の教員の職務へのインセンティブをどのように高めるかという議論は未解決のまま残された。「教職

表 7-4　学費分担システムによる学費徴収額とバウチャー配分の削減

授業料の徴収額	バウチャー額の削減率
バウチャー助成単位の 0.5 単位未満の額	削減なし
0.5 単位以上 1 単位未満	10%削減
1 単位以上 2 単位未満	20%削減
2 単位以上 4 単位未満	35%削減

〈出典〉注 19　168 頁

法は、教育相リカルド・ラゴスによる政治的『負債』の払い戻しであり、学校の自治体運営とバウチャー・システムの維持を含む新政権の教育政策に対して教員集団を長期的に取り込むためのコストであるとみなされた」[18]という政治色の強いものであった。この問題は、数年後に、教職法の改正問題として議論されることになる。

第5節　バウチャー制度の修正＝学費分担システムの導入

一方で教育財政の面では、市場化、民営化の強化とみなされるような措置も導入されている。バウチャーをめぐる政府の政策転換があった。すなわち、一九九三年末に「学費分担システム」(financiamiento compartido/shared financing) が導入された。これは、これまで無償制を原則としていた助成私立校に、父母から授業料を徴収することを認めたものであった。公立の場合は、中等学校でのみ、父母の同意を得ることを条件に授業料徴収が可能となった。教育の質の向上、資金調達源の多元化などがその理由とされた[19]。授業料の額が一定以上になると、国から受け取るバウチャーの額がある程度割引かれることになるが、助成私立校はバウチャーの恩恵を受けながら、同時に最大でバウチャー額の四倍まで授業料を徴収できるようになる。**表7-4**は、授業料の額とバウチャー額の削減率を示している。四倍をこえると、助成私立校としての資格を失うことになり、学校はバウチャーを受けない独立私立校のカテゴリーに移ることになる。

この学費分担システムの導入は、助成私立校に恩恵をもたらすものであり、経済的に余裕のある階層の家庭に学校選択上において有利な地位を与えるものである。しばしば研究者たちからも、これまでの政府の方針と矛盾するものであるとして指摘されている[20]。また、この方針転換については、公的な説明がほとんどなされていない。筆者はチリ訪問の際、コックスにこの点を聞いてみたことがある。彼はその時、それまでの落ち着いた様子から急に早口に変り、あれはわれわれの政策ではなかったと抗弁した。彼によれば、実は、あの政策は、議会で大きな税制改革の論議（付加価値税の改正）がなされた際、最終段階で、野党勢力が付加価値税改正案への投票の交換条件として、かねてから助成私立学校側から要望の強かった、このシステムの導入をすべり込ませたもので、議会での政治的取引の結果生まれたものであると語っていた。確かに、この制度の導入を定めた法律第一九二四七号は、財務省提出の一連の税制改革法であり、その中に紛れ込むように学費分担制導入の条文（第九条）が規定されている。

助成私立校側から見れば、制度発足以来十数年を経て、無償制の下でバウチャー収入のみに依存しながら、公立校との差別化を図ることに限界を感じていたのではないだろうか。マーケティングの技法で公立校に一歩先んじたとしても、公立校がそれを模倣するようになれば、両者の相違は希薄化する。教員等の人件費を抑えて支出を軽減する学校経営手法も継続性の点で問題をはらむ。助成私立校のより一段の活性化には、なんらかの追加資金の導入が必要とされる。助成私学経営者から見れば、授業料の導入は、入学者の減少につながるかもしれないというリスクを負うものである。しかし彼らは、これまでの私学経営の経験から、おそらく授業料を一定水準以下に抑えられるなら、生徒獲得競争においてそれほど不利な状況に陥ることはないであろう、父母の支持は得られるという感触を得ていたのではないだろうか。彼らは、保守派の政党に、その推進を働きかけていた。

学費分担システムの導入を受け、無償制原則の下、バウチャー収入のみに頼る学校経営に苦慮していた多くの助成私立校は、ただちに反応を示した。授業料徴収が父母の学校選択に与える影響を考慮し、また、授業料設定幅とバウチャー割引の損得勘定を計算しながら、それぞれ徴収する授業料の額を設定してゆくことになる。父母に対しては、追加資金による施設設備の充実、教員の待遇改善などによる教育の質の向上が説得材料とされた。一方、公立では中等学校にかぎり、しかも父母の同意を取り付けるという条件の下で、学費分担制が容認されたが、その導入に踏み切る学校はあまり多くはなかった。

これにより、同じ無償制の条件の中で、公立校と助成私立校を同じ土俵の上で競争させるという前提は崩れた。こうして、チリのバウチャー制度は、制度創設から一三年を経て、変質をとげることになる。ちなみに、シカゴ・ボーイズを通じて、チリの教育バウチャー制度に理論的基盤を提供したミルトン・フリードマンの教育バウチャー論では、バウチャーを受け取る私立学校がこれに上乗せして、独自に授業料を徴収することを禁じてはいなかった。フリードマンによれば、子弟により良い教育を受けさせるために応分の負担を申し出る父母の貢献を拒む理由はない、として追加資金禁止論を厳しく批判していた[21]。バウチャー制度の手直しは、本来のフリードマンの教育バウチャー論により近づいたものになったと言えるかもしれない。

前述のように、高等教育の分野においては、チリはいち早く、伝統的な公的助成大学への授業料の導入、自己資金調達の奨励、新設私立高等教育機関への公費支援の否定により、受益者負担、民間資金の活用を打ち出していたが、基礎教育、中等教育に関してはバウチャーという競争的な配分方式を取るとはいえ、国が教育費を負担するという原則を維持してきた。学費分担システムの導入は、公立の基礎学校の部分は除くとしても、今後は基礎教育、中等教育レベルでも父母の教育費負担、民間資金の活用を増やしてゆくことを宣言するものであったと言える。学費分担システムの導入の一年後には、すでに助成私立校の三分の一（在籍児童生徒数では五〇％）がこの方式を採用していたという[22]。

一九九〇年以降の文民政権は、教育の質の向上と教育における公正の改善を主要な政策の柱としており、P－900やMECE-Básicaプログラムは、こうした二つの目的を同時に追求するという性格を帯びていた。学力不振校や農村部（コンピュータ・ネットワーク化さえ、こうした学校が優先された）という底辺部にサービスと資源を集中的に投入することによって格差是正を図るとともに、ボトムのラインを向上させることで、国全体としての教育の質の向上を目指したからである。だが学費分担システムの導入は、公正の確保と質の向上という二つの目標が相反する形で対峙するものとならざるをえない。授業料の導入は、とりわけ貧困層の家庭の学校選択に制限をもたらすものであり、学校の社会階層分化を一層つのらせる恐れがある。ここでは、公教育費の増加をしてもなお充分でないなら民間資金の活用拡大もやむをえない、教育向けの国全体の資金を増大させることにより教育の質の向上を優先すべきであるという議論が、公正論を抑えたものとなった。ただ、ここでも、公正論に配慮した手直しが数年後に再び導入されることになる。

第6節　高等教育分野における継承と軌道修正

高等教育の分野においても、文民政権の継続と変革の教育政策の方針が適用された。政権発足の二か月後の一九九〇年五月、政府は、高等教育関係者を招集した委員会を組織し、新政権への高等教育政策の提言と、新しい高等教育法の法案を作成するよう依頼した。この委員会の勧告は一九九〇年末に出された。それは、大学への官僚的支配の停止と自治権の回復を求める一方で、質に問題のある私立高等教育機関の急増、安易な設置認可、高等教育に関する情報システムの不備、科学の開発や技術革新の不足といった問題に対処するために、市場的規制と国家的介入との調整を強化することなどを求めるものであった[23]。提案は、「総合高等教育法案」の形にまとめられたというが、政府は最終的に、法案を議会に提出するのを見送った。同時期に提出された前述の教職法案をめぐる審議の混乱や議会での多数派形成の見通しの困難がその理由と推測されている[24]。このため文民政権の高等教育政策は、軍事政権の定めた「教育に関する憲法構成法」をベースにしなければならなかった。

しかし理由はこれだけではない。導入の経緯や手法には問題があったものの、新自由主義的高等教育政策は、一〇年の歳月の中で、すでに制度としてかなり定着していた。文民政権の教育省幹部の中にも、「今日のチリの多様化した高等教育の構造は、より多くの教育機会を提供するだけでなく、社会の複雑な役割要求により適切に対応しうるがゆえに、一九八〇年改革以前のものよりも良いものであることは疑いがない」[25]という評価が存在していた。もはや、高等教育を一六年前の軍事クーデター以前の状況に引き戻すことはありえなかった。それはすでにチリ社会の中に組み込まれ、後戻りできない現実として一定の支持と足場を確保していたからである。新政権は、ここでも必要に応じて手直しをしながら、徐々に軌道修正をするという戦略を採用することになる。

大学、高等専門学校（ＩＰ）、技術教育センター（ＣＦＴ）という三類型、公的助成校と非助成校（新設私立校）という制度的枠組みは維持されることとなる。その上で文民政権は、次のような三つの目標を新しい高等教育政策の柱とした[26]。

(1) 大学への政府の介入を停止し、自由な学長・学部長選挙など大学の自治を回復する
(2) 公的助成校の資金調達源の多元化政策は維持しつつも高等教育向けの公的助成を拡大する

(3) 高等教育の質の維持を図るために、より厳格な認定と評価のプロセスを導入する。

第一は、大学自治の回復である。新政権への移行に伴い軍政時代に大統領が任命した学長は、順次、大学自らが選出した新執行部によって取って代わられる。法制上は、大統領が大学学長を任命することに変わりはなかったが、大学評議会は、教授たちの選挙によって多数の投票を獲得した三名の教授のリストを大統領に提出し、一方、大統領は(その三人の中からだれを任命しても良かったが)、最多数の票を得た教授を学長に任命するようになる。ただし、教育に関する憲法構成法で学長、学部長等の管理職の選出にあたっては「学生と職員の投票権を伴った参加を排除する」(第四五条)と明記されたように、一九六〇年代末の大学改革において導入され、大学にしばしば混乱を引き起こした学生参加の共同管理方式が復活されることはなかった。一九九四年には、こうした学長選出方式が、国立大学を対象に法制化(法律一九三〇五号)された。

第二に、軍事政権の下で縮小されていた高等教育向けの公的助成の拡大が図られた。八二年の経済危機以降、減少しつづけていた高等教育向け予算は、一九九一年以降は回復基調に転じ、毎年のように増加された。一九九五年にその額は、九〇年の予算額の二・六倍に達していた。助成の全体構成にも変化がみられた。直接助成が伝統的助成校(学長会議加盟二五校)に限定されることに変わりはないが、その全体額は九〇年代に入ってかなり引き上げられた。「成績優秀学生」の入学者数によって配分される間接助成は、一九八九年以降は、学長会議加盟校だけでなく、新設の私立高等教育機関(大学、高等専門学校、技術教育センター)にも拡大されるようになった。PAA試験の成績優秀上位者の圧倒的多数は、社会的威信が高く学生の間でも人気の高い伝統的大学に入学しており、それらの大学が、間接助成の大部分を受け取っていることに変わりはないが、一部の私立大学も、優秀学生を自校にリクルートすることに努力を重ねており、間接助成金の一部は新設私立大学にも流入している。しかし全体としてみると、間接助成の予算は、九〇年代に入ってもほとんど増えておらず、公的助成全体の中に占める間接助成の比率は相対的に低下してきた。一方、授業料支払いの困難な貧困家庭出身学生の就学を支援するための政府支出学生ローン(Crédito Universitario)の大幅な拡大と運用改善が行われた。また、従来政府支出の学生ローンの対象とされなかった私立大学、高等専門学校、技術教育センターの学生むけに、政府(産業開発公社)保証による民間銀行からの就学ローン制度(Crédito CORFO)も導入されている。新たに返還義務のない各種の奨学金の授与制度も導入、拡大されてきた。さらに、一九九一年には、高等教育機関のインフラ整備を促進することを目的に、国庫から施設整備基金(Fondo de Desarrollo Institucional)が設立され、各機関(対象は学長会議加盟の伝統校のみ)からの施設の拡充・革新プロジェクトの申請を受け付け、競争的な方式で施設拡充のための投資資金を配分する活動を開始した。

第三には、前章でも述べたように、教育に関する憲法構成法によって導入された改革である。それは、新設高等教育機関の新たな認定・評価の手続きの導入であった。「最高教育審議会」(Consejo Superior de Educación)の設置とそれによる高等教育機関へのより厳格な公的認証システムの導入であり、従来の査定システム(sistema de examinación)から認定(acreditación)への切り換えであった。文民政権は、こうした条項をただちに実行に移した。

チリの高等教育は九〇年代に入ると再びその様相を変化させている。**表7-5**は、この時期と一九九〇年代後半のチリの高等教育機関の数の推移を示したものである。九〇年代に入ると高等教育機関の総数は減少に転じている。前述のように、軍政末期に高等教育機関の駆け込み設立が相次いだ。こうして、一九九〇年に全体で三一〇校を数えていた高等教育機関の数は、一九九五年には二七〇校に、二〇〇〇年には二四〇校へとかなり大きく減少している。大学の数は、九五年に七〇校とピークを迎えた後に、二〇〇〇年には六四校に減少している。これは、

表 7-5　高等教育機関数の増加と多様化（1990 ～ 2000 年）

高等教育機関	1990 年	1995 年	2000 年
・大学	60 校	70 校	64 校
公的助成校	20	25	25
新設私立助成なし	40	45	39
・高等専門学校	82 校	73 校	60 校
公的助成校（※）	2	－	－
新設私立助成なし	80	73	60
・技術教育センター	168 校	127 校	116 校
新設私立助成なし	168	127	116
総　計	310 校	270 校	240 校

※ 上級教育科学アカデミーを含む。
〈資料〉教育省高等教育局発表資料等から作成

新設私立大学が四五校から三九校に減少したことによる。同じく、私立の高等専門学校は、この一〇年間で八〇校から六〇校へ、技術教育センターは一六八校から一一六校へと減少している。

この理由は、厳しい学生獲得競争の中で弱小機関が買収や吸収合併で淘汰され、また認定・評価システムの導入で新たな機関設立の設置申請に歯止めがかかったこと、さらには認定の過程において、所定の基準を充足できずに、「最高教育審議会」あるいは教育省から、その設置認可を取り消される機関が出現したことである。公的な認定制度による高等教育機関規制の効果が姿をあらわしたものと解釈できよう。ちなみに、こうした閉鎖校の学生を他の高等教育機関に転学させる支援をすることも審議会の役割とされている。

表7-6は、各機関類型ごとに在籍数の変化の推移を示している。類型別に見ると、大学が助成校、非助成校とも学生数を大幅に増大させている。この一〇年間で非助成私立大学の校数がほとんど変化しない中、その在籍者数は、約二万人から一〇万人へとほぼ五倍に増えている。私立大学の規模の拡大・充実、経営の安定の傾向が推測できる。この私立大学の学生数増加の要因には、次のような理由がある。それは前述のように、九〇年代も半ばをすぎると、査定システム、あるいは九〇年以降の

表 7-6 高等教育機関類型別の在籍者数の変化（1990 ～ 2000 年）

高等教育機関	1990 年	1995 年	2000 年
・大学	131, 702	223, 889	302, 572
公的助成校	112, 193	154, 885	201, 186
新設私立助成なし	19, 509	69, 004	101, 386
・高等専門学校	40, 006	40, 980	79, 904
公的助成校（※）	6, 472	－	－
新設私立助成なし	33, 534	40, 980	79, 904
・技術教育センター	77, 774	72, 735	53, 354
新設私立助成なし	77, 774	72, 735	53, 354
総　計	249, 482 人	337, 604 人	435, 830 人

※上級教育科学アカデミーを含む。
〈資料〉教育省高等教育局発表資料等から作成

認定システムの条件を充足して、完全な自治権を取得する私立大学が次第に増加してきたことである。一度自治権を取得すると、私立大学もその運営において、自己裁量の権限が大幅に拡大する。新しい学科やコースの設置、学位や資格の授与、定員増、さらには地方分校の増設などを自由に決定できることになる。実際に、完全な自治権を獲得した私立大学の多くは、経営基盤を安定させるために積極的な規模拡大路線を展開した。一九九〇年には、私立大学の規模は小さく、学部学生の数が八〇〇人以下という大学二五校を含めて、学生数一、五〇〇人以下のものが全体の八〇％を占めていた。二〇〇一年には、一、五〇〇人以下の小規模校の比率は、全体の三〇％へと縮小していた。学生数五、〇〇〇人超のものも六校出現している[27]。大学のみでみると、一九九〇年には私立大学の学生数の占める比率は、大学生数全体の一五％たらずであったが、二〇〇〇年にはほぼ三分の一を占めるにいたっている。

また伝統的な公的助成校もこの間に、約一一万人から二〇万人へと学生数を倍増させている。これは、文民政権の下での高等教育向けの公的支出の増大策が、再び公的助成校の役割と地位を回復させていることを示しているのであろう。一九九〇年に公的助成大学二〇校の学生数の平均は、四、二四八人であったが、二〇〇〇年（二五校）には、六、七一〇人に増えている。学生数が一八、〇〇〇人を超えるものも二校（国立チリ大学とチリ・カトリック大学）ある28。これにたいして高等専門学校の伸びはそれほど目覚ましいものではないが、九〇年代後半になって学生数を増やしている。これも、機関数が八〇校から六〇校に減少する中で生じているので、残った個別機関においては、経営の安定化が進展したと推測される。

一方、技術教育センターでは逆に学生数を三〇％も減らしている。短期高等教育機関である技術教育センターは、一九九〇年には高等教育在籍者の全体の三割をこえるレベルに到達していたが、二〇〇〇年にはその比率は一二％ほどに低下していた。短期技術教育コースの人気の凋落ぶりが明瞭である。これらの私立短期高等教育機関の六〇％は、学生数が二五〇人以下という小規模校であり、賃貸の校舎を使用するなど、施設設備、スタッフも不備であり、学生にとっては学費が安い（私立大学、高等専門学校の三〇～五〇％）という点を除けば、魅力の乏しいものであった。八〇年代、まだ大学、高等専門学校の拡張が緩やかだった時代には、高等教育進学需要の新しい受け皿として一定の人気を集めたが、前述のように私立大学の急成長、高等専門学校の拡張が進むにつれて、高等教育市場での地位を喪失していったことになる。同じ高等技術者の資格をめざすとしても、技術教育センターではなく、大学や高等専門学校の短期コースに在籍することをめざす者が増えているという。

高等教育全体の構造をみると、私立大学の学生数が急増したが、同時に公的助成大学もその学生数を増大させたために、公的助成大学と私立高等教育機関の間での在籍学生数の比率は、一〇年前とあまり変化はなかった。

むすび

一九九〇年代初頭のチリは、一六年以上に及ぶ長期軍事政権の支配を脱し、民主制の回復、文民政権の定着をめざす移行期にあった。反軍政において共闘してきた各政党・党派は、「民政連」を結成し、キリスト教民主党のエイルウィンを大統領に擁立したが、その内部では、イデオロギー的に必ずしも一枚岩ではなかった。ピノチェットが軍政の永続化をめざして制定した一九八〇年憲法も健在であった。軍政の流れをくむ保守派は、軍政時代の改革の遺産を変更するあらゆる試みに警戒心を抱いていた。教育分野においても、軍政の任期最後の日に官報告示された「教育における憲法構成法」は、まさにその置き土産であった。また再開された議会では、与党勢力は下院でこそ過半数を確保していたが、上院では少数派にとどまっていた。こうした政治状況の中、新文民政権は、合意形成に時間をかけた慎重な政策運営を余儀なくされた。期待された軍政期の人権侵害の真相解明や告発もたびたび暗礁に乗り上げた。

九〇年代のチリの教育改革を分析した世界銀行のデロニーは、文民政権初期の政策担当者は、教育「改革」(reforma)という用語を意識的に避け、「変化」(change)という言葉を使用したと指摘する。「教育においては、移行の期間は、忍耐強い、漸進的かつ協議的な『変化』の過程が特色となっている。なぜなら、左派にとっては、『改革』という言葉は、軍政期の専制的な命令の記憶を想起させるものであり、保守派には、その言葉は政策転換を示唆するものであったからである」[29]。政権の教育政策のスローガンとなった「継続と変革」は、たしかに変革(cambio)であり、プログラムの名称ＭＥＣＥのＭは、「改善」(mejoramiento)であった。ラテンアメリカの教育の歴史においては、政権の交代に伴い、前政権の教育政策が一掃され、大きな混乱を招くという現象がめずらしくない。チリでも、アジェンデ社会主義政権の誕生時にその傾向はみられ、また、一九八〇年の軍政の教育改革はその典型であった。政治状況がそうなさしめたところもあるが、結果として文民政権の下でのチリの教育政策は、新自由主義的な市場原理を放棄し、再び国家原理へと急旋回するという断絶を回避するものとなった。市場原理と国家介入の調和をめざしながら、ゆきすぎた市場原理の軌道修正を図るという教育政策担当者たちのプラグマティックな姿勢は、さらに、次の第二次文民政権にも引き継がれていくことになる。

〔注〕

1 吉田秀穂『チリの民主化問題』アジア経済研究所 一九九七年 一六五～一六七頁

2 これは「修正多数代表二名制」と呼ばれる制度である。上院、下院とも選挙区の定員は二名とされ、それぞれの政党（あるいは政党連合）が二名（一人でもよい）の候補者を連名で出す。有権者は、その中から一人を記名投票で選ぶ。同じリストに属する候補者二名が一位、二位を占めたとしても、彼らが自動的に当選するのではない。リスト単位で票の集計がなされ、一位グループのリストの合計得票が、次点の政党グループの得票数の二倍を上回らない場合には、第二位の当選者のポストは、次点グループのリストの中で多数の票を獲得した者に回されるという変則的な仕組みである。すなわち、第二党は、投票総数の三分の一以上の票を確保すれば、一議席を確保できることになる。第一党（民政連）には不利であり、第二党（民進同）に有利であり、第三党（共産党その他）には、きわめて不利な制度である。さらに、八〇年憲法では、定員四七人の上院議員の中に、大統領職六年以上の経験者、元最高裁判所判事、三軍の司令官と国家警察長官のＯＢ、元会計検査院院長など九人を官選の終身上院議員として含めることを定めていた。議会の再開にあたり、終身上院議員には、ピノチェット自身のほか、すべて彼によって登用された人物がそのポストについた。彼らは、当然のことながら、旧軍政派の立場から、野党と同調して新政権の立法活動に抵抗した（ちなみに、この任命制の終身上院議員の制度が廃止されるのは二〇〇五年のことであった）。

3 Collier S. and Sater W.F., *A History of Chile, 1808-2002* Cambridge University Press 2004 p.390

4 Collier S. and Sater W.F., *Ibid.* p.396

5 Cox C., "Las políticas educacionales de Chile en las últimas dos décadas del siglo 20" en Cox C., (ed.) *Políticas Educacionales en el Cambio de Siglo* Editorial Univrersitaria 2003 pp.19-113 p.36

6 Nuñez P.I., "Problemas de Aplicación de la Reforma Educativa en Chile" *Planeación & Desarrollo* Vol.24-3 1993 pp.85-100 p.86

7 吉田 前掲書 一九九七年 二一二頁

8 Cox C., *op.cit.* 2003 pp.36-37

9 P-900プログラムについては、三輪千明「チリにおける基礎教育の課題――貧困地域の優良校と問題校の比較から」『アジア経済』XLVIII-4 二〇〇七年 二〜二三頁に詳しい。

10 Sotomayor C.S., "Programa de Mejoramiento de la Calidad de Escuelas Básicas de Sectores Pobres (P-900)" en Garcia-Huidobro J. (ed.) *La Reforma Educational Chilena* 1999 pp.69-90 p.82

11 Cox C., *La Reforma de la Educación Chilena: Contexto, Contenidos, Implementación* PREAL 1997 pp.12-14

12 García-Huidobro J.E., "Educational Policies and Equity in Chile" in Reimers F., (ed.) *Unequal Schools, Unequal Chances: The Challenges to Equal Opportunity in the Americas* Harvard University Press 2000 pp.161-181 p.174

13 García-Huidobro J.E., *ibid.* 2000 p.173

14 Cox C. and Lemaitre, M.J., "Market and State Principles of Reform in Chilean Education: Policies and Results" in Guillermo Perry & Danny M. Leipziger, *Chile: Recent Policy Lessons and Emerging Challenges* World Bank 1999 pp.149-188 p.170

15 Cox C. y Lemaitre M J., *Ibid.* 1999 p.169

16 Gauri V., *School Choice in Chile: Two Decades of Educational Reform* University of Pittsburgh Press 1998 p.96

17 Ley-19070 27 de Junio 1991

18 Delannoy F., *Education Reform in Chile, 1980-98: A Lesson in Pragmatism* World Bank 2000 p.21

19 Corvalán J., "Financiamiento Compartido en la Educación Subvencionada" Hevia R. (ed.), *La Educación en Chile, Hoy* Edición Universidad Diego Portales 2003 pp.165-177

20 Gauri, V., *op.cit.* 1998 p.89

21 M & R・フリードマン『選択の自由』日本経済新聞社 二〇〇二年 三八二頁、三八五頁

22 Matear A., "Tensions between State and Market in Chile: Educational Policy and Culture" in *European Review of Latin American and*

Caribean Studies No.83 2007 pp.61-81 p.68

23 Brunner J.J., "Chile's higher education: between market and state" *Higher Education* No.25 1993 pp.35-43 p.41

24 Cox C., "Higher education policies in Chile in the 90s" *Higher Education Policy* Vol.9 No.1 1996 pp.29-43 p.40

25 Cox C., *Ibid.* 1996 p.33

26 Brunner J.J., *op.cit.* 1993 pp.40-41

27 Bernasconi R.A. y Rojas F., *Informe sobre la Educación Superior en Chile: 1980-2003* Editorial Universitaria 2004 p.98

28 Bernasconi R.A. y Rojas F., *Ibid.* 2004 p.97

29 Delannoy F., *op.cit.* 2000 p.19

第八章　九〇年代後半の教育政策――教育の近代化を求めて

はじめに

一九九四年、軍政から民政の移行期であり、特別に四年間とされたエイルウィン政権の任期が満了した。文民政権を誕生させた政治勢力は、再び同じ与党連合を結成し、大統領選挙、議会選挙に臨んだ。この結果、与党連合は再び勝利し、キリスト教民主党のエドゥアルド・フレイ（Eduardo Frei Tagle）を大統領とする第二次文民政権（一九九四～二〇〇〇年）が誕生する。フレイは、第二章でふれた、一九六〇年代後半にチリの教育制度の基礎を確立したことで知られるフレイ元大統領の子息であった。選挙期間中から、教育改革に意欲を燃やし、チリ教育の拡充を自らの政権の重要課題として位置付けた。

フレイは、政権の教育政策を、できるかぎり広範な国民的合意の下に策定することをめざし、「チリ教育近代化のための国民審議会」を設置して、教育改革論議を促進した。審議会は、「教育近代化のための国民的プロジェクト」の骨格を提示する報告書を提出する。この報告書を基盤に、フレイ政権は、九〇年代の後半期に積極的な教育政策を展開することになる。それは、基本的には、市場メカニズムを存続しながら、それと国家によるイニシアティブ、直接的介入政策のバランスを図りながら調和させてゆくという前政権の路線を継承するものであったが、その独自の特色は、軍政期の教育政策の利点を再評価する一方、第一次文民政権の導入した政策の見直しを行うなど、イデオロギー色を薄めたよりプラクティカルな姿勢を打ち出したことにあった。

第1節　フレイ政権の特色と教育改革論議

一九九三年一二月に行われた大統領選挙では、文民政権の与党政治勢力の連合組織（民政連）を代表するフレイは、旧軍政系・右派の政党の連合である民進同の擁立したアレサンドリ候補者に大差で勝利した。しかしながら、同時に行われた議会議員選挙においては、またしても、軍政時代の置き土産である変則的な選挙法のせいもあり、与党連合は、下院ではかろうじて優位を保ったものの、上院では過半数を占めるにいたらなかった。エイルウィン政権期に較べれば、軍部からの隠然たる圧力は少なくなりつつあったとはいえ、選挙公約に掲げたような、軍政時代の人権侵害問題の真相解明・責任追求、政治的民主化を一層推進することは困難であることが予想された。こうした政治状況を踏まえ、フレイ政権の中心スローガンは、次第に「民主化」から「新しい社会」「近代化」へと転換された。すなわち、貧困の克服を柱とした社会問題の解決、ますますグローバル化の度合を強める世界経済の中でのチリの競争力の維持と発展、急速な社会環境の変化の中で価値観・伝統・アイデンティティを喪失することなく近代化の恩恵を享受しうる健全な社会秩序の維持などが政策の優先課題として掲げられたのである[1]。

ところで、この「近代化」（modernización）という言葉は、第三章で紹介したように、軍政下で登用されシカゴ・ボーイズが八〇年代初頭にチリの社会的制度全般の改革に着手した時に、大々的に打ち出したスローガンであった。

したがって、軍政時代になんらかの被害を被った人々の間では、近代化という用語は、シカゴ・ボーイズ流の原理主義的な新自由主義とほぼ同義であり、ある種のトラウマを思い起こさせる言葉であったのではないかと想像されるのである。これが、第二次文民政権の中心スローガンとして再び登場してきたことは、いささか驚きを感ずる。このことは、やはり時間の推移と社会経済的環境の変化が関係しているのであろう。一九九〇年の文民政権誕生時には、軍政期に導入された諸制度の見直しの議論が起きた。軍政前の状態への復帰を望む声も少なくなかった。新政権は、人権侵害問題の追求や、軍政期に特に不利益を被った人々の速やかな「復権」(reivindicación)を図る政策(教育の分野では、教職法の制定による教員たちの復権)に取り組んだが、基本的には、軍政期の社会経済制度の大枠は維持して、継続にやや重点を置いた「継続と変革」の政策を採用した。それからさらに四年が経過していた。文民政権は、軍政が導入した制度を、軌道修正を図りながらも自分たちの手で着実に運用する経験を積み重ねていた。もはや彼らにとって、近代化というスローガンは、軍政時代の極端な市場主義を連想させる括弧付きの「近代化」のイメージをぬぐい去ったものであった。それは、国の主導や公共政策と連動して追求されるべき、国家の最高目標として設定された。

いずれにせよ、ここには、フレイ政権の脱イデオロギー志向性、経済成長路線を優先するプラクティカルな政策志向が反映されていると思われる。政治手法において、フレイは、議会での与野党の深刻な対立を回避すべく、「民主化」を一時棚上げしても右派や保守派との宥和を図り、できるかぎり国民的合意を取り付けながら、着実に安定した政権運営を図ることを目指した。こうしたフレイ政権の政策手法は、政権の教育政策を策定する手続きにおいても発揮されることになる。

フレイ政権の教育政策遂行に関係するもう一つの特色は、前政権誕生時に教育省にリクルートされ、教育改善のための介入プログラムなどの導入・指導にあたったコックス、ウイドブロのような専門的なコア・グループがほとんど留任し、フレイ政権の教育政策運営を担ったことである[2]。これは、新大統領の誕生とともに、政治任命の幹部職員が一変されることが通例であるチリの官僚制ではいささか異例なことであった。ともかく、こうした措置は、文民政権での教育政策の継続性を担保するものであった。教育相には、チリを代表する教育学者であるシーフェルバイン（Ernesto Schiefelbein）が指名される。

ユネスコ・ラテンアメリカ・カリブ海地域事務所の所長などを歴任し、国際的にも著名な教育学者であったシーフェルバインは、教育相に就任するとすぐに、複数の国際機関に属する著名な研究者や教育専門家からなるチームをチリに招待した。その目的は、第二次文民政権の構想する教育方針と方策の原案を彼らに提示して、国際的な視点から見た評価と新たな助言を求めることであった。ユネスコ、ユニセフ、世界銀行、国連開発計画、米州開発銀行の五機関から複数の教育分野の専門家、合計一二人を招請したこのチームは、「多機関委員会」（Misión interagencial）と呼ばれた。委員長はユネスコ国際教育局ＩＢＥの局長であったテデスコ（Juan Carlos Tedesco）であった。委員会は、一九九四年四月四日〜八日に、チリに集合し、フレイ大統領に直接面談することを含めて調査や協議を行い、その結果を報告書として、シーフェルバインに提出した。教育政策の形成の過程で、このような国際的な評価や助言を求めるという手続きが取られたことは、チリでは先例のないことであった。

多機関委員会の報告書は、ユネスコ・サンティアゴ事務所を通じて公表された[3]。報告書は、新政権の教育政策構想は、国際的動向とも軌を一にしており、教育段階ごとに構想されている諸方策は基本的に同意しうるものである、とする評価を行った。ここで特に注目されることは、総論にあたる部分において、政策遂行の前提条件として次のような指摘を行っていたことである。それは、(1)総花的な政策ではなく政策の優先順位付けを明確にする、(2)教育予算を大幅に拡大する、(3)政策への国民的な合意を取り付ける、(4)国民向けの情報の発信と普及を促進する。例えば、教育予算の増大については率直に次のように述べる。

「本委員会は次のように考える。新規の諸プログラムは、追加的な資金を必要とする。教育資金の効率性と効果を改善する余地があることが確かであるとしても、しかしながら、こうした目標が、教育システムの運営の効率性を高めることによって捻り出される資金のみによって達成できると想定することは、ごまかしである。チリが教育に充当している資金の比率は、同様の発展水準にある他の国のそれよりも相当に低いものである。その限界は、深刻なものであり、追加資金の有効活用を前提にする方がより現実的である」。

また、政策にたいする国民的合意の形成についても次のように述べる。

「政策のバランスをとり優先順位を付ける作業は、説得と動員という大きな努力を必要とする。それは、教育を改善し、教育への支出を増大させるための国民的な決意を生み出すものとなるからである。……諸改革は、断固とした政治的支援と市民社会の支援を獲得してはじめて、政治的に強固なものとなる。そのためには、合意が制度化されることである。この観点から本委員会は、政府が、国民的な教育対話を促進する努力を継続し、その対話を通じて、財政面であれ教育プロセスへの参加に向けた行動であれ、すべてのセクターの間で、合意と行動にむけての明確な決意が形成されるよう努力することを提案する」。

こうした国際的チームによる提案を受け、チリ政府はただちに、行動を開始する。新政権の教育政策の全体像を公表することをすこし先のばしするとともに、政府主導で「チリ教育近代化のための国民審議会」を設置し、国民的な教育政策論議を行うことを決定したのである。

フレイは、一九九四年六月に、政令三五一号により、チリの各界を幅広く代表する委員を集めて、「教育近代化のための国民審議会」(Comisión Nacional para la Modernización de la Educación)を設置する。この審議会の目的は、チリの教育の現状を診断し、その制度の問題や欠点を明らかにするとともに、近い将来国が直面することになるさまざまな課題や挑戦に取り組むために教育の果たすべき役割を明確にし、二一世紀をむかえるチリ教育が飛躍をとげるために採用すべき提案や方策を提示するものとされた。審議会は二段構成とされた。まず、「チリ教育の近代化に関する国民的対話のための助言専門委員会」(Comité Técnico Asesor del Dialogo Nacional sobre la Modernización de la Educación Chilena)が、現状診断や分析を行い、上記の各事項について報告書を作成する。それらをベースに国民審議会がさらに広範な角度から審議し、最終報告書を大統領に提出するという形がとられた。

一八人の委員から構成されたこの専門委員会の特色は、教育関係者、大学人のみならず教員組合、カトリック教会関係者、チリ商工会、農業系企業、ＩＴ企業代表、さらには、保守派政党のシンクタンクの代表、野党にも近い委員を含めるなど、イデオロギー的にかなり幅広い国民層を代表する委員で構成されていたことであった。委員長には、内閣官房長官であり、またチリ高等教育論の研究者としても知られていた、ブルンネル(José Joaquín Brunner)が就任した。そのため、この助言専門委員会は、通称ブルンネル委員会と呼ばれることになった。

振り返ってみれば、こうした開かれた形での教育論議や分析が行われたのは、チリにおいては久しぶりのことである。前述のように、軍事クーデター以前のアジェンデ政権期には、社会主義的イデオロギーに立脚する国民動員志向から、広範な教育参加、国民的教育論議がさかんに提唱された時代があった。だが、軍事政権の時代の政府は、自らの教育政策を国民に説明することなく、シカゴ・ボーイズなどテクノクラートの企画する政策を上意下達的に命ずることに終始した。一九九〇年の文民政権誕生後には、こうした傾向はすくなくなったが、政権移行時に、教育のあり方をめぐり国民的な論議を行う機会はなかった。時間的な制約もあり、議論は、主として教育関係者や与党関係者から、軍政期の教育政策への評価、その時期に導入された政策の存廃の可否に関する意見をインフォーマルな形で聴取するにとどまったのである。これにたいして、助言専門委員会は、約三か月をかけて、チリ教育の現状を診断し、チリの近未来の将来像と教育への要求について分析を行い、チリ教育政策の新たな優先課題と具体的な改革の基本方針を提案した[4]。

残念なことに、国際的委員会とブルンネル委員会の設置と議論を主導してきたシーフェルバイン教育相は、教職法改正をめぐる教員組合との交渉の行き詰まり等を理由に、就任半年たらずで辞任することになる。後任には、前政権で経済企画省大臣をつとめたキリスト教民主党のベテランの政治家、モリーナ（Sergio Molina）が就任する。

第2節　助言専門委員会報告と国民審議会最終報告書

まず、この助言専門委員会による報告書の要点を概観してみよう。助言専門委員会報告書の印象を一言でいうなら、特定のイデオロギー的立場や過剰なレトリック的表現を排しながら、きわめて冷静、沈着なトーンでチリ教育の現実を分析し、合わせて、二一世紀という近未来におけるチリの現実的な将来像（貧困の解消、経済成長、安定した民主的市民社会の形成）を想定し、チリ教育の近代化のための現実的な方策を提示していることがその特色である。ここでは、もはや前政権発足時に話題となった、軍政期の新自由主義を基盤とする教育行財政制度の存廃論議が蒸し返された形跡はほとんど見られない。地方分権化、教育バウチャー、学校選択制、競争を奨励するインセンティブ策の活用、学費分担制による父母からの授業料徴収等は、もはやチリ教育制度の不可欠の構成要素として前提とされている。また、第一次文民政権が試みたさまざまな教育の質と公正の改善プログラムの効果を認めながらも、こうした個別対応型のプログラムの効果の限界も指摘し、より制度的・構造的な近代化、具体的には、中等教育改革、カリキュラム改革、授業時間の延長＝二部制授業の廃止、教員養成と研修の拡充、成果をベースにした賞罰制度の拡充、民間資金の積極的活用を含めた教育投資の大幅拡大、などに取り組むことを提言する。また、報告書では、当時話題を集めていた世界銀行の報告書『東アジアの奇跡』(The East Asian Miracle, 一九九三年)をいち早く引用しながら、基礎教育の重要性を再確認し、また民間の教育投資の比率がきわめて高い韓国の例を提示する[5]など、経済のグローバリゼーションの進展、国際競争を強く意識したものとなっていることにも特色がある。

報告書は、チリ教育の現状を包括的に次のように診断する(カッコ内は引用頁数)。

「チリの教育システムは、国の要求に対して時代後れとなってきた。広範な教育の普及は達成したが、質が乏しく、偏りがある。それゆえに、不平等で、すこしも効率的でない。その達成度は、一般的に言って、不満足なものである。貧しい家庭出身の児童の大多数にとって、学業達成水準は、率直に言って低調である。学校が提供する教育は型にはまったものであり、児童の諸能力を涵養せず、学ぶことを教えていない。適切な方向をさし示すいくつかの改善プログラムが存在しているが、それだけでは充分ではない。分権化の進展にもかかわらず、システムの運営は、いまだに柔軟性を欠くものである。教員と児童生徒は、一般的に、刺激の乏しい環境で仕事をしている。そうした条件の中において、チリは未来において力強く発展をすることはできない。近代的かつ平等な社会に転換するという歴史的機会を失うことになりかねない」（六〇頁）。

こうした認識に立ち、専門委員会も、教育の質の向上、公正と効率性の向上を目標とした教育の近代化を提起するが、前政権時との姿勢の違いを見ると、第一次文民政権誕生時には、これらの目標に対して新自由主義的教育政策は必ずしも効果的とは言えないという懐疑的な見解が多かったのにたいして、ここでは、その運用次第では、効果を期待することも可能であるとして、そのための条件整備を積極的に主張している点が目につく。

「学校助成（バウチャー）という方式は、被助成校に国庫資金を譲渡するための主要なメカニズムとして維持されねばならない。助成は、効率的な運営を報償し、不適切な運営を処罰あるいは是正することで、児童生徒の獲得と引き留めのために学校間での競争を促し、透明かつ客観的な規則に従って資金を配分することで、こうした資金を適切に活用するのに役立つ。さらにそれは、運用コストがあまりかからない方式であり、その適用の手続きにはまだ完成にむけての改善の余地があるが、児童生徒、父母、地域社会に対して責任を負う自律的な学校運営と完全に両立しうる制度である」（一二五頁）。

「助成私立校は、全般的に、公立校よりも教員一人当たりの生徒数が多い。このことは、教員給与が公立校のそれよりも低いという事実とともに、生徒一人当たりの平均コストの低さをもたらしている。それは、公立校の資産（土地や建物）への国庫助成を計算に含めるか否かによるが一四～三七％の間と見積もられてきた。このことは、助成私立校での内部効率の大きさやＳＩＭＣＥ試験の高得点（その差異は、生徒の社会経済的特色をコントロールしても完全に消滅することはない）とともに、助成私立校セクターに属する学校の効率性の大きさを示すものであろう」（五一頁）。

「需要主導の助成制度は、効率性の向上を生み出すにちがいないと想定された。しかしながら今日まで、そのような効率性の向上は、公立校の場合よりも、助成私立校の場合の方がより大きいことが示されてきた。このことは、制度のインセンティブが、公立セクターよりも助成私立セクターにより直接かつ明白に機能することに起因するにちがいない。実際に、私立校の経営者たちは、提供する良質の教育から生み出される登録者数の増加から直接的に利益を受けることになる。一方、公立校の場合は、上記のような生徒数増加からもたらされる収入増は、自治体からの補助金の削減につながりやすい。もう一方、助成私立校は、需要の変動、そしてその結果として受け取る助成金の変動に対応するのにより柔軟性をもっている。これに対して、公立校は、一九九一年から九三年の間に、公立セクターの在籍者数がわずかに一％の伸びであったのに、教員数は一〇％ほど増加していた。このセクターでの教員生徒比は、最近二〇・二人となるなど、硬直した管理運営体制を保持している。こうしたことは、かなりの部分、法的な規制（教職法）によりもたらされたものである。それは、公立校セクターで毎年生み出される財政赤字を説明するのに役に立つ」（五三頁）。

報告書では、さらに「もし我々が教育近代化への道を前進することを望むならば、ただちに、是正されねばならない二つの基礎的な要素がある」として、次の二点での条件整備を主張する。

(1)現在、学校がその中で運営されている法・行政的枠組み――すなわち、教職員人事、学校管理運営、資金の調達と配分方式――は、質を向上させるための、効率性を増すための、それらを通じて、ますます公正になるための適切なインセンティブを提供するものとなっていない。公立校においては、この状態は、教職法によって導入された硬直性によって、ますますひどくなっている。

(2)教育セクターへの投資は、国が教育を近代化するために必要とされる額を大きく下回っている（六〇頁）。

ここでは、教育システムの硬直性を増大させている要因として、第一次文民政権の主導のもとに制定された教職法を槍玉にあげ、その見直しを求めていることが注目される。前述のように、教職法は、第一次政権で教育相をつとめ、与党内で次期大統領候補としてフレイの有力対抗馬であった社会党のリカルド・ラゴスの主導で制定されたものであり、こうした主張は、与党関係者にも波紋を呼んだという。

報告書は、システムの硬直性については、次のように指摘する。

「教職の職務遂行は、現在のチリ学校システム組織の中では、他の分野での専門的業務遂行にとっては適切である条件を享受していない。教員は、充分な自律性を持っておらず、自分の職務遂行に対応する部分の責任も負っていない。彼らは、融通がきかず、期待される行動を事細かく規定した厳格で過密になりやすいプログラムの下で働いている。さらに、意欲を高めることのすくない組織的雰囲気があり、そこでは、充分な支援教材がなく、通常、細々とした官僚的指令により管理されている。教員に期待される活動はあまりにも多岐にわたる。時間の一部を、児童の規律のコントロールに充てねばならないし、生徒が暗記することを期待される多量の知識を伝達しなければならない。それを、良い業績に報償も与えず、また悪い成績を効果的に罰することもしないコンテクストで行わねばならない。教員が実験を行い、子どもに学習を促進するための最も効果的であることを示す教授法を採用するようにさせるために必要とされるインテンシブが存在しない」（四七頁）。

「実際に、公立学校セクター内部において学校の管理は、自治体教育局あるいは民間法人によって集権的な形で実行されている。このような管理形態は、各学校を助成メカニズムとそれに関連するインセンティブから切り離す。こうして、良好に運営されている学校は、収入にたいして支出超過に陥っている他の学校を補助していることになる。こうした結果は、前者の努力を無駄にさせ、後者の非効率性を許容することになる。そのために、各学校に資金の使用法の決定権を付与することが必要とされる」（一二七頁）。

条件整備のもう一つの柱は、教育への国民的投資の大幅増加を提起していることである。「こうした状況において、教育への投資をさらに拡大する努力は、社会全体によって担われなければならない。我々が直面する課題の大きさは、教育支出に関して、本物の国民的公約を必要とする」（七一頁）。報告書は、さらに次のような具体的方策にまで踏み込む。

(1)教育向けの公共支出の増加率を、一般支出の平均増加率よりも大きくし、八年以内に国民総生産の一％の額の増加を確保する。最近の対ＧＮＰ比での公共教育費の平均的な伸び率は、年間〇・一二％なので期間内に一％増加を達成することは可能である。

(2)学費分担制と教育分野向けの民間の私人、企業、団体等からの資金支援を通じて八年以内に、民間からＧＮＰの一％の額の資金を調達する。国民の所得区分階層の第Ⅰ階層（最貧層）は、学費分担が可能な状況にはない。第Ⅱ階層は〇・五USE（USEについては一七九頁参照）なら貢献できるし、第Ⅲ、第Ⅳ階層は、一USE程度貢献でき、第Ⅴ階層なら二USE分が可能である。助成校全体でGNPの〇・七五％相当の追加収入が生み出されうる。助成金の割引による余剰金を第Ⅰ階層に配分するとするなら、この階層向け支出を一五％増やすことが可能になる。経済が成長し、家計の収入が増え、子弟の教育に投資する傾向が強くなれば、民間支出をGNPの一％相当にまで引き上げるという目標は到達可能である。

(3)「国家教育基金」の創設を提案する。基金の利息運用金が、八年以内に、GNPの一％に相当する資金を生み出す。資金の原資は、①公共資産の売却（政府機関の不要資産の売却、公営企業の資産の譲渡、こうした企業の株の売却）、②私人や民間企業からの寄付、③国際協力から得られる資金、で構成される（一二四頁）。

ここでも、前政権の後半に導入され、賛否をめぐり議論を呼んでいた学費分担制について、これを積極的に評価する姿勢を示してその議論に決着をつけている。ただし、ここでは「いかなる状況であっても、家庭の所得の水準のゆえに学費の分担に貢献できないことを理由に、子どもや若者が、公立学校から、どのような形であれ排除されることがないようにされねばならない。……法律により、学費分担による授業料の額が一定の水準をこえる学校に課される助成金の削減分は、法的義務によって、その学校内で学費を払える状態にない生徒に優先的にむけられねばならないし、第二に、それを要請する他の学校に回されねばならない」（一二九頁）として、公正の原理にも配慮することを指摘している。

助言専門家委員会は、最終的に、以下のような立体的な構成を持った「教育近代化のための国民的プロジェクト」の方向性と提案の枠組みを作成した。

・最高の優先課題　すべての者に質の高い普通教育を提供する。
・先延ばしできない仕事　中等教育を改革し多様化する。
・必要条件　教職を拡充強化する。
・基礎的要件　学校運営により多くの自律性と柔軟性を与える。効果的な学校をつくるために、その成果に関するより多くの公的情報を提供する。
・国民的な公約　教育の近代化を推進するとともに、公共および民間双方の手を携えて教育への投資を増大させる。

ブルンネル委員会の報告書は、「教育近代化のための国民審議会」に提出された。審議会は、教育相（議長）、教育省次官、上院・下院教育委員会委員長、主要大学学長、教員組合代表、労組代表、私学協会関係者、父母会組織代表、学生組織代表、教会関係者、産業界・財界代表、地方自治体代表など、きわめて広範な分野・勢力を代表する三二人の委員で構成されていた。その構成は、確かに、教育政策をめぐる国民的合意を形成しようとする政府の意志を現すものであった。審議会は、助言専門委員会報告、その他の関連文献を基に、合計一〇回の審議、地方公聴会、意見公募などの慎重な手続きを経て、三か月後の一九九四年末に、最終報告書を取りまとめ大統領に提出した。

最終報告書は、「助言専門委員会の診断は的を射るものであり、また、審議会は、そこで提示されたチリ教育の近代化のための国民的プロジェクトの枠組みを追認する」として、上記の方針を、用語の修正もなく、審議会の答申に取り入れた。審議会報告は、その最後を次のような言葉で結んでいる。

「チリの教育は、座視できない欠陥と弱点をもっている。しかし、発展させねばならない強みと潜在能力もまたある。長期間に及ぶ努力が必要であると思われる。なぜなら、蓄積された問題は容易に解決しえないし、開かれた可能性も短期間に実を結ぶものではないからである。家庭は、子どもの教育のためにこれまで以上に献身的な努力を継続しなければならないし、教育近代化の次の段階では、大いなる決意をもって、より積極的な役割を果たさなければならない。本審議会は、広範な合意を形成する地点まで考察し、議論をしてきた。それは多元的な国民を代表する、さまざまな豊かな経験、焦点、関心を集約するものとして重要なものである。共和国大統領は、今や、国民的な公約と大きな努力を基盤にして国家の教育政策を形成するというきわめて有利な条件を付与されたのである」。

ここでは、“Un compromiso nacional”(国民的公約、国民的決意)がキータームとされている。ここには、軍政と民主主義の葛藤、与野党の対立という歴史的恩讐を超えて、チリの将来像を見据えて、広範な国民的合意に基づいて教育政策の基盤を提示するものであるという審議会の自負がうかがえる。これは、保守派、野党勢力をも満足させるものであり、「ブルンネル報告以降、野党による教育政策論議は、政府が本報告の提案を遂行していないという形での政府批判となった」[6]とさえ言われている。

第3節　フレイ政権の教育政策

フレイ政権が一九九〇年代後半に相次いで導入した教育政策は、次のようなものであった。[7] ①教職法の改正(一九九五年)、②「中等教育の質と公正の改善プログラム」(MECE-Media 一九九五～二〇〇〇年)、③学校ＩＴ化プログラム(Enlace)の大幅拡充、④業績優良校教員への特別賞与支給制(一九九五年)、⑤基礎教育(一九九六年)および中等教育(一九九八年)の教育課程の改訂、⑥教員の海外研修制度(一九九六年)、⑦学校全日制化の導入(一九九七年)、⑧教員養成プログラムの革新(一九九七～二〇〇〇年)、⑨中等教育改革先導的試行プログラム(一九九七年)。これらは、やや性格を異にする①を別にすれば、大きく四本の柱に整理されよう。すなわち、(1)前政権の路線を引き継ぐ教育改善プログラムの継続(②、③、⑨)、(2)教職の拡充強化策(④、⑥、⑧)、(3)教育課程の改訂(⑤)、(4)学校全日制化(⑦)、である。以下、教職法の改正およびフレイ政権の教育政策の四本の柱について、すこし詳しく見よう。

1　教職法の改正

一九九一年の教職法の制定は、軍政下で行われた教員の労働市場の規制緩和措置＝非公務員化によって失われた教職の地位の復権をめざすものであった。公立学校教員は、事実上、公務員の身分を回復し、教職の職業的な地位と安定性は大きく改善されることになった。教員の身分は、再び、手厚く保護されることとなった。しかし、こうした措置は、文民政権が選択した教育バウチャー制度の存続とは、原理的に矛盾する要素を含んでいた。バウチャー制度は、学校間での生徒獲得競争による生徒数減少によって生じた余剰教員の雇用調整(解雇、異動、契約変更)を前提としていたからである。「実際に、教職法は、一九九一年から九五年の間、学校経営者が在籍生徒数の変動によって、すなわち受け取る助成金の額に合わせて、その教授陣を異動させることを実質的に不可能にした」[8]と言われた。こうした結果、先に指摘されたように、一九九一年から一九九三年の間に、公立学校での児童生徒数はわずかに一％しか増えていなかったのに、公立学校教員数は一〇％も増加するという現象が生じていた。一九九二年には、地方自治体での選挙が再開されたこともあり、各自治体単位では有力な政治勢力となりうる教員団体の支持を得ようと各政党が競い合ったこともその理由であったとされている。いずれにせよ、こうした現象は、地方自治体の教育財政に不均衡をもたらしていた。教育近代化国民審議会は、教職法の見直しを強く主張していた。

フレイ政権は早速、教職法の見直しに着手し、一九九五年八月末には、これを改正教職法（法律一九四一〇号）として議会を通過させた[9]。改正教職法の最大の特色は、各地方自治体に、毎年「自治体教育発展計画」（El Plan de Desarrollo Educativo Municipal）を策定し、それを教育省県教育事務所に提出して承認を得ることを求めたことである（第一六条）。この年次計画は、各自治体での教育の現状診断、児童生徒数需要予測、自治体全体と各学校のための教育目標、次年の行動計画、教育財政予算、現行の教職員配置等を勘案して作成するものとされた。新教職法は、この「自治体教育発展計画」を前提に、各自治体ごとに、毎年必要と予測される教職員の数を算出し、これによって教員定数を定め、これを超える余剰教員の雇用調整を行うことを可能にしたのである。解雇の場合、まず契約制教員を対象とすべきとされたが、それが不足する場合は、専任教員にも及ぶとされた。各自治体は、教育発展計画を錦の御旗にして、余剰教員の合理化に踏み切ることが可能になったのである。

また、改正法では、同じ発展計画をベースに、同じ自治体の各公立校間での教員人事異動を促進しただけでなく、これまで規定のなかった他の自治体への教員の出向（原則一年、最大二年、本人の承諾必要）を可能にした。同時に、各自治体の教育行政の最高責任者である自治体教育行政部長のポストを、公募制採用、任期五年とすると改めた(改正第三三条)。同じく、公立学校の校長職にも、公募制任期五年、再任可能(再任されたかった場合、一般教員としての再任可能)を定めた(改正第三一条)。また、国庫助成金以外の、寄付金、父母会費、学校独自の活動からの収益、各種政府プログラムの対象校となった各学校に配分された資金等、各学校単位の収入に関しては、各学校の校長の申請により、自治体首長から校長に管理を委託するものとされた。ただし、これらの資金を教員給与に当てることは認められないとされた(第二一、二二条)。

2 教育改善プログラムの継続

前述のように、第一次文民政権はすでに、学力底辺校を対象とした補償教育プログラム(P－900)や基礎教育を対象とした包括的な介入プログラム「基礎教育の質と公正の改善プログラム」(MECE-Básica)を発足させていた。フレイ政権はこれを継承するとともに、一九九五年に前プログラムと同じように世界銀行からの資金融資を得て、新たに「中等教育の質と公正の改善プログラム」(MECE-Media 一九九五～二〇〇〇年)をスタートさせる。これは、基礎教育プログラムの場合と同じように、施設設備のインフラと学習資源(教科書、教材、図書室、コンピュータ)への投資、各学校での教育改善プロジェクト(PME)の作成とその財政支援などのコンポーネントを含む他、中等学校向けの特有の介入活動として、中等学校教員向けの校内研修(毎月二回開催)支援、さらに中等学校生徒の興味関心に対応した自由選択活動(美術、スポーツ、通信、環境保護活動)の促進、などを含む包括的なプログラムであった。また、基礎教育改善プログラムにおいて支援された各コンポーネント(農村教育改善、学校のIT化、教科書・教材の普及、学級文庫の充実、PMEプロジェクト)は、一九九七年にMECE-Básicaが終了した後は、教育省の一般施策の中に組み入れられ、通常の予算措置の中で存続されることになった。特に、農村学校プログラムと学校ＩＴ化（Enlace）は独立のプログラムとされ、フレイ政権でもその強化が図られた。

MECE-Media の発足と並行して、前述の、教育近代化国民審議会の提案において強調された中等教育の改革と多様化を促進するため、教育省は、一九九七年、中等教育改革のための先導的試行を行う学校を公募し、特別の資金支援を行うプログラム「モンテグランデ（高い山）・プログラム」を発足させる。これは、先のＰＭＥ教育改善プロジェクトとも似ている面があるが、資金支援の規模が大きい（四年間で各学校当たり年平均一五万ドル）のが特色である。各学校は、学校運営の実践、教育の質の改善、公正の増進などを特色としたプロジェクトを作成し、公募する。採択された学校は、多様な学校のグループを代表して、教育活動や学校運営において、他の学校にも転移しうるような「グッド・プラクティス」を開発することを求められる。最初の公募では、全国の国庫助成を受ける中等学校一、三〇〇校あまりのうち、二二一校がプロジェクトを作成して申請し、このうち五一校が採用されている。また教職法の改正により、自治体から各校長への権限の委任が可能になったことを受けて、モンテグランデ・プログラムによる支援資金は、自治体にではなく、各学校の校長の管理と裁量に任されることになった。

同じく、中等教育の改革に関しては、やや遅れて二〇〇〇年になるが、「みんなの中等学校」（Liceo para Todos）プログラムが開始される。これは、基礎教育学校で行われたＰ‐９００プログラムの中等学校バージョンであり、全国でも学業成績のおとる中等学校（普通系および職業・技術系）から四〇〇校あまりを選び出し、インフラ整備等の特別の支援、基礎的教科（言語と数学）での成績不振の生徒への学習支援を行うことで、生徒の留年や中退を減少させようとするものであった。

3 教職の強化拡充

教職法の改正に合わせて、一九九三年に改訂されていたバウチャー助成単位価格が再び一九九五年に改訂された(第二条)。これは、教員給与の原資になるものでもあり、教員給与の引き上げを想定したものであった。同じく、教職法の改正により、従来は公立学校の教員のみに適用されていた教員給与の最低基準が、一九九五年以降は助成私立校の教員にも適用されることになった(第七条)。これは、第一次教職法の施行以降も、従来通り市場原理に委ねられてきた(しばしば公立校よりも低い給与を強いられてきた)助成私立学校の教員給与に対しても、公立学校教員と同じ最低基準を設定することで国家が介入をはじめたという意味で注目されることであった。事実、この後、助成私立校の教員給与はかなり改善されることになる。

教員給与水準の改善の他に、改正教職法では、一つの新しいシステムが導入されることになった。それは、一九九六年に開始された「全国学校業績評価システム」(Sistema Nacional de Evaluación del Desempeño de los Establecimientos Educacionales Subvencionados, ＳＮＥＤ)の創設であった(第一五〜一八条)。それは、先の審議会でも勧告されていた、教員給与を学校や教員の教育業績と結び付けることでインセンティブを高めることを目指すものであり、具体的には、全国の各地域の中から、一定数の教育業績優良校を選出し、当該校の教員集団に特別ボーナスを支給するというシステムの導入であった。これは、公立校のみでなく、助成私立校も対象とされた。報奨対象校は二年ごとに選出され、その数は、各地域における在籍児童生徒数の二五％に相当する数の校数(ほぼ四校に一校)とされた。ただし、この業績優良校の選出は、児童生徒のＳＩＭＣＥ試験成績で自動的に選出されるわけではなく、児童生徒の社会経済的階層、学校規模、地理的要因などを考慮して、同類の学校カテゴリー別に選出された。特別報酬の九〇％は対象校の教員スタッフで均等に配分され、残り一〇％は校長の判断により特に功績顕著な教員に配分された。

SNEDによる報酬は、対象校の教員一人当たり、ほぼ給与の一月分に相当したと言われている。

教職の拡充強化策として、打ち出された第二の方策は、教員研修の拡充であった。これは、後に述べる教育課程の改訂に伴う、現職教員への周知徹底、新しい学習内容や方法への対応や習熟をめざすものでもあった。新教育課程が実施される学年順に、夏季休暇の間（七〇時間のコース）と冬期休暇の間の二回に分けて、ほぼすべての教員を対象に実施された。

さらに、教員研修の拡充のための新機軸として導入されたものとして、教員のための外国での長期研修プログラムがある。これは、教育省によって選ばれた教員を対象に、奨学金を支給して、外国の大学や教育機関において教育革新や先進的な教育実践を研修させるプログラムである。期間は、二か月（インターンシップ）と五か月（ディプロマ・コース）であった。制度が開始された一九九六年には、五八八人、九七年七九六人、九八年九〇二人とその数を増やしてきた。教員たちの研修国は、米国、カナダ、ドイツ、英国、フランス、ベルギー、スペイン、オランダ、イスラエル、ニュージーランドの他、ラテンアメリカ圏内のメキシコ、アルゼンチン、ボリビア、ブラジル、ペルー、コロンビア、プエルトリコなど多岐にわたる。最新の国際的な教育動向にふれさせることによって、チリの教員の国際的視野を広げ、教育システムに新たな活力を吹き込むことになると期待されている。この種の外国教員研修は、チリでは先例のないものであった。かなりの運用コストがかかると思われるこの種の外国派遣が、そのコストに見合うだけの研修効果をもたらすか否かについては議論もあるようであるが、ここには、ともかく教職の魅力を高め、教職に優れた若者を招き入れたいという政府の意図も感じられる方策であった。

教職の拡充強化策は、教員養成プログラムにも及んだ。政府は、一九九七年、教員養成プログラムを持つ高等教育機関に対して、教員養成プログラムの革新方針とガイドラインを示すとともに、優れた教員養成プログラムを提示した大学に対しては、財政支援を行うことを表明した。ここでは、教育実習の拡充、教科専門教育の拡充のため他学部や研究センターとの連携、学校現場との連携強化などがその要素とされた。応募した大学から一七校が選ばれ、その革新プログラムにたいして特別の財政支援がなされた。財政支援の中には、学力優秀な高校卒業生を、教員養成コースに引き入れるために、授業料や教材費をカバーする奨学金を用意するための基金も組み入れられた。九〇年代後半になると、かつては定員割れや入学者の低学力が指摘されていた教員養成プログラムにおいて、志願者が大幅に増え、入学試験における平均成績もかなり向上したと言われている10。

4　教育課程の改訂

フレイ政権は、基礎教育（一九九六年）、中等教育（一九九八年）、そして就学前教育（二〇〇〇年）と相次いで教育課程の改訂にも取り組む。それは、「過去二五年間における最も重要な教育課程改革」11と呼ばれる規模の大きなものであった。確かに、八〇年代初頭には軍事政権により大規模な教育行財政改革が行われたが、教育課程の改革そのものはきわめて小規模なものにとどまった。それは、農村部や貧困地域などの教育条件のおとる学校に対して、教育課程の弾力的運用（教育課程の一部実施免除）を認めるという程度にとどまるものであった。九〇年の文民政権誕生時にも、さまざまな緊急の課題に追われて、教育課程の改訂までは視野に入れられなかった。

教育近代化国民審議会の委員もつとめた国立チリ大学学長ハイメ・ラバドス（Jaime Lavados）は、報告書の序文において、チリ社会の将来像を展望しながら、チリの現状を次のように告発している。「わが国の学校システムは、公平でも効率的でもない。確かに、そうであった時代もあったが、今日では時代後れとなっている。そこでの教育モデルは、魅力のない講義型の授業であり、若者の本当の関心とはかけ離れた内容に満ちている。刺激と娯楽的な効果に満ちたマスコミに晒される若者たちは、学校の授業をなにか古臭く、退屈なのものであり、最小限度の熱意とエネルギーによって付き合わねばならない義務の領域に属するものであると感じている。しかしながら、学校の授業もテレビも一つの点では一致している。両方とも、受け身の態度を作り上げ、革新的、積極的、多面的な思考を育まないことである」[12]。

前述のように審議会は、「すべての国民に良質の普通教育を提供する」ことを最高の優先課題とすることを求めた。すべての者に良質の普通教育(una formación general de calidad para todos)を提供するという野心的な課題を達成するためには、国の定める教育課程の全面的な改訂は避けて通れないものであると主張していた。

また、教育課程の編成に関しては、国の法制が変更されていた。すなわち、前述のように、「教育に関する憲法構成法」(LOCE)は、教育課程の編成に関して次のような条項を含んでいた。ここでは、基礎教育と中等教育に関して、その全体的な目的、その目的を達成するために児童生徒が卒業時に到達すべき最低限の要件が規定されたことである。例えば、基礎教育に関しては次のように定められた。

第一〇条　基礎教育は、児童が卒業時に、次のような能力を達成することを全体的な目的とする。

(a) 人的、社会的、自然的、超越的な側面において現実を理解し、その年齢に応じて身体的、感情的、知的な能力を発展させる。

(b) 創造的、独創的、思索的、緻密的、批判的な形で思考し、その可能性に従って、個人的イニシアティブの精神を持つ。

(c) わが国文化の固有の価値に従って、適切な精神的、道徳的、市民的形成を通じて、責任ある形でその生活を遂行する。
(d) 権利と義務を意識しながら地域社会の生活に参加し、市民となるための準備をする。
(e) その適性と希望に従って、中等レベルでの教育に進学する。

第一一条　前条に示された全体的な目的を達成するために、基礎教育の児童は、卒業時に次のような最低限の要件に到達しなければならない。

(a) 読み書きを知る。口頭・筆記でスペイン語を正しく表現する。その他のコミュニケーションの形式を理解することができる。
(b) 基礎的な算数の計算ができ、基礎的数学の諸原則と補完的な概念を知る。
(c) 愛国意識を発展させ、このレベルに相応しい内容においてチリ歴史と地理を知る。
(d) 地域社会に関連する義務と権利を知り実践する。確実な形で、そして生徒とその家族が住む現実に応用しながら。
(e) 自然科学と社会科学の基礎的な概念を知る。環境の重要性を認識し尊重する。
(f) 芸術、科学技術と関連した文化の表現に積極的に参加することの重要性、調和的な身体的発達を獲得することの重要性を認識する。

国による教育課程の編成の権限と、各学校における教育課程の編成の自由との関係を次のように規定した。

第一八条　第三二条に規定される最高教育審議会（Consejo Superior de Educación, ＣＳＥ）に事前に諮った上で、教育省を通じた政令に基づいて、基礎教育と中等教育の各学年向けの基本的な目標、並びに制定された目標の達成を促進する最低限の義務的内容を制定することは、共和国大統領の権限に属する。それらは、官報で統一的に公表されねばならない。

各教育機関は、上記の各目標および各学年の最低の義務的内容、それに各教育機関がそれぞれ定める補足的内容を組み込んで、適切と考える教育計画・課程を編成する自由を持つ。

各教育機関は、対応する州教育当局に、自由に編成する教育計画・課程を提出しなければならない。

第三二条に規定する最高教育審議会とは、ここで新たに設置されることが決まった機関であり、その権限は、前述のように、主に新設の私立高等教育機関の設置審査を行うことにあったが、同時に、最終的に政府が決定する基礎、中等教育に教育課程を承認する権限をこの審議会に与えていたのである。おそらく、政権を手放す軍政勢力の意図としては、文民政権がただちに、教育課程の全面的な改訂に着手し、軍政期の教育改革の遺産を葬りさろうとすることを牽制し、とりわけ私立学校の教育課程編成の自律性を確保することをねらったものであろう。

政府の教育課程改革の努力は、このような新たな制度的枠組みの中で行われたのであるが、教育省関係者は、時間をかけて国民的な協議や関係者からの意見聴取を行いながら、新しい教育課程編成作業に取り組んで行った。彼らは、教育課程改革の指針を次のように定めた。「カリキュラム改革は、次の三つの基準に従って、各教科の指針と内容を変革することを含んでいた。①内容の重視から、技能あるいは資質（skills or competencies）の重視へ、②各教科の現代化と拡充、あるいはその中でより高い達成水準の要求、③生徒の生活との関連という点でのカリキュラムのレリバンス、あるいは意味付け。情報社会および知識集約社会の到来という観点から、新カリキュラムによって重視される技能は、次のようなものを含む。すなわち、抽象化の能力、体系的思考、経験と学習のための学び、コミュニケーションおよび協同的作業、問題解決、不確実性への対応および変化への適応。最後に、新カリキュラムは、民主主義と人権という揺るぎない価値の上に築かれる、市民的な慣習と態度の発展を促進する」[13]。

特に①に関連しては、「もっぱら安定した知識の『パッケージ』を伝達することを重視することから、現在まで知られることのなかった規模で拡張し、変化をとげる知識にアクセスするための能力を重視する方向への変化」が強調された。

特に、焦点とされていた中等教育の教育課程では次のような点が強調された。

第一に、従来中等教育では、入学時から文理教育系と職業技術教育系でカリキュラムが区分されていたのを、前期二年間は両系統とも共通の普通教育のコース提供することに改めた。こうして、すべての者に、基礎教育八年と中等教育前期二年の合計一〇年間の普通教育を提供することになった。後期二年間は、普通教育と専門教育の組み合わせとする。文理教育系では、後期も、スペイン語、数学、歴史、社会科、外国語などの中核的普通教育が三分の二を占め、残りの三分の一は、生徒の興味や関心に応じて選択科目を履修する。職業技術教育系では、逆に後期の三分の二は、職業技術系の科目を履修する。

第二に、職業技術教育系では、従前に較べて普通教育の基盤が強化されたことに加えて、後期の専門教育においても、カリキュラム改正前には職業技術系の専攻分野が四〇〇以上にも細分化されていたのを、一四の経済セクター（職業群）に対応する四六の専攻分野へと集約した。これは、従来のように特定の雇用ポスト、個別職種に対応した準備教育ではなく、技術革新や雇用形態の変化をも想定して、特定の経済セクターの中で安定した職業生活を維持しうるような幅の広い技術や実践的内容を提供することをめざすものであるとされた。

このように、政府が、「基礎教育と中等教育の各学年向けの基本的な目標、並びに制定された目標の達成を促進する最低限の義務的内容を制定し」、これをナショナル・カリキュラムとして公表し、各学校はこれに準拠しながら、独自の教育課程を編成できるとされた。これはカリキュラム統制の分権化と呼ばれた。しかし、実際にこの規定に従って、独自のカリキュラムを編成し、承認を申し出る学校の数は多くはなく、二〇〇〇年においても、特定の学年や教科において、独自のカリキュラムを実施している学校は、基礎、中等学校の一四％ほどにとどまっているという。この他の大多数の学校は、政府の定めた教育課程をそのまま受け入れている。

5　学校全日制化＝二部制授業の廃止

最後に、フレイ政権が取り組んだ最も重要な教育政策の課題は、教育課程の改訂に合わせて、学校での授業時間そのものを拡大することであった。すなわち、学校の二部制授業の廃止であった。チリの教育制度の量的拡張が加速化してきた一九六〇年代以降、チリにおいても、特に都市部において、急増する児童生徒を受け入れるための校舎や施設設備の不足から、午前と午後という形での二部制授業が幅広く採用されていた。このため授業時間は短くなり、学校は事実上、半日制であった。校舎の不足が見られなかった農村部においても、都市部に合わせて授業時間帯は短く抑えられていた。新教育課程がめざすようなより高次の諸能力や資質を児童生徒に形成し、また、授業過程において学習者のより積極的な参加を求める児童中心的な教育方法を採用するには、現行の二部制体制の学校の時間枠での対処には限界があり、学校そのものを全日制化する必要があるという主張であった。

また、この学校全日制化は、教員の勤務形態、勤務時間、給与等の変更にも連動するものであり、先に述べた教職の拡充強化策とも大きな関連性を持つことになる。

先の、教育近代化審議会の助言専門家委員会の報告も、授業時間をめぐる現状とその増加の重要性を次のように指摘していた14。

「チリの学校の学業成績を左右している要因の一つは、授業に充てられる時間が比較的短いことである。それは実質の授業日数一六〇日で、年間八〇〇時間に満たない。チリと同水準の経済水準にある国々は、平均して授業時間が一〇%ほど多く、先進国の場合、平均して年間九一四時間にもなる」(三〇頁)。

「チリは、学校の授業時間を拡張すべき時期にきている。多くの研究成果は、教授と学習のために使われる全体の時間数、この時間が児童生徒によって活用される形式は、学校での児童の学習の質と密接に関連していることを示している。また、学校の授業時間の生産効率は、児童生徒の学習環境と反比例することが実証されてきた。すなわち、授業時間数の増加は、準備教育の水準の低い児童、学業成績が悪い生徒ほど利益が大きくなる。同時に、学校での滞在時間の増加は、貧困な家庭の子どもにとって特に有益なものとなることが知られている。平均的に見て、そうした家では、学校の外で学習に充てる時間が少ないからである」(八六頁)。

教育の質向上のための最終的な切り札は、学校全日制化＝二部制授業の廃止であることを宣言している。ここではさらに、学校日課の拡大は、全体的な学習の質を向上させるという観点からだけではなく、学校の全日制化の恩恵は、恵まれない家庭の生徒に一層大きいとされていることが注目される。学校という教育的空間での滞在時間を延ばすことにより、貧困家庭での学習環境の劣悪さを補完するという意味で、教育における公正の向上にも寄与するものとされているのである。このため審議会は、授業時間の増加をまず、貧困層家庭出身で低学力の児童を受け入れている基礎学校の低学年から着手し、それを徐々に高学年にまで拡大し、最終的には、すべての児童が一日八時間学校に滞在し、そのうち少なくとも六時間は、教授と学習の時間に充てるようにするという漸進的な導入を提案した。

上述のように、フレイ政権は、審議会で提言された諸政策に速やかに着手してきたが、学校の日課の延長に関しては、当初は教育省からは明確な方針は提示されないままであった。その実施に伴う資金投入額の大きさが、財務当局との慎重な協議を必要としたからである。教員組合もまた、教員の勤務条件や待遇に関わるその影響の見きわめがつかないことから、その提案には慎重な姿勢を示していた。政府内では、作業グループをつくり、授業時間延長の可否について入念な検討が進められたという。一九九六年五月二一日、フレイ大統領自らが声明を発表し、学校全日制を全面的に導入することを発表した。チリにおいても、この声明は驚きをもって迎えられ、大きな反響を巻き起こしたという[15]。翌日には、財務大臣と教育大臣が共同で記者会見を行い、その措置について詳しい説明を行った。こうした手続きそれ自体が、この政策が膨大な予算措置の面だけでなく、子どもやその保護者のライフスタイルの変化など国民生活全体に影響力を及ぼす大きな変革であることを物語るものである。

発表された当初の見積もりによれば、基礎教育および中等教育機関で二部制を廃止し全日制化するためには、全国で約九、〇〇〇校ほどある国庫助成対象校（公立および助成私立校）全体の三分の一にあたる三、七〇〇校で、新たに校舎の増改築、備品装備の整備の必要があるとされた。教室数に換算すると約二万教室分の増設が必要とされる。こうしたインフラへの投資は、全体で一二億米ドルにのぼると推定された。さらに、この他に、勤務時間の延長に伴う教員給与の増加のために経常経費コストも約三〇％増加することが見積もられた。ちなみに当時、チリの教育分野向けの公共支出は、ペソとドル間の換算率にもよるが年間約一八〜二〇億米ドルとされているので[16]、この額の大きさが推定できる。政府はこの膨大な費用を調達するために、主として大衆課税である付加価値税（ＩＶＡ 税率一八％）を財源とすることを表明した。こうした財務問題への対処にも考慮してか、一九九六年一〇月には、財務省の予算局長であったアレジャーノ（José Pablo Arellano）が教育相に就任した。

提案された学校全日化法案をめぐって議会では厳しい議論が展開された。それは、財源確保の問題の他に、助成私立学校にもその措置を適用することへの賛否、私立校に校舎増築やインフラ整備のための費用を補助することの是非（従来は私立校の学校建設費などに対しては国庫助成がなかった）、勤務時間延長に伴うバウチャーの額増加の幅、学校給食システムの改善、漸進的導入に伴う優先順位決定とその手続きなどが議論された。私立校関係者は、学校経営の自由を主張し、全日制化の強制に抵抗していた。経営基盤の弱い助成私立校は、生徒一人当たりで支給される国庫助成を得るために、限られた学校インフラで多数の生徒を受け入れられる二部制に依存している面があった。また、助成私立校の中には、二部制の公立校の教員を、授業のない午前中か午後に（低い賃金で）私立校教員として雇用することで人件費を抑制できたため、二部制方式の恩恵を受けていたのである。

こうして一九九七年一一月、ついに「学校全日制化法」（法律第一九五三二号）が成立した[17]。学校全日制は、スペイン語で完全な全日制の学校日課を意味するJornada Escolar Completa Diurna（ＪＥＣ）と表現された。ＪＥＣ制度の基本設計は次のようなものであった。二〇〇二年度までに、すべての国庫助成を受ける公立・私立の基礎学校の第三〜八学年、中等学校の全学年で二部制を廃して、全日制に転換する。ただし、一九九五年から二〇〇一年の間に行われる全国学力評価試験で二期連続良好な成績をおさめた学校（基礎学校および中等学校）は二部制への

表 8-1　学校全日制化による授業時間数の増加

学　年	旧体制（二部制）下		全日制下		相　違
	週校時	年間数	週校時	年間数	
基礎学校					
第１～２学年	30	1158	30	1158	0
第３～６学年	30	1158	38	1467	309
第７～８学年	33	1274	38	1467	193
中等学校					
文理系１～２学年	33	1274	42	1621	347
文理系３～４学年	36	1390	42	1621	231
職業系１～２学年	36	1390	42	1621	231
職業系３～４学年	38	1467	42	1621	154

年間ほぼ 40 週の授業期間

転換を除外されうる。また、特別支援教育学校と成人教育の学校は、全日制化の対象外とされた。原則として、もともと授業時間の短い第一、第二学年には、全日制化が適用されないとされたが、教育条件に恵まれない貧困地域の学校や複式授業を採用する小規模農村学校の場合には、この低学年でも全日制化のための予算を要求することができるとされた。はじめから国家助成を受けない独立私立学校（学校全体の一〇％たらず）は、全日制化の対象外とされた。もちろん、これらのエリート系有力私立学校は、はじめから二部制授業など実施していないので問題外である。それ以外にも、成績優秀校の場合、全日制への移行の義務を除外されるという例外規定はやや不思議な気もするが、法律の制定過程において、全日制化の論理そのものが教育の質の向上、学業成績の向上を理由としたものであるので、成績優秀校には強制されるべきではないという一部の助成私立校関係者の論理に妥協を迫られたのでないかと推定される。このため、これらの学校も、もし学業成績が低下したら三年以内に全日制に移行しなければならないとされた。

表8-1は、学校全日制化法による授業時間の増加を示したものである。法律により、学校の授業時間は、バウチャーを受ける私立学校を

含めて基礎教育学校の第三学年以降では四五分の授業時間で週に最低限三八校時、中等学校では最低限四二校時行わなければならないとされた。この他に、学校はその日課の中に、各授業時間の間に五分の休憩と給食のために必要とされる時間を確保することが求められた。また、教員のためには、同じく学校の日課の中で、毎週二時間（実時間）以上、教員集団による校内研修や教育指導の充実に充てるための時間を確保することが決められた。これらを合わせると、基礎教育学校では実質時間で週に最低限三五時間二五分、中等学校では同じく週に三八時間四五分に学校日課が拡張されることになる。これだと朝八時に始業するとすれば、基礎学校では午後三時すぎまで、中等学校では四時近くまで日課が続くことになる。教員側から見れば、これまで午前と午後に別の学校（多くは私立校）に勤務していた者には、これが事実上不可能になり、また教職と他の職業を兼業することも困難になる。全日制化は同時に、教職のフルタイム化、専業化を進めることになる。

また、全日制化への移行の手続きは次のように定められた。貧困地域の教育条件のおとる学校や、設備に余裕がありインフラ拡充があまり必要とされない農村地域の小規模校の全日制化を優先させることを原則とし、一般の学校の場合まず、各学校から二部制を廃止し全日制化をするために必要とされる追加インフラの見積もり、さらに拡大された学校日課を具体的にどのように活用するかについて各学校ごとのプロジェクトを作成して教育省に提出することを求める。これは、公的資金を優先的に配分するための一種のコンクールとされた。こうして、その必要性と緊急度を判定され優先順位に従って、二〇〇二年度まで六年間をかけて、漸進的に全日制化が遂行されるものとされた。

これらの教育政策は、いずれにせよかなりの予算の増大を必要とするものであった。フレイ政権は、その財源を従来の教育予算の枠組みではなく、主として、大衆課税である付加価値税（ＩＶＡ）に求めた。チリの付加価値税は、一九九〇年には一六%とされていたが、この年に税制改革があり、その後はもとに戻すという約束の下に、四年間にかぎり一八%まで引き上げることが認められた。第二次文民政権は、改革のための必要予算確保のため野党と交渉を重ねて、それをさらに一九九七年まで維持し、この年以降は一七%に固定することを約束していた。フレイ政権は、一九九七年から導入を予定している学校全日制化のための膨大な予算を確保するために、一八%の維持案を掲げて、再び野党と交渉に入った。野党の抵抗にあい交渉は難航したが、時あたかも発生したアジアの通貨危機(一九九七年七月)が追い風となって、最終的に、一八%の付加価値税の維持法案が議会を通過したという[18]。ちなみに、付加価値税の一%は、三億三、二〇〇万米ドル(一九九七年の数値)に相当するとされており、それは国内総生産(GDP)の〇・五%にあたるという[19]。

法律の施行を受けて一九九七年に、まず児童生徒数が少なく施設設備に余裕があり、従来から二部制授業を行う必要がなかった農村地域の学校を中心に三、四〇〇校が全日制シフトに移行した。翌一九九八年からは、国庫補助による追加インフラの整備が完了した学校から順に移行が進められ、学校全体の約半数にあたる四、八〇九校(在籍する児童生徒数では全体の一八%)が全日制に転換した。しかしながら、その後追加インフラの整備を伴う全日制への移行の進展は、予測されたほど順調なものではなかった。とりわけ、私立校の対応が遅れがちであった。法律によって規定された二〇〇二年までに移行を完了するという当初計画は、見直しを迫られることになった。政府は、学校全日化法を改正し、現実に合わせて次のような軌道修正を行った。「公立学校および社会経済的かつ教育的に恵まれないと考えられる助成私立学校は、二〇〇七年度の学期の開始時までに」、「それ以外の助成私立学校は、二〇一〇年の学期の開始までに」全日制に移行するものとした。

多くの開発途上国においては、二部制授業の実施はごく日常的な風景である。それは、かぎられた資源の中で、教育の量的拡大、就学率の向上を図るための選択可能なほとんど唯一の便宜的な措置とされている。学校や社会全体も、学校二部制＝半日制を当然のごとくに受け入れている。教育政策の課題として、二部制授業の解消が取り上げられることはきわめてまれである[20]。しかしながら、限られた短い授業時間の中で、質の高い学習成果を生み出すことには明らかに限界がある。このことを深く認識し、教育の質の向上のために、あえて学校全日制化法を法律として制定し、膨大な財源を確保しながら短期間に、一斉に二部制授業の解消に取り組むチリの政策は、世界的にみても事例のすくない注目すべき動きであると思われる。

むすび

一九九四年の大統領選挙で、旧軍政の系統につながる野党勢力の候補に圧勝して第二次文民政権を発足させたフレイの下で、チリの民主制は安定度を増した。しかしながら、軍政末期に制定された変則的な選挙制度の影響もあり、与党勢力は議会においては優位を占めることはできなかった。フレイ政権は、軍政時代の人権侵害の責任追求や政治的民主化の推進など野党との対立をあおるような政治テーマを巧みに避けながら、代わりに経済のグローバリゼーションがますます進展する世界の中でのチリの将来像を見据えながら、チリの国家社会の着実な発展を図ることを政権の重要なアジェンダとして打ち出す。「民主化」に代わり「近代化」が政権のスローガンとされた。政策形成の過程においても、イデオロギー的な対立色を薄め、野党勢力を含めてできるかぎり広範な政治勢力、関係者の参加を求めて国民的な議論を展開し、政治的合意を取り付ける手法を重視した。教育の分野においても、政権発足早々に、広範なセクターを代表する「教育近代化国民審議会」を設置し、教育政策をめぐる国民的合意を形成することに尽力する。国民的な議論と合意の下に、教育政策を決定するというプロセスは、チリ教育史において、事実上はじめて実現したものであった。

そこで提示されたメッセージの意義は、要するに、チリ国の将来にとって教育はきわめて重要なものであるという意味でのチリの伝統とも言える教育立国論が改めて力強く再確認されたことである。さらに、政治的な観点からきわめて重要なことは、それをリップ・サービスのレベルにとどめることなく、教育の分野への資金投資を、国家的規模（政府と民間の両方を含めた社会総がかり）で格段に増大させるべきであるという点で合意を取り付けたことである。さらに審議会報告書は、教育の質の向上、教育における公正の改善（国内格差の是正）という前政権時からの課題に取り組むべく、軍政期の政策の積極的活用をも含めてきわめてプラクティカルな立場から政策提言を行った。審議会報告をベースにした、フレイ政権の教育政策は、(1)競争やインセンティブなど市場主義的な原理を再編成し活用するもの、すなわち、教職法の改正、学費分担制の積極的評価、教員の業績給（ＳＮＥＤ）の導入、教員養成や中等教育の革新プログラムの公募と選択的支援等と、(2)国家主導の下での政策的介入や支援を強化するもの、すなわち、MECE-Mediaプログラム、学校ＩＴ化の推進、ナショナル・カリキュラムの大幅改訂、学校全日制化等の方策を、巧みに組み合わせるものとなった。

〔注〕

1　吉田秀穂『チリの民主化問題』アジア経済研究所　一九九七年　二三二～二三四頁

2　Cox, Cristián and Lemaitre, M.J., “Market and State Principles of Reform in Chilean Education: Policies and Results” in Guillermo

Perry & Danny M. Leipziger, *Chile: Recent Policy Lessons and Emerging Challenges* World Bank 1999 pp.149-188 p.182

3 UNESCO, UNICEF, Banco Mundial, PNUD, Banco Interamericano de Desarrollo, "Calidad, Pertinence y Equidad de la Oferta Educativa: Informe de la misión interagencial de alto nivel en apoyo al Ministerio de Educación de Chile" *Boletín de Proyecto Pricipal de Educación* 33, abril 1994 pp.47-59

4 Comité Técnico Asesor del Diálogo Nacional sobre la Modernización de la Educación Chilena, *Los Desafíos de la Educación Chilena frente al Siglo XXI* 1995

5 Comité Técnico, *ibid.* 1995 p.72

6 Cox C., *La Reforma de la Educación Chilena: Contexto, Contenidos, Implementación* PREAL 1997 p.18

7 フレイ政権の教育政策については、Arellano J. P., "Educational reform in Chile" *CEPAL Review* No.73 2001 pp.81-91, Arellano J. P., *Reforma Educacional: Prioridad que se consolida* Los Andes 2000 および Cox C., "Las políticas educacionales de Chile en las últimas dos décadas del siglo 20" en Cox C., (ed.) *Políticas Educacionales en el Cambio de Siglo* Editorial Universitaria 2003 pp.19-113 に詳しい。

8 Cox C., *ibid.* 2003 p.52

9 Ley-19410（改正教職法）2 de Septiembre de 1995

10 OECD, *Review of National Policies for Education: Chile* OECD 2004 p.54

11 OECD, *ibid.* 2004 p.28

12 Comité Técnico, *op.cit.* 1995 p.12

13 OECD, *op.cit.* 2004 p.30

14 Comité Técnico Asesor del Diálogo Nacional sobre la Modernización de la Educación Chilena, *Los Desafíos de la Educación Chilena frente al Siglo XXI* 1995

15 Delannoy F., *Education Reform in Chile, 1980-98: A Lesson in Pragmatism* World Bank 2000 p.25

16 Cox C., *op.cit.* 2003 p.45

17 Ley-19532（学校全日化法）13 de Noviembre de 1997

18 Arellano J. P., *op.cit.* 2000 pp.39-40

19 Cecilia Jara B. et al., "Jornada Escolar Completa" en Garcia-Huidobro J.E. (ed.), *La Reforma Educacional Chilena* Editorial Popular

1999 pp.267-287 p.282

20 開発途上国における二部制授業の実態や問題について研究した文献は意外とすくなく、Mark Bray, *Double-Shift Schooling* Commonwealth Secretariat/IIEP Second edition 2000 が比較的良く知られている。

終章　教育政策の評価をめぐって

はじめに

七章と八章では一九九〇年代に入ってからの文民政権の教育政策の流れを見てきた。こうした中で、チリの教育はどのような変化をとげてきたのか。ここではまず、いくつかの統計資料を引用しながら、チリ教育の変化を概観する。続いて、チリの新自由主義的教育政策の中心的な柱であり、また、すでに三〇年ちかい歴史を重ねており、そのために国際的な注目度も高いチリの教育バウチャー制度に再び焦点をあて、その効果についての評価を試みたい。さらに、チリの教育政策に関する国際的な外部評価として、二〇〇三年に行われたＯＥＣＤ調査団による、チリ教育政策報告書について要点を概観する。

第1節　一九九〇年代におけるチリ教育の変化

軍政期の教育予算の削減を批判し、教育むけの公共支出の拡大を宣言した文民政権は、確かにその公約を実行

図終-1　1990年代の教育むけ公費支出の推移

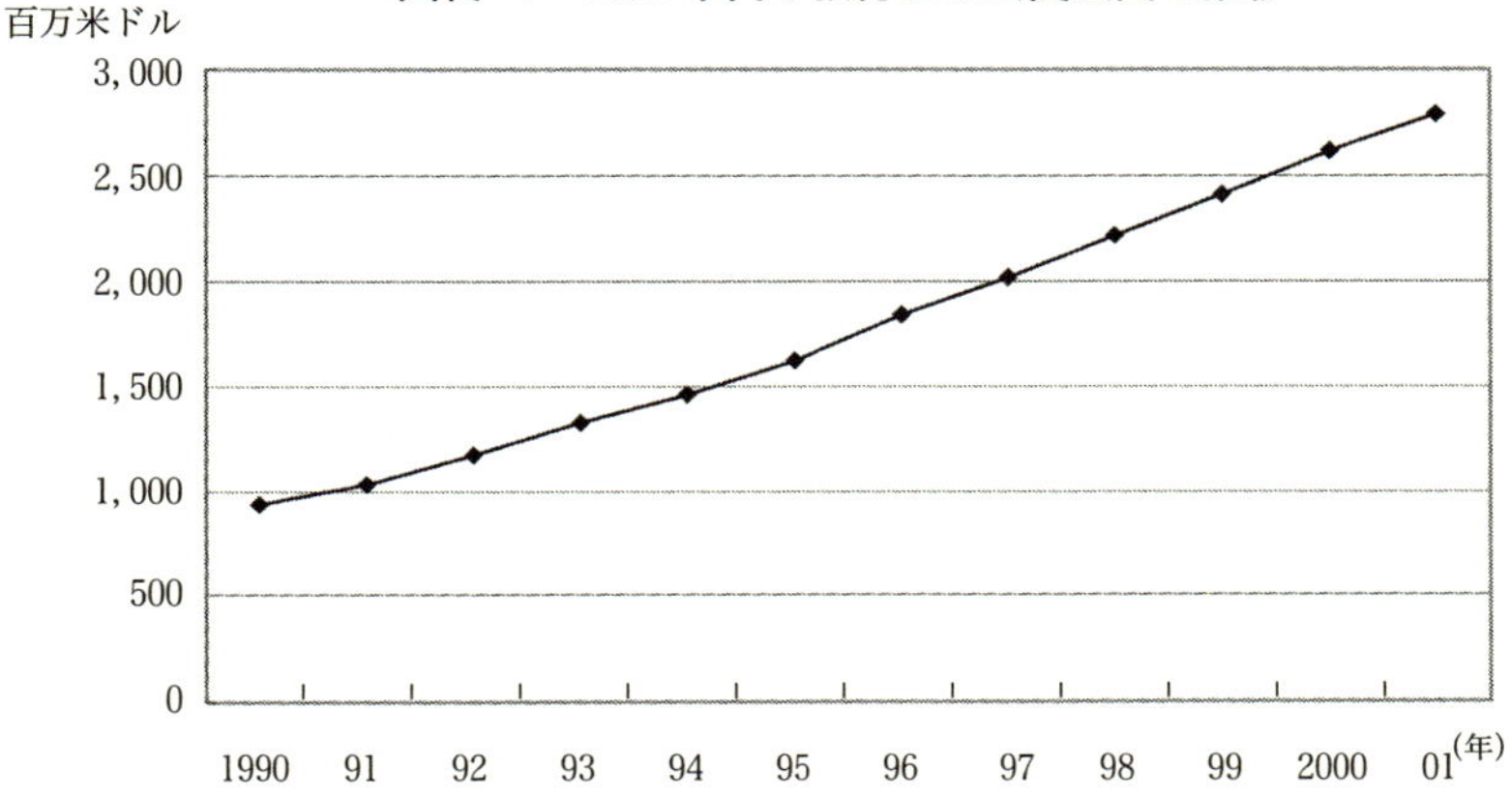

〈出典〉　教育省　教育統計各年度版から作成
※ 2001年のドル価に換算して。

に移した。**図終-1**は、一九九〇年代における教育分野向けの公共支出の変化を示したものである[1]。

教育分野向けの公共支出は、一九九〇年から二〇〇〇年の間に、二・五倍へと増加している。この中には、MECE-Básica（一九九二年）、MECE-Media（一九九五年）という、教育プロジェクト向けの世界銀行からの資金融資も含まれている。一九九六年以降は、学校全日制化による教育費の増加が反映されている。この間、対国内総生産（GDP）比でみた教育分野向け公共支出は、一九九〇年の二・四%から二〇〇〇年には四・一%へと大きく拡大している。また、教育の資金調達に関して注目されることは、民間からの資金調達、すなわち、父母の負担する授業料その他の経費、民間からの寄付金などが大きく伸びていることである。教育分野向けの民間資金は対GDP比で、一九九〇年には一・四%のレベルであったものが、二〇〇〇年には三・三%にまで伸びている。このため、公共と民間の両者を合わせた教育分野向けの教育費調達は、一九九〇年で対GDP比三・八%であったものが、二〇〇〇年には七・四五%の水準に到達している[2]。前章第二節でみたように、「教育近代化国民審議会」は

表終-1　対GDP比でみた各国の教育費支出とその負担区分の事例（2001年）

国名	全教育レベル			高等教育レベル		
	公財政支出	私費負担	合　計	公財政支出	私費負担	合　計
カナダ	4.9	1.3	6.1	1.5	1.0	2.5
ドイツ	4.3	1.0	5.3	1.0	0.1	1.1
米　国	5.1	2.3	7.3	0.9	1.8	2.7
日　本	3.5	1.2	4.6	0.5	0.6	1.1
韓　国	4.8	3.4	8.2	0.4	2.3	2.7
メキシコ	5.1	0.8	5.9	0.7	0.3	1.0
OECD平均	5.0	0.7	5.7	1.0	0.3	1.3
アルゼンチン	4.8	1.4	6.2	0.8	0.4	1.2
ブラジル	4.1	—	—	0.8	—	—
チリ	4.3	3.2	7.5	0.5	1.7	2.2

〈出典〉OECD, Education at a Glance 2004 pp.229-230から作成

一九九四年の時点で、教育分野向けの投資資金の拡大のために今後八年間で、教育分野向けの公共支出、民間の資金調達、および「教育振興基金」の創設とその利子によって、それぞれ対GDP比一%に相当する資金の拡大を勧告した。ちなみに、一九九四年時点における、前者二つの数値は、それぞれ二・九%と二・〇%、合わせて四・八%であった。教育振興基金の設立は確認できないが、いずれにせよ、二〇〇〇年の全体的な対GDP比率の数値は、一九九四年より三%以上増えているので、審議会の勧告した数値を前倒しで達成したことになる。

表終-1は、OECDのデータにより、いくつかの国を事例に、対国内総生産比でみた教育支出の割合を公財政支出と私費負担に分けて示したものである[3]。対GDP比でみたチリの教育費支出は、OECD加盟諸国の平均を上回っており、ほぼ米国並みの七・五%に達している。しかし、その内訳をみると、公財政支出は四・三%とOECD諸国の平均に及んでいない。注目すべきは、父母や民間の負担する教育費の割合の大きさである。それは、OECD諸国の平均を大きく上回り、世界の中でも、私費負担の比率が最も高い国として知られている韓国にほぼ匹敵する三・二%とい

う数値である。高等教育に限定すれば、その負担区分の構造の特異さがさらに明らかとなる。チリでは、高等教育にかかる費用のうち、公財政支出の占める比率は全体の四分の一にも満たず、残りの大部分は私費負担である。ここでも、私費負担の割合では韓国が群を抜いて高いが、チリは、米国や日本など私費負担の比率が高いと指摘されている国よりもその比率が高い。そして、この私費負担の大きさが対GDP比でみたチリの高等教育向けの支出を、全体で二・二%という国際的に見てもかなり高いものに押し上げている。逆に、公財政支出の割合では、チリを上回っているアルゼンチンやメキシコは、私費負担の割合がかなり小さいため、全体として高等教育支出の比率では、チリに及んでいない。

再三述べてきたように、チリの新自由主義的教育政策の導入の際の論理は、高等教育に関しては受益者負担の原則を前面に出し、資金調達源の多様化をはじめから明言していたが、基礎教育に関しては、バウチャー制度採用においても基礎教育費用の国庫負担の原則を保持することを宣言していた。しかしながら、結果としてみると、二〇〇〇年のチリは、国全体の教育費において父母・民間の負担する私費支出の割合がきわめて高い国の一つとなっている。短期間の間に、それほど大きな社会的混乱や抵抗を招くことなく、これほど急速な民間資金の調達拡大、父母や家庭への教育コストの転化に成功した国は、世界的に見てもあまり事例がないのではないか。もちろん、これをもって新自由主義的政策の成果と呼ぶことには躊躇がある。シカゴ・ボーイズがそこまで先読みして、深謀遠慮をしていたとは思えないからである。それは、むしろ教育における国家主義と市場主義の葛藤と調和という歴史的経験のダイナミズムが生み出したものと見ることが妥当なのではないか。学校間での生徒獲得競争、父母側からすれば学校選択権の行使、教育の質の優劣をめぐる論議、また教育改善プロジェクト(PME)や業績優秀校報奨制度(SNED)といった選抜的資金配分などの経験、さらには、学費分担制の導入の経緯やその

表終－2　学校段階別就学率の推移　1990～2000年

学校段階	1990年	1992年	1994年	1996年	1998年	2000年
就学前教育	20.9%	24.7%	26.9%	29.8%	30.3%	32.4%
基礎教育	96.8	97.3	97.6	98.2	98.3	98.6
中等教育	80.3	82.2	83.8	85.9	86.9	90.0
高等教育	16.0	17.7	23.8	27.8	29.3	31.5

〈出典〉計画調整・協力省　社会経済動向調査（CASEN）2000年調から

後の経過をみると、基礎教育や中等教育分野におけるコスト負担に関して、父母や社会にある種の意識改革を生み出したのではないかと推測できるのである。

学校段階別には、これまで整備が遅れていた就学前教育分野での伸びが顕著である。**表終－2**は、この一〇年間での各学校段階別の就学率の推移を示したものである[4]。基礎教育の段階では、完全就学をほぼ完成させて維持している。中等教育も一〇％の伸びを示し、ついに九〇％に到達している（こうした実績を背景に、第三次文民政権となるリカルド・ラゴス政権は、二〇〇三年五月、憲法を改正し、基礎教育および中等教育合わせて一二年間に義務教育を延長した）。高等教育ではさらに拡張が顕著であり、三〇％を超えるところまで就学率を伸ばしている。年齢一五歳以上の人口層の平均学歴は、一九九〇年の九・〇年から、二〇〇〇年には九・八年に伸びている。チリは、まぎれもなく教育大国への道を歩んでいることは明らかである。

一つ注目される動きとして、チリは一九九九年に行われた国際教育到達度評価学会（IEA）の第三回国際数学・理科教育調査の第二段階調査（いわゆるTIMSS-R）に参加をした。ラテンアメリカ地域の国が、この種の国際学力比較調査に参加するのは、一九九六年の第三回調査にはじめてコロンビアが参加したという先例を除けば、きわめて珍しいことであった。ちなみに、前回調査で両教科とも下から二番目の成績であったコロンビアは、九九年調査には不参加であった。おそらく、チリの教育関係者にすれば、一九九〇年代のさまざまな教育政策の実施により、教育の質の向上にある程度の手応えを感じ、その成果を国際的な学力調査によって確認したいという思いがあってのことではないかと推測された。ひそかな期待を持って臨んだ国際学力比較調査の結果は、次のようなものであった[5]。

参加した第八学年（日本では中学二年生）生徒の成績は、数学・理科ともに参加三八か国中下から四番目、フィリピン、モロッコ、南アフリカよりは上位であるが、インドネシア、イラン、トルコ等に及ばないというものであった[6]。その点数も、全生徒の平均点を五〇〇点と設定した中で四〇〇点前後であり、伝え聞くところによればこの結果は、チリの関係者に大きなショックを与えたと言う[7]。おそらく、こうした国際調査の結果は、この地域の教育関係者にたいして、導入された教育改革が教育制度全体に浸透し、校長や教員の意識と行動の変化を促し、さらにそれが児童・生徒の学習成績の向上となって現れるまでにはまだまだ努力と時間を必要とする、ということを改めて思い知らせることになったと推定される[8]。

第2節　バウチャー・システムの評価をめぐって

前述のように、軍政の終焉＝民政復帰を前に、ＰＩＩＥやＣＩＤＥなどの民間の教育研究機関に属する研究者たち（その多くは、新政権の教育省高官にリクルートされた）は、教育バウチャーの効力と限界について評価を試みた。限られた時間と資料の中でその評価は暫定的なものであったが、特に、バウチャーによる「競争と選択」による効果について、彼らの下した判断はほぼ次のようなものであった。

・教育の効率性向上 ──→ やや効果あり。

図終-2　生徒一人当たりのバウチャーの額

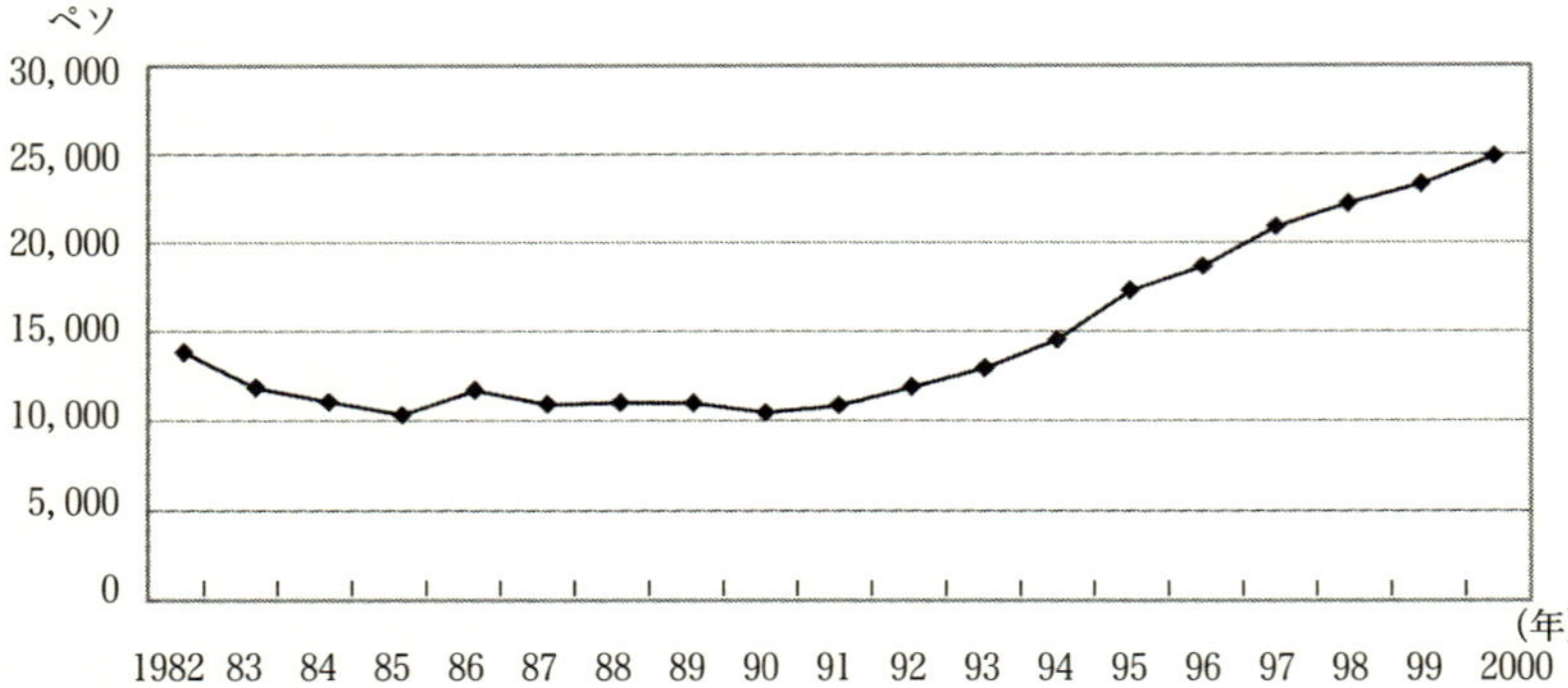

〈出典〉Cox, Politicas educationales en el cambio de siglo p.610

・教育の量的拡張 ——→ 効果あり。就学前教育と中等教育で就学率向上。

・教育の質の改善 ——→ 効果あいまい。国全体として学力のボトムアップ確認できず。

・教育の公正の向上 ——→ 逆効果。学校の階層分化の顕在化。

・へき地農村部 ——→ 競争と選択そのものが機能しない。

文民政権は、バウチャーの存続を決断した。彼らの評価には、八〇年代のバウチャーの問題点、とりわけ、教育の質の向上への効果の限界に関して、バウチャーというシステムそのものもさることながら、経済危機以降のバウチャーの実質価格引き下げによる影響で、公立校、助成私立校ともに教育活動そのものが停滞したことに原因があるのではないかという判断も含まれていたからである。前述のような、教育向けの公共支出の拡大が示すように、彼らは政府の直接的な介入プログラムのための特別予算を確保する一方で、制度の根幹であるバウチャーそのものの充実をめざそうとした。

図終-2は、一九八二年以来の、生徒一人当たりのバウチャー実質額の変化を示したものである[9]。経済危機により当初の物価スライド制という公約が反故にされると、バウチャーの実質価格は低下しはじめた。助成額の見直しが行われた一九八六年に一時的に上昇するものの、八〇年代から九〇年代初頭にかけてバウチャー価格は低迷したままであった。価格が制度発足当初の額を回復するのは、ようやく、第一次文民政権の末のことであった。この時、学費分担制が導入されるが、バウチャーの価格そのものもこの時期から急速に引き上げられることになる。実質価格が一万ペソちかくに落ち込んだ一九八五年、一九九〇年と較べると、二〇〇〇年の生徒一人当たりの価格は、その二・五倍ということになる。

チリの国際社会への復帰が進展し、軍政下での先駆的な新自由主義的教育改革についての情報が国際的にも広く知られるようになるにつれて、チリの経験、とりわけ長期にわたる国家的規模でのバウチャーの実践は、国際機関や国内外の多くの研究者の関心を集めるようになる。チリの教育改革は、強権的な軍事政権下での特殊な事例であり、他の途上国のモデルにはなりえないという見方も存在する。しかしながら、一九九〇年に成立した文民政権が、その政策をほぼ継承するという経過をたどることにより、軍事政権の産物という烙印は次第に過去のものとなりつつある。特に米国では、それが人脈的にも理論的にもミルトン・フリードマン直系のものであることが明らかになり、また、米国内で厳しいバウチャー論争が行われていたこともあり、チリの経験が注目されることになった。

そうした研究の関心は、①バウチャーによる資金の配分という方式がそもそも教育行政的な観点から実行可能なものか否か、②選択と競争を原理とするバウチャーの導入により国全体の教育の質の向上に効果がみられたのか否か、③助成私立校は公立校に較べて教育の効率性、提供する教育の質という点において比較優位を持っているのか否か、④父母の学校選択行動は何によって決定されるのか、⑤バウチャーの導入は学校の階層分化を促進するのか否か、といった論点に集中するものとなった。スタンフォード大学のカーノイらは批判的な立場から、その分析に勢力を注いでいた。とりわけチリでは、一九八八年以来、SIMCEという全国的な学力調査が、基礎学校第四学年（偶数年）と第八学年（奇数年）を対象に、毎年継続的に行われ、児童生徒の学力データが豊富に蓄積されていた。こうしたデータを利用して、計量的な分析を行い、公立校、助成私立校それぞれの特色や相違、競争の効果を明らかにしようとする研究がチリ内外で数多く生み出された[10]。

チリのバウチャー制度の特色は、フリードマンが構想したように実際にバウチャーを個別に父母に配るという方式のものではなく、子どもを入学させた学校に政府から直接的に資金が振り込まれるというものであった。助成私立学校の場合には各学校の口座に直接、公立校の場合には所管する自治体にまとめて国庫から振り込まれた。生徒数は、各学校に登録した者の数ではなく、毎月の実際の出席者数をチェックして、その人数に基づいて月ごとに国庫から支給されるという厳格なものであった。各学校は、先月の生徒の出席簿を県教育事務所に提出することを要求された。県視学は抜き打ちで学校を訪問し、提出された出席簿と実際の状況の食い違いを査察した。違反や虚偽申告は罰金や助成金の減額、さらには助成校資格の取り消しなど処罰の対象とされた。こうした方式は、かなり行政的コストのかかるものであると思われる。また、振り込みでの過誤や遅配を招かないように、かなり効率的な金融システムの存在を前提としなければならない。結果としてみると、チリはバウチャー制度のシステムとしての運用面では、ほとんど問題をおこさなかったと思われる。運用をめぐって多少の混乱があったことは否定できないにしても、制度の根幹を揺るがすような大規模な不正や汚職があったとは報告されていない。毎月の助成金の振り込みが滞ったという不満も聞かれていない。政府の監査能力は高かった。これは、チリという国の制度的な成熟度を示しているのかもしれない。少なくとも、チリはバウチャー制度を運用するだけの制度的能力を有していた。

チリのバウチャーの効果を検証しようとするこれらの研究をレビューして感じられることは、いまだに論者によりその見解は分かれており、同一の方向に収斂される傾向が見られないことである。例えば、バウチャーによる生徒獲得競争それ自体が、教育の質の向上をもたらしているということを明確に立証するものはない。確かに九〇年代に入って、ＳＩＭＣＥ試験の点数は伸びており、全体として教育の質向上の傾向はみられるが、果たしてこれが、バウチャーによる競争効果によるものなのか、それとも九〇年代に文民政権が継続的に実施してきた教育の質と公正を改善するための一連の介入プログラムの効果が出現したものであるのかを判別することは難しい。

ＳＩＭＣＥ試験によれば、生徒の成績の平均は、独立私立校、助成私立校、公立校の順で相互にかなりの格差が見られることは明確である。しかしながら、助成私立校と公立校での成績の差の原因をめぐっては大きな論争が続いている。助成私立校の相対的な成績の良さは、公立校生徒のうち成績の良い者がこれら学校に転入したことの結果（クリーム・スキミング効果 cream skimming effects）や逆に公立校に残った生徒のモチベーションが低下した結果であり、助成私立校独自の教育努力の成果ではないという議論も根強いものがあった。公立学校が入学希望者すべてを受け入れることを義務付けられているのに対して、助成私立校の多くは、さまざまな方法で、受け入れる児童生徒を選別しており、学業成績の良い者や家庭環境に問題の少ない者を選んで入学させている。一方で、教育コストのかかる学業不振者や家庭環境に問題のある者の入学を排除しているという批判も絶えなかった。成績良好・経済的文化的余裕層と成績不振・経済的文化的不遇層が学校選択のプロセスでより明確に分離されることで、「朱に交われば赤くなる」という意味での児童生徒間での相互影響というピア効果（peer effects）が増すとも指摘されている。家庭の社会経済階層や親の学歴などの要因をコントロールして、同じ階層に属する生徒同士の成績を比較すれば、両者の成績格差は解消するとの見解も多い。P－900プログラムや農村学校への介入プログラム（MECE-rural）による農村学校での成績の改善が見られたとはいえ、九〇年代に入っても教育条件の悪い農村部はほとんど公立校でカバーされているという事実に変わりはない。逆に、親の学歴や家庭の社会経済的条件などの要因をコントロールしても、助成私立校の成績優位は残ると反論するものもある。いずれにせよ、分析結果の相違は、使用したデータの違い（年度や学年）、回帰分析方法の技術論、従属変数とする要素の取り方の違い、微妙な数値の解釈の違いに由来すると思われ、ここでも、異論の余地のない明確な立証は得られていないように思われる。

一九九三年末の学費分担システムの導入以降、バウチャー制度はかなり変質をとげることになる。助成私立校でも無償制の原則をつらぬき、これによって公立校と助成私立校を同じ土俵の上で競争させるという制度発足以来の前提は崩れたのである。新たに授業料の額によっては、受け取るバウチャーの額が割引かれるようになったとはいえ、助成私立校は、バウチャーを受領しながら最大でバウチャー額の四倍までの授業料を徴収できるようになったのである。助成私立校での、完全な公費民営という原則は修正された。公立校でも中等学校の場合は、父母の承認という条件付きで、授業料の徴収を認められたが、それを導入する学校はそれほど多くなく、徴収した場合でも、その額は小さいものとなる傾向があった。ほとんどの助成私立校は、ただちに学費分担制の導入に踏み切った。この措置が、生徒獲得競争にどのような影響を与えたのかが注目される。なぜなら、助成私立校での授業料徴収を嫌って、子どもを無償制が継続する公立校に戻す親が出ることも予想されるからである。

図終－3は、改めて一九八〇年以来の各学校類型間での児童生徒の在籍比率の推移を示したものである。結果

図終－3　初等中等教育の学校類型別の在籍比率

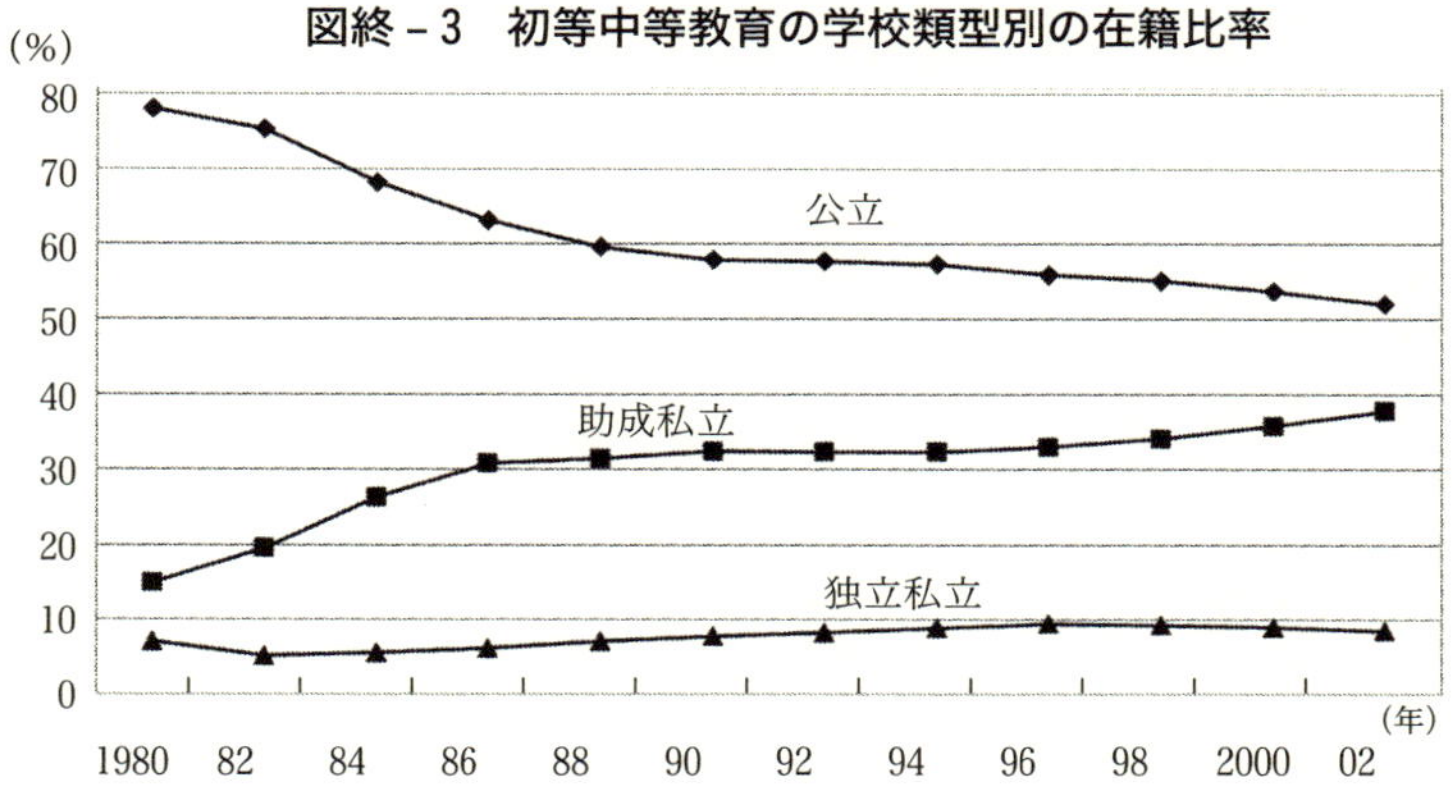

〈出典〉教育省 教育統計各年度版から作成

を見ると、学費分担制の採用は助成私立校には不利には働かず、むしろその地位を強化することになったと言える。八〇年代前半には、助成私立校の急増とそれに伴う公立校からの児童・生徒の流出が進み、私学ブームとでも呼べるような現象が出現した。わずか数年間でチリの学校類型別の生徒の在籍構成比を大きく変化させた。加速した民営化の勢いはとどまるところを知らず、やがて公立学校を凌駕するのではないかという予測すらなされた。しかしながら、経済危機によるバウチャー価格の低下により助成私学の拡大にブレーキがかかる。一九八六年以降、助成私立校の在籍比率はほぼ横ばいに転じた。その後、学費分担制が導入された一九九四年以降、助成私立校の在籍比率は、その勢いはゆっくりとしたものであれ再び上昇に転じている。ということは、授業料徴収を嫌って子弟を公立校に還流させた親もいたかもしれないが、むしろその数をこえる者が助成私立校に子どもを在籍させたということになる。「この程度の授業料負担で、助成私立校での教育の質がさらに向上するなら、無償制よりもむしろこの方を歓迎する」という父母も少なくなかったということになる。独立私立校の高い授業料には手が届かないものの（これらの学校の授業料は、バウチャー額の一〇倍以上といわれている）、子弟にある程度質の良い教育を受けさせられるのなら、この程度の私費負担は厭わないという保護者が数多くいたものと推測されるのである。いずれにせよ、学費分担制の採用以降は、家庭の経済力、そして子弟の教育のために追加的な授業料支出を行う意志があるか否かが学校選択行動に影響を与えることになった。

二〇〇〇年には、助成私立校の九三％が学費分担制を採用しており、これに対して公立中等学校で分担制を採用しているものは全体の七％にとどまる。二〇〇〇年に、バウチャーの月間教育助成単位（USE）は、一USE＝一万七八八ペソとされるので、助成私立校で課すことのできる授業料の最高限度である四USEは、月額約四万ペソであり、これは米ドルに換算して六五ドル前後に相当する。

もし助成私立校がこうした追加収入を、授業料徴収の理由としてあげた、教員給与引き上げや教育の質の向上のための追加投資に向けるとするなら、これらの学校の学業成績は向上し、学校の社会的評判を高めることにつながるかもしれない。しかしながら、これは、無償制を前提に助成私立校を選択した生徒や、経済力がないが助成私立校を希望する児童生徒や保護者にとっては明らかに不利になる条件である。授業料導入による経済的弱者の切り捨て問題の議論が生ずると、政府はその是正策を導入した。これは、先に述べた一九九七年の学校全日制化法の制定時に、学費分担制の一部修正という形で追加された条項である。それは、学費分担制の採用により授業料を徴収する助成私立校に対して、その徴収額の一部（五～一〇％）を拠出して、経済的貧困児童生徒のための学校独自の奨学金を設置することを求めるものであった。政府もまた、授業料導入によってバウチャー額が割引されるために手元に残る額の全部あるいは一部を、この貧困児童のための奨学金に拠出するというものである11。このシステムは制定当初の一九九八年は任意制とされたが、一九九九年以降、この助成校独自の奨学金システムの設置が義務づけられた。教育の質の向上と社会的公正の確保の均衡をめざして、制度手直しの模索はつづいている。

第3節　OECDチリ教育政策調査団報告書

ここでは最後に、チリの教育政策についての国際的な評価の事例として、OECDによって行われたチリ教育政策リビュー報告書について紹介しよう。チリはOECD加盟国ではないが、OECD教育調査団の調査を受け入れた各国の先例にならって、チリ政府は二〇〇三年に、機構にたいして自国の教育政策についての分析と勧告を行う調査団の派遣を要請した。こうして、米国のマーティン・カーノイを団長とする国際的な専門家八人からなる調査チームが同国を訪問し、主として一九九〇年代以降の教育政策についての分析と評価を行う調査が行われた。報告書は、二〇〇三年一〇月にOECD教育委員会に提出され、翌二〇〇四年に公表された[12]。報告書はチリ教育省の用意した「バックグラウンド・リポート」の部分[13]と調査団報告から構成されている。分析の対象は、基礎教育、中等教育、高等教育、教員政策、生徒評価等を含む広範なものであり、バウチャーや教育行財政に特化したものではないが、「インセンティブ、教育市場、効率性」と題する一章をもうけて、この課題に論及している。以下、その要点を引用する。

まず、チリの教育省の用意した背景リポートの部分から見よう。これは、チリ教育省自体が、バウチャー制度の効果について、現在の時点でどのように総括しているかを見る上でも注目されるものであった（以下の引用での傍線は筆者が追加したものである）。

［チリ教育省報告部分から］

「一九九〇年代を通じて、SIMCE（全国的学力試験）の結果を比較して得られた証拠は、次の四点に要約しうる。第一、一〇年間の前半には全国的な学業成績の平均を改善する方向でわずかながら堅実な前進があり、公立校と助成私立校との成績格差をわずかに縮小する傾向がみられた。だが一九九六年から二〇〇二年には停滞し、格差も拡大した。第二に、学習成果の社会的分布が、高度に階層分化されており、一九九〇年の時と同じ不平等な構造にある。第三に、P－900や農村プログラムのような補償プログラムにより特別の配慮を受けた児童（最貧層）とその他の学校の生徒との成績のギャップが縮小してきた。第四に、異なる管理運営システム（公立と助成私立校）間での学習成績の相違は、最小のものであり、社会経済的に同質の生徒グループを比較する時には、私立教育がいつでも優位というわけではない」（三七頁）。

「基礎教育の成績は、各学校タイプごとの成績を比較する多くの研究の対象とされてきた。助成私立校によって達成された良い成績を説明する見解は、論者によって分かれている。生徒の家庭の社会経済的特色を統制しない時、平均成績は、一貫して助成私立校がより高い。それはまた生徒一人当たりのコストで公立校よりすくない額で運営されている。このデータは、助成私立校は公立校よりもより効果的であるばかりでなくより効率的であり、またこれらの性質は、運営方式の相違と生産性の高さに関連している、ということを示すように思われる。しかしながら、内外の研究者によって確証された研究を綿密にみれば、学校運営方式の相違よりも生徒の出身階層に関係する諸特性が、観察された相違をより大きく左右するものであることを示している」（四二頁）。

〔調査団報告部分から〕

「インタビューや学校訪問から、調査団メンバーには次のようなことが明確となった。公的助成を受ける学校を民間が運営することは、チリの『公』教育の概念の骨格部分として幅広く受け入れられている。父母は学校選択を評価しており、……市町村の管理する公立学校は、一般的に、近隣の助成私立学校と協力的な関係を樹立している。……政策レベルでは、より大きな効果と効率性を生み出すための学校間での市場型の競争の重要性に関して、全般的な合意が存在するように思われる。調査団は、例えバウチャー・システムや教育の市場化と関連するその他の政策が、児童生徒の成績を向上させるものではなかったと示されたとしても、それらは、もはや逆行させることは難しいであろうと理解するに至った」（一六四頁）。

「調査団には、競争を通じて効果が向上するという理論が実際に作用したかどうかは明白ではなかった。学校を訪問しての、公立・私立学校の管理者との議論は、次のようなことを推測させた。ある意味では、それらは、試験成績を向上させることによって他の学校と競争はしたが、多くの学校は、自分の学校に家庭を引き寄せるために別の戦術を活用した。家庭を私立学校に引き付けるための最も重要な要因は（私立学校では最悪の不良生徒の入学を拒絶できることを含めて）生徒仲間グループの平均的な社会経済的階層であり、……」（一六八頁）。

「研究者たちは、生徒の成績にたいする競争の確たる効果に関して収斂的な回答を生み出すことはできなかった。積極的な『競争効果』を判別することが困難な一つの理由は、公立校から私立バウチャー校への転校は、私立学校による、より教えやすい生徒の『クリーム・スキミング』によって特徴付けられると思われる。クリーム・スキミングによる公立校からの良質の上澄み部分の収奪は、たとえ競争が公立校の成績を向上させたとしても、時間とともに、公立学校の平均テスト成績を低下させる傾向にある」（一六九頁）。

「新設の非カトリック系助成私立校の生徒は、ＳＩＭＣＥの平均点で公立校の生徒よりもわずかに低い。だがそれらの学校は、主として若い教員を雇用し、また学級規模を大きくしているために、より低いコストで教育している、と主張している。それは、特殊教育について配慮する必要がないし、素行態度が最悪の生徒の入学を拒絶することもできる。おそらく、このことが、教室の規模を大きくしても、成績を低下させないことを可能にしている」（一七二頁）。

「助成私立学校は、労働コストを下げることで、大きな効率性を達成する傾向にある。……しかしながら、教育システム内のすべての教員が助成私立校と同じような給与水準とされ、高給で、安定した公立学校の仕事に転職する選択肢もなく、生涯を通じて職業的不安定に直面しなければならないとするなら、教職に若者をリクルートすることははるかに困難となるであろう。すなわち、助成私立校は公立校よりもより効率的であるかもしれないが、それはチリの教育システム全体に成功裏に移植しうるような方式ではない」（一七二〜一七三頁）。

「チリの教育システムは、生徒の学習を向上させることを目指したさまざまなインセンティブ・スキームを実験することで注目されるものであった。……この理論は、親たちは成績の良い学校を選択し、また、学校は、生徒を引き寄せ、バウチャーを獲得するために、より良い業績を上げられるように自ら努力するようになる、と主張する（一七五頁）」。

「にもかかわらず、教育市場化の実験は、学業成績の向上も、その唱道者が描いていたようなコスト削減をも生み出さなかったことも明白である。もしも（バウチャーを導入せず）七五〜八〇％を公立校が担う体制を継続し、そして一九九〇年代の補償政策も実施されたと想定するなら、チリの基礎、中等教育がどうであったかを語ることは難しい。最大限、想像力を発揮すれば、それはほとんど同じレベルの生徒の成績を生み出しており、またコストもほとんど同じであったろう、というものである。

調査団は、次のような結論を下さざるをえない。将来、教育システムにおいてより大きな効果と効率を生み出すためには、市場メカニズム（例えば、学校間での競争や教員の業績給）に依存しつづけることは、高い成果をもたらす戦略ではない」（一七六頁）。

以上がOECD報告の要点である。チリのバウチャー制度の基本的な戦略は、助成私立校という公費民営型の私立学校の進出を大幅に増やすことによって、それを公立校の有力なライバルへと仕立て上げ、両者の間で生徒獲得競争を激化させることを通じて教育の効率性を高め、ひいては、競争効果によって国全体の教育の質の向上を図ることにあった。ここには、私立校は、公立校と較べて教育の効果が高く（より良い学業成績を達成できる）、あるいは、公立校と較べてよりすくない費用で、公立校と同等あるいはより良好な業績を達成しうるという意味でコスト効率性が高いということが暗黙の前提とされていた。

それからほぼ三〇年がすぎた。ＯＥＣＤの評価は、一九九〇年以降蓄積されてきたチリのバウチャーに関するさまざまな研究成果を踏まえながら、あらためて上記の視点からチリの経験を分析したものである。筆者なりにＯＥＣＤ報告を分析するなら、その結論は、先に紹介した軍政の終焉した一九九〇年当時の暫定的な評価とほぼ変わらないものであるように思われる。要するに、教育の効率性の向上や量的拡張の点では一定の成果があったが、質の向上の面での効果はあいまいであり、公正の観点からは、それはむしろ逆に作用したというものである。公立校にたいする助成私立学校の優位性は、本質的なものではなく、諸条件によって左右されるものであるというものであった。

報告書は主として、一九九〇年以降のチリの教育政策全般の評価を行うものであり、全体としてはバランスの取れたものと言えよう。しかしながら、ことバウチャーの効果と影響に関する評価に関しては、やや消極的な見解が優位となっているように思われる。チリのバウチャー制度について、以前から批判的な見解を表明してきたマーティン・カーノイその人が報告書取りまとめの座長であったこともその理由かもしれない。カーノイの個人的見解がかなり反映されたものとなっているという印象も否定できない。また報告書では、一九九四年の学費分担制導入以降のバウチャー制度の変容と父母の学校選択の心理と行動の変化の分析について、やや踏み込みが足りないのではないかという点ですこし不満が残るものである。ちなみに報告書は、教員養成、教員の職能成長、生徒評価、中等教育、高等教育、学習機会の平等化等の項目について、チリ政府にいくつかの勧告を提示しているが、バウチャー制度や学校選択制のあり方については、特段の勧告を行ってはいなかった。

おわりに

チリの現代教育政策史の帰結は、現在、この国の教育制度に次のような特色となって現れている。①国家的規模で教育バウチャー制度を実践している世界で数少ない国の一つである、②基礎・中等教育で私立学校在籍者の比率がほぼ全体の半数を占める、③基礎・中等教育の管理運営を国から市町村に全面的に移管した、④人口比で見ると世界的にみても多数の高等教育機関を持つ、⑤教育の量的普及は目覚ましいものがあり、近年、中等教育までの一二年間に義務教育を延長した、⑥国全体の教育費において父母・民間の負担する私費支出の割合がきわめて高い。

本書では、教育における国家主義と市場主義の相剋、そしてその調和と和解ということをモチーフにしながら、チリ国の現代教育政策史を検討してきた。端的に言うなら、チリは、その後に国際的な支配的潮流となる新自由主義的教育政策を世界に先駆けて、それを一五〜二〇年先取りするかたちで導入し、実践したという特異な歴史的経験を持った国である。本研究では、序章において設定した八つの分析視角にそって、チリ教育の歴史的文脈を背景に、その政策の導入の経緯、社会政治的背景、遂行過程、そして、その見直しの過程を分析してきた。

一九八〇年代初頭の新自由主義的教育政策の導入は、軍事政権による強圧的な統治と「シカゴ・ボーイズ」と呼ばれるシカゴ大学留学組経済テクノクラート人材集団の組合わせという特有の歴史的条件の中で生じたものであった。両者の邂逅は、歴史的偶然の産物と言えるかもしれない。しかし、やはりそれだけではない。その改革が、ここまで徹底したラディカルなものとなるには理由があった。彼らが直面していたものは、チリ教育の歴史の中で生み出されてきた「教育する国家」という言葉に代表される強力な国家主導の教育運営の理念と制度であった。一九八〇年代の教育改革を主導したものたちは、その対抗軸として、チリ教育の歴史の中に潜在してきたもう一つの理念、「教育の自由」を持ち出すことができた。確かにシカゴ・ボーイズは、その名が示すように、米国のシカゴ学派の経済学理論を教科書通りにチリで実践しようとする教条主義的なところがあったが、チリ教育の伝統の中には、主としてカトリック教会による「教育の自由」と「父母の学校選択権」の理念という、外来の新自由主義教育政策理念とも親和的であり、これに感応するものが底流として存在していた。ある意味で、一九八〇年代の新自由主義的教育政策も、チリの教育の歴史に潜在していた「教育の自由」論が、それに先立つ社会主義政権時代の教育への国家管理拡大の攻勢にたいする反動として、極端な形で表面化したものと解釈することもできる。ただしこの時代になると、教育の自由は伝統的なカトリック系のみならず、世俗的な営利追求型の私立学校の進出を積極的に肯定する論理として拡大解釈されることになる。ここでは、国家の役割は、自由な教育市場が十全に機能することを保証するための補完的なものに限定された。

一九九〇年の民政復帰は、もう一つの転換点となりうるものであった。反軍政の政治勢力を結集して誕生した民主的文民政権は、軍事政権時代の教育政策の評価と見直しに着手する。そこで彼らの選択した道は、軍政時代の教育政策、とりわけ一九八〇年以降の新自由主義的教育政策を全面的に否定し廃棄するものではなく、その基本的骨格を継承しながら、軌道修正を図るというものであった。そこには、新自由主義的教育政策を一〇年間にわたって遂行したことの結果として生じたチリの教育界の大きな変貌を、もはや逆行の不可能な現実の姿として認識する現実的な判断があった。その基本的な戦略は、「継続と変革」、すなわち新自由主義を基盤としつつも、すべてを市場の統制と調整に委ねるのではなく、必要に応じて、教育において果たすべき国家の役割を見直すというものであった。とりわけ、新自由主義教育政策の下では、効果に限界があると認識された、「教育の質の向上」

「教育における公正の確保」という二つの目標のために、国家は再び教育に政策的に介入する姿勢を強めた。新自由主義的教育政策の見直し、修正という意味でも、チリは世界に先駆ける動きを示したのであった。

二〇〇六年初頭にチリを初めて訪問した際、筆者はチリ教育省でコックス氏と面談する機会を得た。その時筆者は、チリ教育を扱った拙論の抜き刷りを土産代わりに提供した。氏は、不可解な日本語で書かれた自国の教育論を物珍しげに眺めていたが、やがてその英文タイトル "Privatization and Market-oriented Reform in Education——The Chilean Experience" に目をとめて、次のように控えめに発言したことを記憶している。「チリの教育がもっぱらこういう視点で注目されることに、我々はいささか不満を抱いている。確かにわれわれは、軍事政権から今のシステムを引き継いだが、同時に、われわれがいかにしてそれを修正しようとし、市場的な原理と国の介入とを調和させようとしてきたかもよく見ていってほしい」と。彼との交流はその後も続いた。本論は、研究者として外部からチリの教育改革の流れを観察してきた筆者の、コックス（現在は、教育省を退任し、チリ・カトリック大学教育研究所所長）の要望にたいする一つの応答である。

これまでの分析から、暫定的に次のような結論を下すことは可能かと思われる。文民政権復帰後もその制度が継承され、また導入以降すでに三〇年がすぎ、政治的にも安定した状況にある現在でもそれらが維持されていることから推測しても、新自由主義の教育政策は、チリの教育に肯定的な成果をもたらした側面もあることは否定できないように思われる。しかしながら同時に、チリの経験は、市場化、民営化は、けっして教育のすべての問題を解決する万能薬ではなく、限界を持つものであることを浮かび上がらせた。学校選択制の拡大によって生み出された競争圧力は、それ自体では必ずしも学校の業績を最大化するものではないということを示唆している。チリは、新自由主義的教育政策をいち早く断行したのみならず、その軌道修正においても注目すべき政策を打ち出した。市場メカニズムを存続しながら、それと国家によるイニシアティブ・政策的介入政策をいかに調和させてゆくか、そのバランスを求める試みといえよう。チリ教育改革のダイナミズムが注目される理由はここにある。

〔注〕

1 Cox C., "Las políticas educacionales de Chile en las últimas dos décadas del siglo 20" en Cox C., (ed.) *Políticas Educacionales en el Cambio de Siglo* Editorial Universitaria 2003 pp.19-113 p.45

2 Cox C., *Ibid.* 2003 p.4

3 OECD, *Education at a Glance* OECD 2004 pp.229-230

4 Ministerio de Planeación y Cooperación, Analisis de la VIII Encuesta de Caracterización Socioeconomica Nacional (CASEN 2000) *Situación de la Educación en Chile 2000* 2001 p.30

5 国立教育政策研究所「数学教育・理科教育の国際比較——第三回国際数学・理科教育査の第二段階調査報告書」『国立教育政策研究所紀要』第130集 二〇〇一年三月

6 国立教育政策研究所 同上 二〇〇一年 二六頁、八八頁

7 Beyer H., "Falancias Institucionales en Educación: Reflexiones a Propósito de los Resultados del TIMSS" *Revista de Estudios Públicos* No.82 2001 pp.5-33

8 次にチリが国際的学力比較調査に参加するのは、二〇〇六年のＰＩＳＡ調査であった。ここでのチリの成績は、科学的リテラシーで全六七参加国中第四〇位、イスラエル、セルビア、ブルガリアとほぼ類似の成績であった。読解力は三八位でトルコ、ロシアとほぼ同等、数学的リテラシーで四八位というものであった。同じ調査に参加したメキシコ、ブラジル、アルゼンチン、ウルグアイ、コロンビアのラテンアメリカ諸国の中では最上位であるが、おそらく、彼らはこの成績には満足してはいないと思われる。

9 González P., "Estructura institucional, recursos y gestión en el sistema escolar chileno" en Cox C., (ed.) *Políticas Educacionales en el Cambio de Siglo* Editorial Universitaria 2003 pp.597-660 p.610

10 チリのバウチャー：あるいは学校選択について外国で英語で書かれた論稿に次のようなものがある。

Carnoy, M, "National Voucher Plans in Chile and Sweden: Did Privatization Reforms Make for Better Education?" *Comparative Education Review.* Vol.42 no.3 1998 pp.309-337; Carnoy, M and McEwan P, J., "Privatization Through Vouchers in Developing Countries: The Case of Chile and Columbia" in Levin, H. M., (ed.) *Privatizing Education.* 2001 pp.151-177; Carnoy, M and McEwan, P.J., "Does Privatization Improve Education? The Case of Chile's National Voucher Plan" in Plank, D.N. and Sykes,G (ed.) *Choosing Choice: School Choice in International Perspective.* 2003 pp.24-44; Hsieh, C.T. and Urquiola, M., *When schools compete, how do they compete? An assessment of Chile's nationwide school voucher program.* Ocasional Paper No.43 National Center for Study of Privatization in Education Teachers College, Columbia University 2002; Winkler D. R and Rounds T., "Municipal and Private Sector Response to Decentralization and School Choice" *Economics of Education Review* Vol.15 No.4 1996 pp.365-376; McEwan P.J. and Carnoy M., "The Effectiveness and Efficiency of Private Schools in Chile's Voucher system" *Educational Evaluation and Policy Analysis* Vol.22 No.3 2000 pp.213-239; McEwan P.J., "Peer effects on student achievement: evidence from Chile" *Economics of Education Review* No.22 2003 pp.131-141; Elacqua G., Schneider M. and Buckley J., "School Choice in Chile: Is it Class or the Classroom?" *Journal of Policy Analysis and Management* Vol.25 No.3 2006 pp.577-601

チリ入学者によるバウチャー分析としては、次のようなものがある。

Mizala, Alejandro and Romaguera, Pilar, "School Performance and Choice: The Chilean Experience" *Journal of Human Resources* Vol.35 No.2 2000 pp.392-417; Larrañaga O., "Competencia y Participación Privada: La Experiencia Chilena en Edicación" *Revista de Estudios Públicos* No.96 2004 pp.107-143; Adeo C. y Sappelli C., "El Sistema de Vouchers en Educación: Una Revisión de la Teoría y Evidencia Empírica para Chile" *Revista de Estudios Públicos* No.82 2001 pp.35-82; Sapelli C. y Vial B., "The performance of Private and Public School in The Chilean Voucher system" *Cuaderno de Economía* No.118 2002 pp.423-454; Vargas J. y Peirano C., "Escuelas Privadas con Financiamiento Público en Chile" Wolff L. et al. (eds.), *Educación Privada y Política Pública en América Latina* PREAL/BID 2002 pp.273-303; Contreras D., *Evaluating a Voucher system in Chile. Individual, Family and School Characteristics* Documento de Trabajo No.175 Departomento de Economía, Universudad de Chile 2001; Contreras D. et al., "When Schools are the Ones that Choose: Policy Analysis of Screening in Chile" in Barrera-Osorio F. et al. (ed.), *Emerging Evidence on Vouchers and Faith-Based Providers in Education* World Bank 2009 pp.55-69

11 González P., *op.cit.* 2003 pp.642-643

12　OECD, *Review of National Policies for Education: Chile.* OECD 2004
調査団は次のようなメンバーから構成されていた。
Martin Carnoy 米国、スタンフォード大学教授（座長）
John Coolahan アイルランド、アイルランド国立大学教授
Fernando Reimers ベネズエラ、ハーバード大学教授
Sylvia Schmelkes メキシコ、教育省
Simon Schwartzman ブラジル、統計地理研究所前所長
Greg Woodburn オーストラリア、シドニー工科大学教授
Judit Wright カナダ、オンタリオ州教育省次官補
Ian Ehitman ＯＥＣＤ事務局

13　チリ教育省が用意した「背景リポート」の部分の記述について、コックスの個人論文と記述が良く似ているために、面談した際に本人に確認したところ、この部分は、「確かに自分の書いた原稿が基本になっている」と認めていた。

初出一覧

本論は、筆者が、最近四〜五年間、集中的に取り組んできたチリ教育改革に関する研究を取りまとめたものである。この間に発表してきた各論考を、重複部分を除き、多少加筆修正して、本論の構成部分として組み入れた。初出論文と本論での関係部分を記せばほぼ以下のようである。

1 「教育の市場化・民営化の行方——南米チリ二〇年間の経験」『国立教育政策研究所紀要』第133集 二〇〇四年 七〜一九頁 （第四章第1節、第2節）

2 「チリにおける高等教育民営化の先駆的実践とその後」『比較教育学研究』（日本比較教育学会）第30号 二〇〇四年 四四〜五五頁 （第四章第6節）（第五章第6節）

3 「シカゴ・ボーイズと高等教育改革——軍政下チリでの新自由主義的改革の先駆的実践」『大学論集』（広島大学高等教育研究開発センター）第35集 二〇〇五年 二七九〜二九二頁 （第四章第6節）（第五章第6節）

4 「教育バウチャーの効果と限界——南米チリ二五年の経験」『比較教育学研究』（日本比較教育学会）第33号 二〇〇六年 七五〜九五頁 （第五章第4節）（終章第2節）

5 「教育における国家原理と市場原理——南米チリでの新自由主義的教育政策の形成過程」『国立教育政策研

究所紀要』第135集　二〇〇六年　一二一～一三六頁　（第二章第1節、第3節）（第三章第4節）

6　「チリ：新自由主義的教育政策の先駆的導入と二五年の経験」『比較教育学研究』（日本比較教育学会）第34号　二〇〇七年　一五六～一七〇頁　（第六章第3節）（終章第1節）

7　「チリにおける"Estado Docente"理念の成立過程とその教育政策」牛田千鶴編『ラテンアメリカの教育改革』行路社　二〇〇七年　一五～三〇頁　（第一章第2節、第3節、第4節）

8　「チリ：教育の市場化・民営化政策の遂行の軌跡と帰結——二五年間の経験と教訓」『公私協働とネットワーク化による教育運営サポートシステムの構築に関する国際比較研究』（科学研究費研究報告　代表：宮腰英一）二〇〇七年　二六九～二九三頁　（第七章第2節、第3節）（終章第3節）

9　「新自由主義による高等教育改革——チリの先駆的事例」塚原修一編『高等教育市場の国際化』玉川大学出版部　二〇〇八年　四五～六八頁　（第四章第6節）（第五章第6節）

内閣府政策統括官 (2001年)『バウチャーについて――その概念と諸外国の経験』 内閣府
中王子聖 (2006年)『チリの闇』 彩流社
中川智彦 (1997年)「チリの民政復帰と『1980年憲法体制』」『ラテンアメリカ・カリブ研究』第4号　26～40頁
中川文雄他 (1985年)『ラテンアメリカ 現代史 II　アンデス・ラプラタ地域』山川出版社
ハーシュマン A.O. 矢野修一訳 (2005年)『離脱・発言・忠誠』 ミネルヴァ書房
ロバート・パスター、鈴木康久訳 (2008年)『アメリカの中南米政策』 明石書店
深田祐介 (1982年)『革命商人』(上・下)　新潮文庫
M&Rフリードマン、西山千明訳 (2002年)『選択の自由』 日本経済新聞社
ミルトン・フリードマン、村井章子訳 (2008年)『資本主義と自由』 日経BP社
エドゥアルド・フレイ、鹿島平和研究所訳 (1969年)『ラテン・アメリカの運命』鹿島平和研究所出版会
細野昭雄他編 (1999年)『チリの選択・日本の選択』 毎日新聞社
堀坂浩太郎、子安昭子 (1999年)「チリ　社会政策の変遷」グスタボ・アンドラーデ、堀坂浩太郎(編)『激動するラテンアメリカ社会』 彩流社　255～278頁
皆川卓三 (1976年)『ラテンアメリカ教育史 IおよびII』 講談社
皆川卓三 (1984年)「ラテンアメリカの文化と教育」『世界諸地域の文化と教育』東京学芸大学海外子女教育センター　51～101頁
三輪千明 (2005年)「1990年代のチリにおける基礎・中等教育改革――『ブルナー報告書』を中心に」『ラテンアメリカ・レポート』Vol.22 No.1　53～64頁
三輪千明 (2007年)「チリにおける基礎教育の課題――貧困地域の優良校と問題校の比較から」『アジア経済』XLVIII-4　2～23頁
ロバート・モス、上智大学イベロアメリカ研究所訳 (1974年)『アジェンデの実験――チリ人民戦線の勝利と崩壊』 時事通信社
ラテン・アメリカ協会編 (1964年)『ラテン・アメリカの歴史』 中央公論社
安井伸 (2002年)「チリとインドネシアの経済テクノクラート：大学間協定が自由主義経済改革に果たした役割」『ラテンアメリカ論集』Vol.36　47～61頁
「ようこそチリへ」改訂版発行委員会 (2004年)『ようこそチリへ Bíenvenido a Chile』 日智商工会議所
吉田秀穂 (1979年)『チリのアジェンデ政権期の理論と政策』 アジア経済研究所
吉田秀穂 (1997年)『チリの民主化問題』 アジア経済研究所

『国立教育政策研究所紀要』第133集　7～19頁
斉藤泰雄 (2004年)「チリにおける高等教育民営化の先駆的実践とその後」『比較教育学研究』第30号　44～55頁
斉藤泰雄 (2004年)『グローバリゼーション・インパクトと教育改革に関する研究――メキシコを中心に』科学研究費補助金報告書 基盤研究(C)
斉藤泰雄 (2005年)「シカゴ・ボーイズと高等教育改革――軍政下チリでの新自由主義的改革の先駆的実践」『大学論集』(広島大学高等教育研究開発センター) 第35集 279～292頁
斉藤泰雄 (2006年)「教育バウチャーの効果と限界――南米チリ25年の経験」『比較教育学研究』第33号　2006年　75～95頁
斉藤泰雄 (2006年)「教育における国家原理と市場原理――南米チリでの新自由主義的教育政策の形成過程」『国立教育政策研究所紀要』第135集 121～136頁
斉藤泰雄 (2007年)「チリ：新自由主義的教育政策の先駆的導入と25年の経験」『比較教育学研究』第34号　156～170頁
斉藤泰雄 (2007年)「南米の教育先進国チリ」『文部科学時報』No.1583　12月 79頁
斉藤泰雄 (2007年)「チリにおける“Estado Docente”理念の成立過程とその教育政策」牛田千鶴編『ラテンアメリカの教育改革』 行路社　15～30頁
斉藤泰雄 (2007年)「チリ：教育の市場化・民営化政策の遂行の軌跡と帰結――25年間の経験と教訓」科学研究費補助金報告書『公私協働とネットワーク化による教育運営サポートシステムの構築に関する国際比較研究』(代表：宮腰英一)　269～293 頁
斉藤泰雄 (2007年)「M・フリードマンの『教育バウチャー論』再考」『国立教育政策研究所紀要』第136集　149～164頁
斉藤泰雄 (2008年)「新自由主義による高等教育改革――チリの先駆的事例」塚原修一編『高等教育市場の国際化』 玉川大学出版部　45～68頁
斉藤泰雄 (2009年)「開発途上国における二部制授業と学力確保のジレンマ――南米チリの挑戦」『国際教育協力論集』(広島大学教育開発国際協力研究センター) 第12巻第2号　93～106頁
上智大学イベロアメリカ研究所編『ラテンアメリカ文献目録』1974～2003年版
竹内恒理 (2001年)「静かなる革命の担い手たち――チリにおけるシカゴ・ボーイズ」遅野井茂雄他編『ラテンアメリカ世界を生きる』 新評論　193～206頁
田中耕太郎 (1949年)『ラテンアメリカ史概説』(上・下)　岩波書店
ジョン・ドライアー編、鹿島守之助訳 (1963年)『進歩のための同盟』 鹿島平和研究所出版会

[日本語文献]
赤林英夫（2007年）「学校選択と教育ヴァウチャー　政策と研究」市村・伊藤・小川・二神編『現代経済学の潮流2007』 東洋経済新報社　189～216頁
グスタボ・アンドラーデ編（1993年）『ラテンアメリカの大学――歴史と現状』上智大学イベロアメリカ研究所
伊藤千尋（1988年）『燃える中南米――特派員報告』 岩波新書
牛田千鶴編（2007年）『ラテンアメリカの教育改革』 行路社
ハイメ・エイサギルレ、山本雅俊訳（1998年）『チリの歴史』 新評論
ラニー・エーベルシュタイン、大野一訳（2008年）『最強の経済学者 ミルトン・フリードマン』 日経BP社
江原裕美（2006年）『ラテンアメリカにおける教育改革と国際教育協力に関する総合的研究』 科学研究費補助金報告書　基盤(C)
大石直紀（2004年）『サンチャゴに降る雨』 光文社文庫
大阪経済法科大学比較憲法研究会（1980年）『チリ共和国憲法1980年』 大阪経済法科大学法学研究所
ガルシア・マルケス G、後藤政子訳（1986年）『戒厳令下チリ潜入記』 岩波新書
国本伊代（2001年）『改訂新版 概説ラテンアメリカ史』 新評論
桑山初穂（1986年）「チリ――統一入試の導入とその運用」中島直忠編『世界の大学入試』 時事通信社　339～424頁
斉藤泰雄（1990年）「ラテンアメリカにおける大学教授職」『国立教育研究所研究集録』第20号　35～48頁
斉藤泰雄（1991年）「ラテンアメリカ大学史研究ノート：ヨーロッパ中世大学の遺産」『明治大学史紀要』第9号　19～34頁
斉藤泰雄（1993年）「チリの教育」『現代学校教育大事典』 ぎょうせい　167～168頁
斉藤泰雄（1994年）「ラテンアメリカ教育史の原像」『国立教育研究所研究集録』第28号　33～45頁
斉藤泰雄（2000年）『開発途上国向けの国際的教育援助プロジェクトの事例的研究――世界銀行を中心に』 科学研究費補助金報告書　基盤研究(C)
斉藤泰雄（2001年）「ラテンアメリカ文化圏の教育研究」『比較教育学研究』（日本比較教育学会）第27号　29～40頁
斉藤泰雄（2001年）「世界銀行と開発途上国への教育援助」江原裕美編『開発と教育』 新評論　121～135頁
斉藤泰雄（2002年）「ラテンアメリカ・カリブ海地域における基礎教育の開発20年間の成果と課題」『国立教育政策研究所紀要』第131集　99～112頁
斉藤泰雄（2004年）「教育の市場化・民営化の行方――南米チリ20年間の経験」

Bizzarro S. (2005), *Historical Dictionary of Chile* 3rd Edition Scarecrow

Castañeda Tarsicio (1992), *Combating Poverty: Innovative Social Reforms in Chile during the 1980s* International Center for Economic Growth

CEPAL (2007), *Panorama Social de América Latina 2007* EPAL

Collier S. & Sater W. F. (2004), *A History of Chile, 1808-2002* 2nd Edition Cambridge University Press

Constable P. & Valenzuela A. (1991), *A Nation of Enemies: Chile under Pinochet.* W.W. Norton & Company

De Castro S. (1992), *El Ladrillo: Bases de la Política Económica del Gobierno Militar Chileno.* Centro de Estudios Públicos

Declaración de Principios de la Junta de Gobierno (1974) Marzo de 1974

Edwards S. & Cox A. (1991), *Monetarism and Liberalization: The Chilean Experiment* University of Chicago Press

Ensalaco Mark (2000), *Chile under Pinochet* University of Pennsylvania Press

Funeeus C. (2007), *The Pinochet Regime* Lynne Rienner Pub.

Hachette D. and Luders R. (1993), *Privatization in Chile: An Economic Appraisal* International Center for Economic Growth

Instituto Nacional de Estadísticas (2003), *Censo 2002: Síntesis de Resultados* INE

Larraín A. L. (1997), *Chile: Políticas Públicas Durante el Gobierno de Aylwin* Libertad y Desarrollo

ODEPLAN (1981), *Informe Social*

ODEPLAN (1981), *Programa de Socio-Económico 1981-1989*

ODEPLAN (1982), *Programa de Desarrollo del Estado de Chile (1983-1989)*

OECD (2005), *OECD Economic Surveys: Chile* OECD

Pan American Union(1967), *Alliance for Progress*

Programa de las Naciones Unidadas para el Desarrollo (2002), *Desarrollo Humano en Chile 2002* UNDP

Rector J. L. (2003), *The History of Chile* Palgrave

Schaffer David (2005), *Chile* Thomson Gale

Toloza C. y Lahera E. (1998), *Chile en los noventa* Dolmen

Valdéz J.G. (1995), *Pinochet's Economists: The Chicago School in Chile* Cambridge University Press

Vial Gonzalo (ed.), (1998), *Análisis Crítico del Régimen Militar* Universidad Finis Terrae

Wolff L. et. al. (1994), *Improving the Quality of Primary Education in Latin America and the Caribbean* World Bank Discussion Papers 257

Zammit J.A. (1972), *The Chilean Road to Socialism* University of Sussex

Silva Particio (2009), *In the Name of Reason: Technocrats and Politics in Chile* Pennsylvania State University Press

Soto Roa F. (2000), *Historia de la Educación Chilena* CPEIP

Tokman A. P. (1994), *Increasing Quality and Equity in Education: The Case of Chile* Ph. D. Thesis, University of California, Berkley

Torche F. (2005), "Privatization Reform and Inequality of Educational opportunity: The Case of Chile" *Sociology of Education* Vol.78 pp.316-343

Torres C.A and Puiggrós A.(eds.) (1997), *Latin American Education: Comparative Perspectives* Westview Press

Torres C.A. (2002), "The State, Privatization and Educational Policy: a critique of neo-liberalism in Latin America and some ethical and political implications" *Comparative Education* Vol.38 No.4 pp.365-385

Tyler L.A. et. al. (eds.) (1997), *Higher Education in Latin America* Garland Publishing

UNESCO et al. (1994), "Calidad, Pertinencia y Equidad de la Oferta Educativa: Informe de la misión interagencial de alto nivel en apoyo al Ministerio de Educación de Chile" *PPE Boletín* 33 pp.47-59

Vagas Emiliano (2002), *School Choice, Student Performance, and Teacher and School Characteristics: The Chilean Case* Policy Research Working Paper 2833 World Bank

Vargas J. y Peirano C. (2002), "Escuelas privadas con financiamiento público en Chile" in Wolff L. et al. (eds.), *Educación privada y política pública en América Latina* PREAL/ BID pp.273-303

Vial B. (1998), "Financiamiento Compartido de la Educación" *Cuadernos de Economía* No.106 pp.325-342

West Edwin G. (1996), *Education Vouchers in Practice and Principle: A world Survey* Human Capital Development Working Paper 64 World Bank

Winkler D. R. and Rounds T. (1996), "Municipal and Private Sector Response to Decentralization and School Choice" *Economics of Education Review* Vol.15 No.4 pp.365-376

Winkler D. R. and Gershberg A. I. (2000), *Education Decentralization in Latin America: the Effects on the Quality of Schooling* World Bank

World Bank (1994), *Higher Education: The Lessons of Experience* World Bank

Zemelman M. y Jara I. (2006), *Seis Episodios de la Educación Chilena, 1920-1965* Universidad de Chile

[チリ関係一般文献]

Angell A. (2007), *Democracy after Pinochet* Institute for the Study of the Americas

Malamud C. et. al. (eds.)(2007), *Anuario Iberoamericano 2007* Ediciones Pirámides

Banco Central de Chile (2001), *Indicadores Económicos y Sociales de Chile 1960-2000*

Nuñez, P.I. (1993), "Problemas de Aplicación de la Reforma Educativa en Chile" *Planeación & Desarrollo* Vol. 24-3 pp.85-100

Nuñez, P.I. (2003), *La ENU entre Dos Siglos* Lom

OECD (2004), *Review of National Policies for Education: Chile* OECD

OECD (2004), *Education at a Glance: OECD Indicators 2004 Edition* OECD

Ossa Santa Cruz J.L. (2007), "El Estado y Los Particulares en la Educación Chilena, 1888-1920" *Revista de Estudios Públicos* No.106 pp.23-96

Parry T.R. (1997), "Achieving Balance in Decentralization: A Case Study of Education Decentralization in Chile" *World Development* Vol.25 No.2 pp.211-225

PIIE (1990), *Las Reformas Educativas en las Transiciones Democráticas* PIIE

PIIE-UNICEF (1995), *Equidad y Educación Básica en Chile* UNICEF

Pinkney Pastrana J. (2009), "Legacy Against Possibility: Twenty-Five Years of Neoliberal Policy in Chile" Hill D. & Rosskman E. (eds.), *The Developing World and State Education* Routledge pp.90-108

Prawda J. (1993), "Educational Decentralization in Latin America: Lessons Learned" *International Journal of Educational Development* Vol. 13 No.3 pp.253-264

Prieto, B. A. (1983), *La Modernización Educacional* Universidad Católica de Chile

Prieto, B. A. (1983), "El Desarrollo Educacional" *Política* (Edición Especial) pp.203-286

Ramírez S.C. (2005), "Internationalization of Higher Education in Chile" Hans de Witt et.al. (eds.), *Higher Education in Latin America: The International Dimension* World Bank

Rodríguez C. (1994), "Chile: System of Education" in *International Encyclopedia of Education* Pergamon 2nd Edition Vol.2 pp.738-746

Rounds T. A. (1994), *Education Vouchers: The experience in Chile* Ph. D. Thesis, Syracuse University

Sapelli Claudio y Vial Bernardita (2002), "The Performance of Private and Public Schools in the Chilean Voucher System" *Cuadernos de Economía* Año 39 No.118 pp.423-454

Sapelli Claudio (2002), "La Economía de la Educacón y el Sistema Educativo Chileno" *Cuadernos de Economía* Año 39, No.118 pp.281-296

Schiefelbein E. and Schiefelbein P. (2000), *Three Decentralization strategies in two Decades: Chile 1980-2000*

Schiefelbein E. and Schiefelbein P. (2000), "Education and Poverty in Chile: Affirmative Action in the 1990s" Reimers F., (ed.) *Unequal Schools, Unequal Chances: The Challenges to Equal Opportunity in the Americas* Harvard University Press pp.183-200

Schiefelbein E. and Farrell J.P. (1978), "Selectivity and Survival in the Schools of Chile" *Comparative Education Review* Vol.22 pp.326-431

McEwan Patrick J. and Carnoy Martin (2000), "The Effectiveness and Efficiency of Private Schools in Chile's Voucher System" *Educational Evaluation and Policy Analysis* Vol.22 no.3 pp.213-239

McEwan P. J. (2002), "Public Subsidies for Private Schooling: A Comparative Analysis of Argentina and Chile" *Journal of Comparative Policy Analysis* Vol.4 no.4 pp.189-216

McEwan, P. J. (2003), "Peer effects on student achievement: evidence from Chile" *Economics of Education Review* Vol.22 pp.131-141

McMeekin R.W. (2000), *Implementing School-based Merit Awards: Chile's Experience* World Bank

Ministerio de Educación (1992), "Programa de Mejoramiento de la Calidad en Escuelas Básicas de Sectores Pobres: Una Experiencia Chilena" *PPE* Boletín 27 pp.33-44

Ministerio de Educación (2000), *Compendio de Información Estadística Educacional Año 2000*

Ministerio de Educación (2004), *La Educación Chilena en el Cambio de Siglo: Políticas, Resultados y Desafíos*

Ministerio de Planificación y Cooperación (1999), *Impacto de la Política Educacional, 1990-1996*

Ministerio de Planeación y Cooperación (2001), *Situación de la Educación en Chile* (CASEN 2000) Gobierno de Chile

Mizala Alejandro and Romaguera Pilar (1998), *Desempeño Escolar y Elección de Colegios: La Experiencia Chilena* Serie Economía No.36 Centro de Economía Aplicada, Universidad de Chile

Mizala A. and Romaguera P. (2000), "School Performance and Choice: The Chilean Experience" *Journal of Human Resources* Vol.35 No.2 pp.392-417

Mizala A. and Romaguera P. (2002), *Equality and Educational Performance* Documento de Trabajo No. 136 Centro de Economía Aplicada, Facultad de Ciencias Fisicas y Matematicas, Universidad de Chile

Molina S. (2000), "Logros de la década de los noventa y desafíos futuros" *Revista Perspectivas* Vol.4 No.1 pp.5-21

Muga A. y Brunner J.J. (1996), "Chile: Políticas de Educación Superior 1990-1995" *Revista Paraguaya de Sociología* No.97 pp.137-17

Newland C. (1994), "The *Estado Docente* and its Expansion: Spanish American Elementary Education, 1900-1950" *Journal of Latin American Studies* No.26 pp.449-467

Nuñez, P.I. (1979), "La Reestructuración del Sistema Educativo: Integración, Continuidad y Diversificación?" *Cuaderno de Educación* No.92 pp.316-321

Nuñez, P.I. (1982), *Evolución de la Política Educacional del Regimen Militar* PIIE

Nuñez P.I. (ed.) (1984), *Las Transformaciones Educacionales bajo el Régimen Militar* PIIE

Columbia University

IBE World Data on Education, Chile (2003)

Ichchea O. (1993), "La Reforma Educativa Chilena y su Impacto en la Calidad: Una visión economica" *Apuntes* 33 pp.61-71

Jofré Geraldo (1988), "El Sistema de Subvenciones en Educación: La Experiencia Chilena" *Revista de Estudios Públicos* No.32 pp.193-237

Judikis-Preller J. (1999), *The Impact of the Military Government on Higher Education in Chile: 1973-1990* Ed. D. Thesis, Ball State University

Larraín A.L.(ed.) (1997), *Chile: Políticas Públicas Durante el Bobierno de Aylwin* Libertad y Desarrollo

Larrañaga Osvaldo (1996), "The Decentralization of Education in Chile: An Economic Assessment" *Revista de Estudios Públicos* No.64 pp.1-42

Larrañaga O. (2004), "Competencia y Participación Privada: La Experiencia Chilena en Educación" *Revista de Estudios Públicos* No.96 pp.107-144

Latorre C.L. y Niñez I. (1987), *El Financiamiento de la Educación en Chile: Evolución Histórica y Alternativas Futuras* PIIE

La Universidad de Chile 1842-1992 (1993) Editorial Universitaria

Lavados Montes J. (1993), *La Universidad de Chile en el Desarrollo Nacional* Editorial Universitaria

Levy D.C. (1986), *Higher Education and the State in Latin America: Private Challenges to Public Dominance* University of Chicago Press

Levy D.C. (1986), "Chilean Universities under the Junta: Regime and Policy" *Latin American Research Review* Vol.21 No.3 pp.95-128

Loreto E. M et al., (2003), *La Educación Primaria en Chile: 1860-1930* PIIE

Los Desafíos de la Educación Chilena frente al Siglo XXI y Informe de la Comisión Nacional para la Modernización de la Educación (1995) Editorial Universitaria

Magendzo A. et al. (1988), *La Educación Particular y los Esquemas Privatizantes en Educación bajo un Estado Subsidiario (1973-1987)* PIIE

Maier J. and Weatherhead R.W. (eds.)(1979), *The Latin American University* Univertsity of New Mexico Press

Martinic S. y Pardo M.(ed.), (2001), *Economía Política de las Reformas Educativas en América Latina* CIDE/PREAL

Matear A. (2007), "Tensions between State and Market in Chile: Educational Policy and Culture" *European Review of Latin American and Caribbean Studies* No.83 pp.61-82

Matte P. and Sancho A. (1993), "Primary and Secondary Education" in Larroulet V. C. (ed.), *The Chilean Experience: Private Solutions to Public Problems* Instituto Libertad y Desarrollo pp.95-120

Espinoza O. y Eduardo G.L. (1993), *La Experiencia del Proceso de Desconcentración y Descentralización Educacional en Chile 1974-1989* PIIE

Espinoza O. (2000), "Higher Education and the Emerging Markets: The Case of Chile" in McMullen M.S. et al. (eds.), *The Emerging Markets and Higher Education* Routledge pp.171-198

Farrell J.P. (1988), "Chile" in Kurian G.T. (ed.) *World Education Encyclopedia* pp.196-211

Fischer K. B. (1979), *Political Ideology and Educational Reform in Chile, 1964-1976* Latin American Center, UCLA

Friedman Milton (1962), "The Role of Government in Education" *Capitalism and Freedom* University of Chicago Press pp.85-107

Gajardo Marcela (1981), "El Sistema Educacional" *Chile-America* Nos. 74-75 pp.59-72

García-Huidobro J. E. (ed.) (1989), *Escuela, Calidad e Igualdad* CIDE

García-Huidobro J. E.(ed.) (1999), *La Reforma Educacional Chilena* Editorial Popular

García-Huidobro J.E. (2000), "Educational Policies and Equality in Chile" in Reimers F. (ed.), *Unequal Schools, Unequal Chances: The Challenges to Equal Opportunity in the Americas* Harvard University Press pp.161-181

Garreton M.A. y Martinez J. (1985), *Universidades Chilenas: Historia, Reforma e Intervención* Ediciones SUR

Gauri Varum (1996), *Market Forces in the Public Sector: Chilean Educational Reform, 1980-1994* Ph. D. Thesis, Princeton University

Gauri V. (1998), *School Choice in Chile: Two Decades of Educational Reform* University of Pittsburgh Press

Gauri V. and Vawda Ayesha (2003), *Vouchers for Basic Education in Developing Countries* Policy Research Working Paper 3005 World Bank

Gobierno de Chile (1974), *Políticas Educacionales del Gobierno de Chile*

González P. (1998), "Financiamiento de la educación en Chile" en *Financiamiento de la educación en America Latina* PREAL-UNESCO pp.161-187

González P. (2000), *Una Revisión de la Reforma del Sistema Escolar en Chile* Serie Economía No. 92 Centro de Economía Aplicada, Universidad de Chile

González P., Mizala A. and Romaguera P. (2004), *Vouchers, Inequalities and the Chilean Experience* Center for Applied Economics, University of Chile

Helgø C. T. (2000), "Market-Oriented Education Reforms and Social Inequalities among the Young Population in Chile" in Haagh L.and Helgø C. T., (eds.) *Social policy Reform and Market Governance in Latin America* Palgrave pp.123-146

Hevia Renato (ed.) (2003), *La Educación en Chile, Hoy* Universidad Diego Portales

Hsieh Chang-Tai and Urquiola M. (2002), *When schools compete, how do they compete? An assessment of Chile's nationwide school voucher program.* Occasional Paper No.43 National Center for Study of Privatization in Education, Teachers College, en Cox C. (ed.), *Políticas Educacionales en el Cambio de Siglo* Editorial Universitaria pp.19-113

Cox C. and Jara C. (1989), *Datos Básicos para la discusión de políticas en Educación* CIDE-FLACSO

Cox C. and Avalos B. (1999), "Educational policies, change programmes and international co-operation: the case of Chile" in King K. and Buchert L. (eds.), *Changing international aid to education* UNESCO pp.280-297

Cox C. y otros (1997), *160 Años de Educación Pública, Historia del Ministerio de Educación* Ministerio de Educación

Cox C. and Lemaitre M. J. (1999), "Market and State Principles of Reform in Chilean Education: Policies and Results" in Guillermo Perry & Danny M. Leipziger, (eds.) *Chile: Recent Policy Lessons and Emerging Challenges* World Bank pp.149-188

Declaración del Ministerio del Interior sobre la Nueva Legislación Universitaria (1981) 6 de enero de 1981

Delannoy Françoise (2000), *Education Reform in Chile, 1980-98: A Lesson in Pragmatism* World Bank

Díaz C. (2006), *Historia de la Educación Chilena* Editorial Magisterio

Directiva Presidencial sobre Educación (1979) *El Mercurio* 6 de Marzo de 1979

Declaración del Comité Permanente del Episcopado (1973) "La Escuela Nacional Unificado" *Mensaje* No.218 pp.64-168

Declaración del Comité Permanente del Episcopado (1981) "La Reforma Educacional" *Mensaje* No.300 pp.303-373

Ebaugh C. D. (1945), *Education in Chile* U. S. Office of Education Bulletin No.10 U. S. Government Printing Office

Echeverría R. (1982), "Política educacional y transformación del sistema de educación en Chile a partir de 1973" *Revista Mexicana de Sociología* Num.2 pp.529-557

Elacqua G., Schneider M. and Buckley J. (2006), "School Choice in Chile: Is it Class or the Classroom?" *Journal of Policy Analysis and Management* Vol.25 No.3 pp.577-601

Espínola V. (1990), *Evaluación del Sistema de Mercado como Estrategia para Mejorar la Calidad de la Enseñanza Básica subvencionada* CIDE

Espínola V (1992), *Decentralization of Education System and Introduction of Market Rules in the Regulation of Schooling: The Case of Chile* CIDE

Espínola V. (1993), *The Educational Reform of the Military Regime in Chile.* Ph.D. Thesis, University of Wales

Espínola, V. (1997), *Decentralización del Sistema Educativo en Chile: Impacto en la Gestión de las Escuelas* World Bank

Espínola, V. y De Moura C.C. (1999), *Economía Politica de la Reforma Educacional en Chile* Banco Internacional de Desarrollo

Carnoy M. and McEwan P. J. (2001), "Privatization Through Vouchers in Developing Countries: The Case of Chile and Columbia" in Levin H. M. (ed.), *Privatizing Education* Westview pp.151-177

Carnoy M. and McEwan P.J. (2003), "Does Privatization Improve Education? The Case of Chile's National Voucher Plan" in Plank, D.N. and Sykes,G (eds.), *Choosing Choice: School Choice in International Perspective* Teachers College pp.24-44

Castañeda T. (1992), *Combating Poverty: Innovative Social Reforms in Chile during the 1980s* ICS Press

CEDLA (1985), *Educación y Sociedad: Chile 1964-1984* CEDLA

Cifuentes Seves L. (1997), *La Reforma Universitaria en Chile, 1967-1973* Universidad de Santiago

Comisión de Planeamiento Integral de la Educación (1964), *Algunos Antecedentes para el Planeamiento Integral de la Educación Chilena*

Consejo Superior de Educación (2004), R*esumen de la labor realizada 1990-2004*

Contreras D. (2001), "Evaluating a Voucher System in Chile. Individual, Family and School Characteristics" *Documento de Trabajo* No. 175 Departomento de Economía, Facultad de Ciencias Economicas y Administrativas, Universidad de Chile

Contreras D. (2002), *Vouchers, School Choice and the Access to Higher Education* Economic Growth Center Discussion Paper No. 845 Yale University

Cox Cristían (1984), *Continuity, Conflict and Change in State Education in Chile.* Ph.D. Thesis, University of London 1984

Cox C. (ed.) (1985), *Hacia la elaboración de consensos en política educacional: actas de una discussión* CIDE

Cox C. (1986), *Chilean Education in 1985: Institutional Profile* CIDE

Cox C. (1986), *Políticas Educacionales y Principios Culturales. Chile 1965-1985* CIDE

Cox C. (1987), *Education under Military Rule in Chile: Authoritarian and Laissez Faire Strategies of Cultural Control* CIDE

Cox C. (1989), "Sistema Político y Educación en los '80: Medidas propuestas y silencios" en Garcia-Huidobro J.E. (ed.), *Escuela, Calidad e Igualidad* CIDE pp.7-39

Cox C. (1993), "Políticas de Educación Superior en Chile, 1970-1990: Generación y resultados" en FLACSO, *Políticas Comparadas de Educación Superior en América Latina* pp.285-339

Cox C. (1996), "Higher education policies in Chile in the 90s" *Higher Education Policy* Vol.9 No.1 pp.29-43

Cox C. (1997), *Education Reform in Chile: Context, Content and Implementation* PREAL

Cox C. (1997), *La Reforma de la Educación Chilena: Contexto, Contenidos, Implementación* PREAL

Cox C. (2003), "Las políticas educacionales de Chile en las últimas dos décadas del siglo 20"

Bernasconi R.A. (1994), *Regímenes Jurídicos de las Instituciones de Educación Superior* Corporación de Promoción Universitaria

Bernasconi R.A. (2004), *External Affiliations and Diversity: Chile's Private Universities in International Perspective* PROPHE Working Paper No. 4

Bernasconi R. A., y Rojas F. (2004), *Informe sobre la Educación Superior en Chile: 1980-2003* Editorial Universitaria

Beyer B.H. (2001), "Entre la Autonomía y la Intervención: Las Reformas de la Educación en Chile" en Larraín B.F. y Vergara M.R., *La Transformación Económica de Chile* Centro de Estudios Públicos pp.643-708

Beyer B.H. (2001), "Falancias Institucionales en Educación: Reflexiones a Propósito de los Resultados del TIMSS" *Revista de Estudios Públicos* No.82 pp.5-33

Blakemore H. (1976), "Chile" in Parkinson N. (ed.), *Educational Aid and National Development* Macmillan pp.330-368

Bonilla F. and Glazer M. (1970), *Student Politics in Chile* Basic Books Inc.

Bravo Lira B. (1992), *La Universidad en la Historia de Chile, 1622-1992* Pehuén

Brunner J.J. (1986), *Informe sobre la educación superior en Chile* FALCSO

Brunner J.J. (1993), "Chile's higher education: between market and state" *Higher Education* No.25 pp.35-43

Brunner J.J. (1997), "From state to market coordination: the Chilean case" *Higher Education Policy* Vol.10 No.3/4 pp.225-237

Brunner J.J. (2005), Hacia una nueva política de Educacíon Superior *Expansiva: En Foro* No.45

Brunner J.J. et al. (1992), *Estado, Mercado y Conocimiento: Políticas y Resultados en la Educación Superior Chilena 1960-1990* FLACSO

Caliola Patricio (1979), "Privatización, Subsidiariedad y Libertad de Enseñanza" *Cuaderno de Educación* No.88 pp.196-204

Caliola Patricio (1980), "Municipalización de la Educación Pública" *Cuaderno de Educación* No.98 pp.204-207

Calvo C. et al. (1983), "Chile: Comprehensive Liberal Reform" in Simmons J. (ed.) *Better Schools: International Lessons for Reform* Praeger pp.121-147

Carlson B.A. (2000), "What schools teach us about educating poor children in Chile" *CEPAL Review* 72 pp.159-177

Carnoy Martin (1997), "Is Privatization Through Education Vouchers Really The Answer?: A Comment on West" *World Bank Research Observer* vol.12 No.1 pp.105-16

Carnoy M. (1998), "National Voucher Plans in Chile and Sweden: Did Privatization Reformes Make for Better Education?" *Comparative Education Review* vol.42 no.3 pp.309-337

参考・引用文献目録

[チリ教育関係文献]

Adeo Cristián(2000), *Educación en Chile: Evaluación: Recomendaciones de Política*

Adeo C. y Sapelli C. (2001), "El Sistema de Vouchers en Educación: Una Revisión de la Teoría y Evidencia Empírica para Chile" *Revista de Estudios Públicos* No.82 pp.35-82

Adeo-Richmond R. et al. (1981), "Politics and Educational Changes in the Chile: 1964-1980" in Broadfoot P. et al. (eds.), *Politics and Educational Change, An International Survey* Croom Helm pp.209-227

Adeo-Richmond R. et al.(1985), "Changes in the Chilean Educational System during Eleven Years of Military Government: 1973-1984" in Brock C. and Lawlor H. (eds.), *Education in Latin America* Croom Helm pp.163-182

Adeo-Richmond R.(2000), *La Educación Privada en Chile: Una estudio histórico-analítico desde el período colonial hasta 1990* Ril

Angell Alan (2002), "The politics of Education Reform in Chile: The Programa 900 Escuelas and The MECE-Básica " in Haagh L.and Helgø C.T., (eds.), *Social policy Reform and Market Governance in Latin America* Palgrave pp.147-164

Arellano J. P. (2000), *Reforma Educacional: Prioridad que se consolida* Los Andes

Arellano J.P. (2001), "Educational Reform in Chile" *CEPAL Review* No.73 pp.81-91

Arancibia V. (1994), "La Educación en Chile: Percepciones de la Opinión Pública y de Expertos" *Revista de Estudios Públicos* No.54 pp.125-151

Arrey-Wastavino A.M. (2002), "Chile" in *World Education Encyclopedia* Gale Group 2nd Edition pp.219-236

Atria R.(1998), "La educación superior en Chile: la demanda por regulación" Toloza C. y Lahera E. (eds.), *Chile en los noventa* Dolmen ediciones pp.613-635

Austin R. (1997), "Armed Forces, Market Forces: Intellectuals and Higher Education in Chile, 1973-1993" *Latin American Perspective* Vol.24 No.5 pp.26-58

Austin R. (2003), *The State, Literacy, and Popular Education in Chile, 1964-1990* Lexington Book

Barrera-Osorio F. et.al. (eds.) (2009), *Emerging Evidence on Vouchers and Faith-Based Providers in Education* World Bank

Bellei C. y González P. (2003), "Educación y competitividad en Chile" Muñoz G.O. (ed.), *Hacia un Chile competitiveo: Instituciones y Políticas* Editorial Universitaria pp.109-

人名索引

[た行]

[な行]

[は行]

[さ行]

事項索引

著者紹介

斉藤　泰雄（さいとう　やすお）

1951年　福島県生まれ

1973年　新潟大学教育学部卒業

1978年　東北大学大学院教育研究科博士課程修了

1978年　日本学術振興会奨励研究員

1979年　国立教育研究所研究員

1987年　同 主任研究官

1996年　同 アジア教育研究室長

現在　国立教育政策研究所 国際研究・協力部 総括研究官

専門　比較教育学、ラテンアメリカ教育論、国際教育協力論

主要著書

『諸外国の教育 中南米編』（共著 1996年 大蔵省印刷局）

『教育と開発』（共著 2001年 新評論）

『日本の教育経験 途上国の教育開発を考える』（共著 2005年 東信堂）

『ラテンアメリカの教育改革』（共著 2007年 行路社）

『高等教育市場の国際化』（共著 2008年 玉川大学出版部）

「わが国の国際教育協力の在り方に関する調査研究」（編著 2009年 国立教育政策研究所）

「わが国の国際教育協力の理念及び政策の歴史的系譜に関する研究」（2011年 科研費補助金研究報告書）

教育における国家原理と市場原理――チリ現代教育政策史に関する研究

2012年5月1日　初　版第1刷発行　〔検印省略〕

定価はカバーに表示してあります。

著者©斉藤泰雄／発行者 下田勝司　印刷・製本／中央精版印刷

東京都文京区向丘1-20-6　郵便振替00110-6-37828　発 行 所

〒113-0023　TEL (03) 3818-5521　FAX (03) 3818-5514　株式会社 東 信 堂

Published by TOSHINDO PUBLISHING CO., LTD.

1-20-6, Mukougaoka, Bunkyo-ku, Tokyo, 113-0023 Japan

E-mail : tk203444@fsinet.or.jp　http://www.toshindo-pub.com

ISBN978-4-7989-0116-9　C3037